Xpert.press

Weitere Bände in dieser Reihe
http://www.springer.com/series/4393

Die Reihe **Xpert.press** vermittelt Professionals in den Bereichen Softwareentwicklung, Internettechnologie und IT-Management aktuell und kompetent relevantes Fachwissen über Technologien und Produkte zur Entwicklung und Anwendung moderner Informationstechnologien.

Johannes Hubertz

Softwaretests mit Python

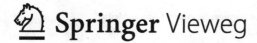 Springer Vieweg

Johannes Hubertz
Köln, Deutschland

ISSN 1439-5428
Xpert.press
ISBN 978-3-662-48602-3   ISBN 978-3-662-48603-0 (eBook)
DOI 10.1007/978-3-662-48603-0

Die Deutsche Nationalbibliothek verzeichnet diese Publikation in der Deutschen Nationalbibliografie; detaillierte bibliografische Daten sind im Internet über http://dnb.d-nb.de abrufbar.

Springer Vieweg

Satz: Johannes Hubertz mit LaTeXe

Gedruckt auf säurefreiem und chlorfrei gebleichtem Papier

Springer Berlin Heidelberg ist Teil der Fachverlagsgruppe Springer Science+Business Media
(www.springer.com)

Vorwort

Die Idee zu diesem Buch entstand in einem Gespräch mit einem Freund. Nach erfolgreichem Abschluss einer umfangreichen, mehrmonatigen Programmiertätigkeit mit Python in der Qualitätssicherung eines Datenbankherstellers sollten die dabei gewonnenen Erfahrungen dokumentiert werden. Ziel war die Erweiterung des vorhandenen Testframeworks. Ein Nose-Plugin mit mehreren zehntausend Zeilen, welches das Produkt des Hauses auf Herz und Nieren automatisiert und kontinuierlich prüfen sollte, benötigte weitere Funktionalität. Zwei Jahre zuvor entstand ein Tutorial für die deutsche Python Konferenz 2013 mit dem Thema „Unittests für Einsteiger". Eigene Entwicklungen mit Python und dem Ziel, Paketfilter für Linux performanter zu generieren und Latenzen zu minimieren, waren fertig und auf dem Weg in die Debian GNU/Linux Distribution.

Da das Thema IT-Sicherheit in vielen Facetten seit über 20 Jahren Beruf und Berufung meines Arbeitslebens ist, bildet verlässliche Software dabei die wichtigste Grundlage des Erfolges. Zuverlässige Software benötigt im gesamten Lebenszyklus vom Entstehen über den Betrieb bis zum Tag der Außerbetriebnahme auf Verlässlichkeit ausgerichtete Kenntnisse und Konzepte. Softwaretests, als kontinuierlicher Qualitätssicherungs- und gleichwohl IT-Sicherheits-Prozess, gewinnen dabei zunehmend an Bedeutung im Tagesgeschäft.

Die gesammelten Erfahrungen kommen dem Buch zugute. Es soll gestandenen Programmieren wie auch Anfängern Freude und Begeisterung fürs Testen von Software vermitteln, so dass sie auch Überzeugungstäter werden. Testgetriebene Entwicklung kann manche Fallstricke herkömmlicher Entwicklungsmodelle vermeiden. Zuverlässigkeit spielt in kritischen Infrastrukturen und hochverfügbaren Rechenzentren eine entscheidende Rolle und stiftet ganz automatisch auch anderweitig vielfachen Mehrwert. Nicht nur Entwickler, Systemadministratoren und Qualitätsmanager können von Softwaretests profitieren, sondern alle, die sich mit der Entstehung und dem Betrieb von Software beschäftigen, selbst wenn sie nur gelegentlich programmieren.

Johannes Hubertz   Köln, im Oktober 2015

Inhalt

1 Einleitung

Als wir die Richtung
endgültig aus den Augen
verloren hatten,
verdoppelten wir unsere
Anstrengungen.

*(Mark Twain, nach einem
indischen Sprichwort)*

Überblick

Eine kurze Übersicht sei als Anfang erlaubt, um einen roten Faden und schnelle Orientierung im Buch zu geben.

Die Historie der Softwareentwicklung und des einhergehenden Qualitätsbewusstseins bilden den Einstieg ins Thema. Verschiedene Bezeichnungen werden eingeführt und die zugrunde liegende abstrakte Methodik zum Entwurf von Tests vorgestellt. Anschließend werden die praktischen Aspekte rund um das Aufsetzen eines Softwareprojektes kurz beleuchtet. Einige Hilfsmittel und Methoden werden benannt, die das Leben der Entwickler und Anwender erleichtern sollen. Die Dokumentation spielt im Zusammenhang mit der Qualität von Software eine immer wichtigere Rolle. Damit sind die Grundlagen einer erfolgreichen Projektarbeit gelegt. Dieses und die folgenden Kapitel schließen jeweils mit einem Interview ab. Die Fragen an freundliche Menschen aus dem Umfeld von Python wurden gerne aus der persönlichen Perspektive heraus beantwortet. Zum einen lockert dies den doch etwas trockenen Stoff auf. Andererseits treten so verschiedene Aspekte zutage, um als Anregung zu dienen. Die Antworten spiegeln nicht zwingend die Meinung des Autors wieder, sondern stets die der Interviewpartner. Übersetzung und Anpassungen wurden nach bestem Wissen und Gewissen sinnerhaltend vorgenommen.

Im zweiten Kapitel stellen einfache Testverfahren mit dem *Doctest-Modul* innerhalb des Produktionscodes den Einstieg ins Testen dar. Sie eignen sich insbesondere, weil sie untrennbar mit dem Produkt verbunden sind und so zum Verständnis eben dessen beitragen können. Neben dem Verfahren werden verschiedene Tricks und Kniffe vorgestellt.

Das dritte Kapitel ist dem *Unittest*-Modul gewidmet. Einige Besonderheiten werden am Beispiel gezeigt. Davon werden einige bereits mit dem Aufruf durch das Hilfsprogramm *Nose* ausgeführt, weil es die Benutzung auf der Kommandozeile erheblich vereinfacht. Da dieses Hilfsmittel deutlich mehr vermag, als nur Unittests einzusammeln und auszuführen, stellt das vierte Kapitel die anderen Vorzüge bis hin zur Erweiterbarkeit mit der Plugin-Schnittstelle dar.

Ein weiteres Hilfsmittel namens *pytest*, aus dem Nose vor einigen Jahren durch eine Abspaltung hervorging, wurde im Laufe der letzten Jahre stark weiterentwickelt und füllt das fünfte Kapitel. Die vielfältigen Möglichkeiten können jedoch nur angedeutet werden. Eine vollständige Beschreibung würde ein ganzes Buch erfordern, die Vorstellung eines installierbaren Plugins schließt mit den dazugehörigen Tests ab.

Fingerübungen in den Kapiteln zu Unittests und pytest ergänzen den Stoff um praxisnahe Aspekte. Die gezeigten Programmteile sollen dem Verständnis dienen, wie und wozu die Tests nützlich sind und wie diese mit pytest einfacher und eleganter funktionieren.

Das sechste Kapitel stellt das Hilfsprogramm *tox* vor. Es dient dazu, beliebige Tests mit verschiedenen Python-Versionen jeweils in eigens dazu erstellten virtuellen Umgebungen auszuführen. Auch die Einhaltung der PEP8-Konformität lässt sich damit prüfen. Im Sinne der Qualitätssicherung dient es vorwiegend der automatisierten Durchführung jeweils aller Tests.

Im ersten Teil des siebten Kapitels werden Tests zu einer grafischen Benutzeroberflächen angerissen. Wegen wachsender Bedeutung wird danach umfassender auf Software fürs Web am Beispiel von *Django* eingegangen. Der Beginn einer testgetriebenen Entwicklung zeigt, wie und mit welchen Testwerkzeugen die serverseitige Software zuverlässig erstellt werden kann. Dazu werden Unittest und funktionaler Test in der Kombination dargestellt.

Das achte und letzte Kapitel stellt zwei voneinander unabhängige, umfangreiche Python-Projekte unter freien Lizenzen vor, *SaltStack* und *OpenStack keystone*, welches nur einen Bruchteil des fast ausschließlich in Python geschriebenen OpenStack-Universums ausmacht. Beide Projekte mit vielen tausend Codezeilen verfügen neben dem Produktionscode über tausende Testfälle, die mit eindrucksvollen Zahlen belegt werden. Das letzte Interview mit einem der OpenStack-Entwickler macht deutlich, dass in sehr großen Projekten mit vielen Entwicklern nichts anderes als testgetriebene Entwicklung vorstellbar ist. Dies gilt sogar dann, wenn die Teams klein bleiben.

1.1 Die Softwarekrise

Schon in den 1960er Jahren war das Wort Softwarekrise in der Branche gefürchtet, glaubte man doch um die Ursachen zu wissen. Zunehmende Komplexität und Rechenkapazität führten zu stets komplizierter werdenden Programmen, die über Jahre, teils sogar über Jahrzehnte, gepflegt und dabei unbeherrschbar wurden. Fehlende Qualitätsstandards und mangelnde Dokumentation wurden vielerorts zum Problem. Dies wurde insbesondere dann deutlich, wenn Mitarbeiter die Aufgaben wechselten, lange nicht an einem Programm gearbeitet wurde oder Nachfolger eingearbeitet werden mussten. Die Probleme eskalierten, Auswege wurden und werden bis heute gesucht. Laut Wikipedia [Wik15a] wurde bereits 1968 der Begriff *Software Engineering* auf einer NATO-Tagung geprägt. In den „Communications of the ACM (Mitteilungen der Association for Computing Machinery)" findet sich 1972 der Begriff in der Dankesrede von Edsger W. Dijkstra zur Verleihung des Turing Award, veröffentlicht als „Der bescheidene Programmierer", im Original und als deutsche Übersetzung ebenda:

Zitat:
Die Hauptursache für die Softwarekrise liegt darin begründet, dass die Maschinen um einige Größenordnungen mächtiger geworden sind! Um es ziemlich einfach auszudrücken: Solange es keine Maschinen gab, war Programmierung kein existierendes Problem; als wir ein paar schwache Computer hatten, wurde Programmierung zu einem geringen Problem, und nun, da wir gigantische Computer haben, ist die Programmierung ein ebenso gigantisches Problem.
Edsger Dijkstra: The Humble Programmer

Der Trend, sowohl die Komplexität der Software als auch die Leistungsfähigkeit der verwendeten Computer zu steigern, hält bis heute an. Ross

Anderson ist eine Ikone im Bereich Sicherheit und Zuverlässigkeit von IT-Systemen. Er schreibt 2008: [And08] „Der vermutlich größte Fortschritt des Software Engineerings ist die Technologie von Softwaretests in den 1990er Jahren."

Vor diesem Fortschritt waren Regressionstests üblich, das heißt die Ausgaben eines Testlaufs einer neueren Version werden mit den Ausgaben einer älteren Version bei gleichen Eingaben verglichen. Die Software wurde dabei komplexer und nur durch fortwährende Tests zuverlässiger. Speziell bei Software für Sicherheit, zum Beispiel in Steuerungen, die auch immer komplexer und umfangreicher wurden, war dieses nur unter wachsenden Aufwänden zu erreichen. So etablierte sich bald, Teams für die beiden Aufgaben Test- und Wirksoftware zu bilden.

Verschiedene Methoden wurden im Laufe der Zeit propagiert und in der Breite angewandt. Eine ultimative Methode, die alle Probleme gleichermaßen löst, lässt noch auf sich warten. In den letzten Jahrzehnten wurden vorgestellt (entnommen aus *Basiswissen Sichere Software* [Pau11]):

- Das *Wasserfallmodell* ist das klassische Entwicklungsmodell mit einer streng sequenziellen Bearbeitung: Anforderungserfassung, Entwurf, Programmierung, Test und Einrichtung.

- Das *V-Modell* (und die Weiterentwicklung *V-Modell XT*) ist eine Abwandlung des Wasserfallmodells. Anforderungen werden zu Beginn festgelegt. Nachträgliche Änderungen sind aus Prinzip nicht vorgesehen.

- *Prototyp*-getriebene Entwicklungsmodelle, wie zum Beispiel „Rapid Application Development" entwickelt in Folgen von Prototypen, deren jeweilige Anforderungen immer kurz vor der Entwicklung des Prototyps festgelegt werden. Ganzheitliche Betrachtungsweise des Produktes ist aus Prinzip nicht erwünscht.

- *Spiralmodell* entwickelt inkrementell in Schleifen durch verbleibende Projektrisiken.

- *Stark strukturierte Methoden,* zum Beispiel „Model-Driven Development" oder „Rational Unified Process" von IBM machen alle Entwicklungsschritte nachvollziehbar auf Kosten einer streng sequenziellen Vorgehensweise. Methoden zum Nachweis der Korrektheit und Sicherheit machen diese Methoden noch starrer als das Wasserfallmodell.

- *Agile Methoden* bilden einen Gegensatz zu allen oben genannten, weil sie größten Wert auf Flexibilität legen. *Scrum, Extreme Programming* und *Test-Driven Development* lassen die Qualität der entwickelten Funktionalitäten schnell nachvollziehen.

Alle diese Methoden verfolgen das Ziel, Qualität und Stabilität des entwickelten Produktes zu steigern wie auch Entwicklungskosten zu minimieren. Unabhängig von der Methode gilt: Je später in der Entwicklungsphase von Software ein Fehler erkannt wird, um so teurer ist seine Behebung, da die Anzahl der Codezeilen mit der Komplexität einhergeht und so den Korrekturaufwand steigern. Insofern ist es naheliegend, mit automatisierten Tests möglichst früh, am Besten gleich zu Anfang, zu beginnen. Genau das ist die Idee hinter dem Begriff „Test-Driven Development", oft abgekürzt als *TDD*.

1.2 Motivation für Softwaretests

Die Entwicklung eines Softwareproduktes ist aufwendig und stets fehlerbehaftet. Insbesondere ist nur in wenigen, modernen Programmiersprachen eine Beweisführung auf Fehlerfreiheit möglich. Daher ist nicht selten der gute Glaube an die Produktqualität reine Illusion. Dennoch wird der gewissenhafte Softwareentwickler dafür Sorge tragen, dass seine Programme möglichst keine oder jedenfalls wenig Fehler enthalten. Um Fehler aufzudecken, eignet sich Software, die genau zu diesem Zweck entwickelt wird. Wenn diese bereits vor der Fertigstellung des eigentlichen Programms schon die richtigen und falschen Ergebnisse automatisch prüfen kann, also die Rahmenbedingungen feststehen, dann ist die Entwicklung der gewünschten Funktion eben erst genau dann fertig, wenn *alle* Ergebnisse geprüft und für richtig befunden sind. Das führt zur Unterscheidung zwischen Produktions- und Testcode. Letzterer dient dazu, Ersteren auf korrektes Verhalten zu untersuchen. Beide Arten können in verschiedenen Dateien gepflegt werden. Ebenso ist es möglich, den jeweiligen Testcode in einer Datei zusammen mit dem Produktionscode aufzubewahren. Bei größeren Projekten mag auch die Teilung in verschiedene Verzeichnisse sinnvoll sein. Dies wird später näher beleuchtet.

Doch auch nach einer Auslieferung von Software können Fehler entdeckt werden, im ungünstigsten Fall durch den Kunden. Aus jedem vom Entwickler akzeptierten Fehlerreport lässt sich ein Testfall konstruieren, und zusammen mit allen anderen Testfällen solange den Produktionscode verbessern, bis auch dieser gelingt. Die Anzahl der Testfälle nimmt also im Laufe der Lebensdauer zu. Das ist durchaus wünschenswert.

1.2.1 Vor- und Nachteile

Übliche Vorgehensweise ist, zuerst konkrete Anforderungen an die zu entwickelnden Funktionen in Form von Software zu formulieren, um die Funktionen auf korrektes Verhalten zu prüfen. Dies wird sinnvollerweise so weit getrieben, dass Aufrufe mit korrekten Parametern auf korrekte Ergebnisse ebenso wie Aufrufe mit fehlerhaften Parametern auf wohldefinierte Ergebnisse geprüft werden.

Nachteile:

- Der bewusste Verzicht auf Testcode bewirkt automatisch unscharf formulierte Anforderungen, da diese nicht in Form von Code vorliegen. Textuell gefasste Beschreibungen, wie sie in Lasten- und Pflichtenheften üblich sind, lassen sich keinesfalls automatisch auf Einhaltung überprüfen.

- Natürlich verursacht die Entwicklung von Testcode ebenso Kosten wie die Entwicklung von Produktionscode. Häufiger Vorwurf gegenüber Testcode ist, dass er zum Produkt nicht unmittelbar beiträgt, also überflüssig ist. Spätestens bei Betrachtung des gesamten Lebenszyklus eines Softwareproduktes wird klar, dass die oft angewandte Methode „quick and dirty" zwar schnell zu einem Ergebnis führt, dieses jedoch nur mit vielen Nachbesserungen und daher einige Zeit später die gewünschte Akzeptanz findet. So wird auch spöttisch von „Banana-Software" gesprochen. Damit ist Software gemeint, die erst beim Kunden durch die Anwendung reift. Die vermeintlich günstigere Entwicklung stellt sich oft als Trugschluss heraus, wenn die Gesamtkosten über die Lebensdauer evaluiert werden.

- Der Testcode ist während der Lebensdauer der Software ebenso zu warten und weiterzuentwickeln wie der Produktionscode, um dauerhaft nützlich zu sein.

- Das Entwickeln von Tests stellt neben der Beherrschung der Programmiersprache, des verwendeten Frameworks und der Entwicklungsumgebung eine weitere Fähigkeit der Entwickler dar, was die Ausbildung und die Rekrutierung aufwendiger bzw. teurer macht.

Vorteile:

- Funktionen werden robust, Fehlverhalten wird vermieden. Neben korrektem Verhalten werden auch Aufrufe mit fehlerhaften Parametern durch die Tests in ihrer Korrektheit bewiesen, sie müssen dabei mindestens definiertes Verhalten zeigen.

- Die Tests zeigen beispielhaft, wie die Funktionen verwendet werden. Dies dient insbesondere dem Leser des Quellcodes als Unterstützung und erleichtert das Verständnis. Bei einer Bibliothek wird die Nutzung dank vorhandener Tests wesentlich vereinfacht, da in den Tests der Gebrauch der einzelnen Bibliotheksfunktionen beispielhaft dokumentiert sein sollte. Das Application Programming Interface (API) wird also mit den Tests einfacher nutzbar und dient so der Verbreitung der Software.

- Die Anforderungen sind explizit und daher wohl formuliert. Dies setzt zu Beginn eines Softwareprojektes gründliche Überlegungen und exakte Formulierung in Form von Software zum Test der geplanten Software voraus. Diese liegen dann während der gesamten Lebensdauer vor.

- Tests nach Änderungen am Produktionscode zeigen Kollateralschäden. Fast alle Software wird früher oder später geändert oder verbessert. Wenn an einem Projekt mehrere Entwickler beteiligt sind, ist oft nicht jedem Einzelnen die ganze Codebasis bekannt, weil es zu viele Codezeilen sind. Wenn dann auch nur winzige Teile am Produkt geändert werden, wird mit den Tests unmittelbar klar, welche Nebenwirkungen dadurch verursacht werden.

1.2.2 Varianten in der Namensgebung für Tests

Verschiedene Namen sind im Umfeld von Softwaretests gebräuchlich: Dokumentationstests, Unittests, Integrationstests, funktionale Tests und viele andere mehr. Varianten davon sind ebenfalls im Umlauf. Eine kurze Abgrenzung folgt, um Klarheit für den weiteren Verlauf im Umfeld von Python zu schaffen:

1. **Dokumentationstest:**
   Docstrings können in vorgegebener Syntax Interpreterbefehle enthalten, die mittels des Python-Moduls `doctest` unabhängig vom Code im Modul ablaufen können, dabei Teile des Codes nutzen und mit vorgesehenen Ergebnissen verglichen werden. Details zum `doctest` Modul finden sich in zweiten Kapitel.

2. **Unittest:**
   Kleinste Abschnitte im Code werden mit Testcode getestet, der meist in separaten Modulen untergebracht ist. Zumeist wird das Python-Modul `unittest` importiert und daraus werden dann eigene Klassen und Tests abgeleitet. Die Trennung von Code und Tests hat den Vorteil, dass die Entwicklung der Tests unabhängig erfolgen kann. Nach Möglichkeit sollten alle Zeilen des Codes von Unittests abgedeckt werden, um Überraschungen bei Änderungen auszuschließen. Dem `unittest` Modul ist das dritte Kapitel gewidmet.

3. **Integrationstest:**
   Das Zusammenspiel der Units ist zu testen. Dazu sind mögliche Teilpfade durch den Code zu analysieren und geeignete Testfälle zu konstruieren. Das Ziel dabei ist, nachzuweisen, dass die Units wie gewollt miteinander interagieren. Auch wird gezeigt, wie die Units genutzt werden und welche Abhängigkeiten bestehen.

4. **Funktionaler Test:**
   Die Sicht der Benutzer auf die Software ist die Grundlage. Unabhängig von einzelnen Bausteinen wird das makroskopische Verhalten untersucht. Dies entspricht einem detailliert programmierten Pflichtenheft. Im siebten Kapitel befindet sich ein ausführliches Anwendungsbeispiel.

Die beiden Begriffe *Integrationstest* und *Funktionale Tests* überlappen inhaltlich stark, da beide mehrere Units gleichzeitig testen. Letztere werden auch gerne als *Abnahmetests* bezeichnet, da sie die Perspektive des Auftraggebers einer Entwicklung einnehmen.

Die Kombination mehrerer Testvarianten verspricht, soliden Code zu bauen. Ein weiterer Schritt, nämlich das automatisierte und wiederholte Testen aller Komponenten mit automatischen Build-Prozessen führt in Richtung der als „Continuous Integration" bekannten Entwicklungsstrategie. Die Tests bieten zusammen mit Versionskontrolle und Automatismen ein fertiges Produkt, welches verlässlich funktioniert und dennoch Änderungen kontrolliert einfließen lässt. Der Begriff *Test-Driven Development (TDD)* hat sich dafür eingebürgert.

1.2.3 Methodik: Wie kommen die Tests zustande?

Üblicherweise ist eine Idee oder ein Denkmodell dessen, was in Software realisiert werden soll, beim Entwickler vorhanden. In jedem Falle kann es nur aus Bausteinen zusammengesetzt werden, die einzeln für sich betrachtet noch zu komplex sind, um als überschaubar zu gelten. Also wird jede makroskopische (von außen sichtbare) Funktion in Form von Modulen realisiert, diese intern durch Funktionen, Klassen und andere Komponenten. Die Klassen und Funktionen können wiederum aus kleineren oder allgemeineren Funktionen und Klassen abgeleitet werden. Stets haben sie Ein- und Ausgabewerte. Deren korrektes Verhalten ist sicherzustellen. Dies hat auf der untersten Ebene zu beginnen und auf allen Hierarchieebenen der Software konsequent fortgesetzt zu werden, um im Ergebnis eine verlässliche Aussage über die Konformität der Software mit den Anforderungen erzielen zu können.

Die grundlegenden Klassen und Funktionen werden im Laufe einer umfänglichen Entwicklung nicht konstant bleiben, jedenfalls nicht über die ganze Lebensdauer. Verschiedene Dinge können während des Entstehens der Anwendung oder auch nur in der Abbildung von Eingabewerten in Datenbanktabellen geändert werden. Ebenso kann die Anwendung (API) von Modulen, geändert werden. Es ist nicht ungewöhnlich, dass diese Dinge geschehen. Daraus folgen meist weitere Änderungen, da zumeist Designänderungen ohne Codeänderungen nicht funktionieren. Ohne den eigentlichen Code bezüglich seiner Zuverlässigkeit auf Herz und Nieren geprüft zu haben, wird niemand sagen können, ob der Status der Entwicklung zum Zeitpunkt X nun in Ordnung ist oder nicht.

Die kleinste Klasse oder Funktion hat Eingabewerte, aus denen mittels des innewohnenden Algorithmus Ausgabewerte erzeugt oder Nebenwirkungen erzielt werden. Von den Eingabewerten ebenso wie von den Ausgabewerten sollten konkrete Eigenschaften erwartet werden. Es wichtig, ob es sich um ganze Zahlen, Strings bestimmter Länge oder ähnlich abstrakte Eigenschaften handelt, die unterscheidbar und somit prüfbar sind. Bei den Nebenwirkungen, beispielsweise der Löschung einer Datei bei gleichzeitiger Rückmeldung über den Erfolg, sind beide prüfbar.

1.2.4 Mathematik

Eingabewerte von Funktionen sind funktionsintern in Richtung verschiedener Aspekte zu prüfen, auf korrekte Kodierung, auf syntaktische Fehler wie auch auf Einhaltung wohldefinierter Wertebereiche. Um eine universelle Methodik oder eine formale Beschreibung anzugeben, eignet sich Mathematik und deren beweisbare Aussagen besonders gut. Die folgende Darstellung ist dem Lehrbuch *Lineare Algebra*[BH06] nachempfunden. Nach einer einführenden Definition des Partitionsbegriffs wird dieser verwendet, um den Testraum als Vereinigung von Teilmengen zu beschreiben, die im einzeln wohldefiniert und voneinander verschieden sein müssen. Mit Testraum ist dabei die Menge der Eingabewerte zu einer gegebenen Funktion gemeint.

Definition: Sei $\mathbb{M}$ eine Menge. Seien $\mathbb{B}_j \neq \emptyset \quad (j, k \in \mathbb{J} \subset \mathbb{N})$ Untermengen von $\mathbb{M}$. Mit der Indexmenge $\mathbb{J}$ ist eine Teilmenge der natürlichen Zahlen $\mathbb{N}$ gemeint. Dann sind die $\mathbb{B}_j$ eine **Partition** von $\mathbb{M}$, wenn

$$\mathbb{M} = \bigcup_{j \in J} \mathbb{B}_j \text{ und } \mathbb{B}_j \cap \mathbb{B}_k = \emptyset$$

Der Begriff *Partition* bedeutet also die Vereinigungsmenge *aller* Teilmengen. Dabei ist die Schnittmenge zweier beliebiger Teilmengen stets die leere Menge $\emptyset$, das heißt zwei beliebige und voneinander verschiedene Teilmengen haben keine gemeinsamen Elemente.

Definition: Eine **Äquivalenzrelation** (Bezeichnung: $\sim$) ist eine zweistellige Relation, für die folgende Regeln gelten:

1: $x \sim x$ (reflexiv) Jedes Element steht zu sich selbst in Relation.

2: $x \sim y \Rightarrow y \sim x$ (symmetrisch) Wenn x zu y, dann steht auch y zu x in Relation.

3: $x \sim y \wedge y \sim z \Rightarrow x \sim z$ (transitiv) Wenn x zu y und y zu z, dann steht auch x zu z in Relation.

Diese beiden Begriffsdefinitionen sind die Voraussetzung für den folgenden Begriff der *Äquivalenzklasse,* der in den weiteren Kapiteln mehrfach genutzt wird.

Es folgt ein **Satz:**

Sei $\mathbb{M}$ eine Menge.

Sei $\sim$ eine Äquivalenzrelation auf $\mathbb{M}$. Für $m \in \mathbb{M}$ setzen wir:

$$[m] = \{m' | m' \in \mathbb{M}, m' \sim m\}$$

und nennen $[m]$ die **Äquivalenzklasse** von m (bezüglich $\sim$). Damit gilt:

$$\mathbb{M} = \bigcup_{m \in \mathbb{M}} [m]$$

Ferner ist

$$[m] \cap [m'] = \begin{cases} 0 & \text{für } m \nsim m' \\ [m] = [m'] & \text{für } m \sim m' \end{cases}$$

Sind $[m_j]$ mit $j \in \mathbb{J}$ die verschiedenen Äquivalenzklassen, so ist

$$\mathbb{M} = \bigcup_{j \in \mathbb{J}} [m_j]$$

eine Partition von $\mathbb{M}$.

Auf den Beweis wird hier verzichtet, er ist in [BH06] angegeben. Der Index $j \in \mathbb{J}$ unterstreicht dabei lediglich die Unterscheidbarkeit der Äquivalenzkassen. Somit sind die Äquivalenzklassen

1. disjunkt, also zwei verschiedene Äquivalenzklassen haben stets eine leere Schnittmenge,

2. derart, dass die Vereinigungsmenge aller Äquivalenzklassen gleich dem vorgegeben Definitionsraum $\mathbb{M}$ ist.

Diese Klarheit ist wichtig, ein konkretes Beispiel veranschaulicht die Sache.

Sei $\mathbb{M}$ eine Menge roter, gelber und blauer Kugeln mit einer Äquivalenzrelation: $x \sim y \iff$ Kugel x hat die gleiche Farbe wie Kugel y. Die Eigenschaft Farbe beschreibt eine Äquivalenzklasse, hier bestehend aus allen gelben Kugeln: $\mathbb{M} \supset \mathbb{G} = \{x | x \in \mathbb{M} \cap f(x) = \text{gelb}\}$. Entsprechend der o.a. Menge $\mathbb{M}$ existieren also noch zwei weitere: $\mathbb{M} \supset \mathbb{R} = \{x | x \in \mathbb{M} \cap f(x) = \text{rot}\}$ und $\mathbb{M} \supset \mathbb{B} = \{x | x \in \mathbb{M} \cap f(x) = \text{blau}\}$.

Die Partition besteht aus der Vereinigung aller so gebildeten Äquivalenzklassen bzw. Teilmengen aus je den roten, gelben und grünen Kugeln und enthält damit alle o.a. Kugeln $\mathbb{M} = \{\mathbb{R}, \mathbb{G}, \mathbb{B}\}$. Die jeweiligen Äquivalenzklassen zu finden, oder anders ausgedrückt, die Partition zu bilden, erfordert stets genaues Hinsehen und Fingerspitzengefühl der handelnden Personen. Die beschriebene, streng formale Betrachtung mag dabei helfen.

Immer wird für die Aufstellung der Tests eine Überlegung vorab notwendig sein, welche zu einer gegebenen Funktion Eingaben und Ergebnisse möglichst vollständig beschreibt. Die zu implementierenden Tests sollen die definierten Reaktionen auf korrekte und fehlerhafte Eingaben nachweisen. Die Unterscheidung in verschiedene Äquivalenzklassen minimiert dabei die Anzahl der erforderlichen Tests und somit den Aufwand.

In der Fachliteratur zum Thema Testen wird die gezeigte Mathematik oft zugunsten blumiger Beschreibung weggelassen, der Begriff wird teilweise nicht nur nicht erklärt, sondern sogar als ein Testverfahren vorgestellt. Im Band *Praxiswissen Softwaretest* [GB15] stellt sich das wie folgt dar.

Zitat:
Die Äquivalenzklassenbildung ist ein Testverfahren, mit dem effizientes Testen gewährleistet ist. Bei der Äquivalenzklassenbildung suchen wir nach Testbedingungen, die gleich behandelt werden, und fassen sie in einer Klasse zusammen. Man nennt diese Klassen Äquivalenzklassen, da man davon ausgeht, dass jeder Wert oder jede Bedingung innerhalb dieser Klasse gleichwertig behandelt wird.

Im weiteren Verlauf von *Praxiswissen Softwaretest* werden die Stärken der Äquivalenzklassenbildung angegeben.

Zitat:
Wir neigen in der Regel dazu, zu viele Tests durchzuführen, da wir oft nicht wissen, was wir risikolos ausschließen können. Die Äquivalenzklassenbildung reduziert die Anzahl der Tests, die wir durchführen müssen. In der Welt des Softwaretests, in der die Zeit immer knapp ist, kann dies nur von Vorteil sein. Um herauszufinden, was gleichwertig behandelt wird, bedarf es einer intelligenten Analyse der Software und der verfügbaren Spezifikationen. Sobald wir diese Informationen erarbeitet haben, können wir die Anzahl der Tests erheblich reduzieren.

Auch im Band *Basiswissen Softwaretest* [AS12] wird der Begriff der Äqui-valenzklasse nicht genauer erklärt, jedoch wird es deutlich konkreter.

Zitat:
Die Menge der möglichen konkreten Eingabewerte für ein Eingabeda-tum wird in Äquivalenzklassen unterteilt. Zu einer Äquivalenzklasse ge-hören alle Eingabewerte, bei denen der Tester davon ausgeht, dass sich das Testobjekt bei Eingabe eines beliebigen Datums aus der Äquivalenz-klasse gleich verhält. Der Test eines Repräsentanten einer Äquivalenz-klasse wird als ausreichend angesehen, da davon ausgegangen wird, dass das Testobjekt für alle anderen Eingabewerte derselben Äquiva-lenzklasse keine andere Reaktion zeigt.
Neben den Äquivalenzklassen, die gültige Eingaben umfassen, sind auch solche für ungültige Eingaben zu berücksichtigen.

Der letzte Satz ist wichtig: Tests sollten nicht nur die korrekte Funktion mit korrekten Eingaben nachweisen. Sie müssen ebenso bei allen denkbaren Fehleingaben definiertes Verhalten zeigen, um vor Überraschungen sicher zu sein. Grenzwertanalyse kommt dabei mit ins Spiel, gemeint sind Unter-suchungen an den Grenzen der Äquivalenzklassen. Zumeist muss von bei-den Seiten einer Grenze angenähert werden. Intuition und Feingefühl der Software-Tester sind gefragt.

1.3 Python

Die Programmiersprache Python wurde 1994 in der Version 1.0 veröffent-licht. Die Geschichte wird in Wikipedia [Wik15b] zum Nachlesen bereitge-halten. Aktuell wird es in der Version 3.5.0 bei `http://python.org` zum Download angeboten. Es ist für alle gängigen Betriebssysteme verfügbar, Linux-Distributionen liefern es üblicherweise gleich mit aus. Der Interpre-ter eignet sich sowohl für manuelle Eingaben, die direkt verarbeitet wer-den, als auch zur Ausführung von Dateien, die Python-Code enthalten. Eine der Eigenheiten besteht darin, alles als Objekt zu behandeln. Als Besonder-heit gilt, dass Einrückungen mit Leerzeichen erfolgen sollten und wesent-lich die Ausführung bestimmen, da sie die Syntax von Blöcken bestimmen. Das macht die Quelltexte einfach und gut lesbar. Hilfsmittel, um Software-tests zu schreiben, liefert die Programmiersprache mit. Allgemein wird mit dem Wortspiel *batteries included* gerne darauf verwiesen, dass viele mitgelieferte Module Funktionen bereitstellen, auf die durch den Gebrauch des import Statements zurückgegriffen werden kann.

Um mit Python ein Projekt zu starten, bedarf es einiger Vorbereitung und einigen Wissens. Zunächst muss man Python kennen, jedenfalls die Grundlagen. Dies wird im Folgenden stillschweigend vorausgesetzt, der geneigte Leser möge das verzeihen. Will man sein Projekt der weltweiten Python-Community zur Verfügung stellen, bietet diese einen Verteilungsmechanismus an. Der Python Package Index, kurz PyPI [Fou15], beherbergt zur Zeit mehr als 55000 verschiedene Projekte. Eine Einführung, wie das System zu nutzen ist, findet sich in *Dive into Python 3* [Pil09].Insbesondere zeigt das Buch die vielen Unterschiede zwischen Python 2 und Python 3, der Nutzung von PyPI widmen sich nur einige der knapp 500 Seiten im Kapitel 16. Sie zeigen die notwendigen Dateien und die Struktur der Verzeichnisse für ein sehr kleines Projekt und für ein Projekt mittlerer Größe. Insbesondere wird der Aufbau der Datei setup.py ausführlich erklärt.

Die Verbreitung der Sprache Python zu fördern, ist das wichtigste Anliegen der Python Software Foundation (PSF)[1] auf internationaler Ebene, im deutschen Sprachraum ist es der Python Software Verband e. V.[2]

1.3.1 Schreibstil

Grundsätzlich ist der Schreibstil bei der Programmierung mit Python flexibel. Nur wenige reservierte Worte bilden den Rahmen, eine einfache Syntax macht das Erlernen und den Gebrauch der Sprache auch für den Anfänger möglich. Die Struktur eines Programms wird durch Einrücken gegeben, aus anderen Sprachen bekannte Klammerkonstruktionen zur Kennzeichnung von Blöcken werden elegant durch Leerzeichen am Zeilenanfang ersetzt. Das Python Enhancement Proposal (PEP) mit der laufenden Nummer acht beschreibt seit 2001, wie dies auszusehen hat. Ein ausführbares Programm pep8 existiert, um die Regeln am Quelltext zu überprüfen. Man ist gut beraten, diese Hilfestellung zu benutzen und solange den eigenen Text zu bearbeiten, bis der Aufruf ohne Meldungen vonstatten geht. Die Einrückungstiefe wird fest zu je 4 Leerzeichen vorgegeben, die Schreibweise von Listen und die Einrückung von Folgezeilen wie auch die maximale Zeilenlänge sind festgelegt. Weitere Werkzeuge wie autopep8, pylint

---

[1] http://www.python.org/psf
[2] http://python-verband.de

und pyflakes unterstützen den Programmierer bei der Einhaltung der Regeln auf der Kommandozeile. autopep modifiziert automatisch den Quelltext dahingehend, so dass er konform zu PEP 8 wird. Guter, normgerechter Quellcode wird gerne gelesen. Pylint überprüft Quellcode noch viel weitergehender und nimmt auch eine Wertung des Codes vor. Pyflakes liest den Code ohne zu importieren und bemängelt Fehler.

Die Maximen der Programmiersprache sind schön wiedergegeben in der kleinen Lyrik von Tim Peters, sie wird von vielen Python-Programmierern geschätzt. In jeder Python-Distribution ist der Text enthalten und im Interpreter einfach anzusehen durch die Eingabe von import this.

```
(wb) $ python
Python 3.4.3+ (default, Jun  2 2015, 14:09:35)
[GCC 4.9.2] on linux
Type "help", "copyright", "credits" or "license" for more information.
>>>
>>> import this
The Zen of Python, by Tim Peters

Beautiful is better than ugly.
Explicit is better than implicit.
Simple is better than complex.
Complex is better than complicated.
Flat is better than nested.
Sparse is better than dense.
Readability counts.
Special cases aren't special enough to break the rules.
Although practicality beats purity.
Errors should never pass silently.
Unless explicitly silenced.
In the face of ambiguity, refuse the temptation to guess.
There should be one-- and preferably only one --obvious way to do it.
Although that way may not be obvious at first unless you're Dutch.
Now is better than never.
Although never is often better than *right* now.
If the implementation is hard to explain, it's a bad idea.
If the implementation is easy to explain, it may be a good idea.
Namespaces are one honking great idea -- let's do more of those!
>>>
```

Abb. 1.1: Zen of Python (Tim Peters)

Daher sollte für jeden Programmierer gelten:

Schreibe Deinen Code ordentlich, denn er wird viel öfter gelesen als geschrieben.

1.3.2 Verzeichnisstruktur

Ein neues Python-Projekt aus dem Nichts zu beginnen, ist relativ einfach, wenn es einen Plan gibt. Als Beispiel möge das (dem Namen nach) weit verbreitete Projekt „foo" dienen, unabhängig vom geplanten Umfang kann wie folgt dargestellt begonnen werden.

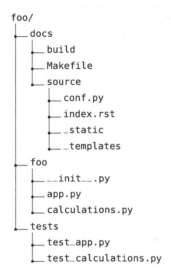

```
foo/
  ├─docs
  │  ├─build
  │  ├─Makefile
  │  └─source
  │       ├─conf.py
  │       ├─index.rst
  │       ├─_static
  │       └─_templates
  ├─foo
  │  ├─__init__.py
  │  ├─app.py
  │  └─calculations.py
  └─tests
      ├─test_app.py
      └─test_calculations.py
```

Abb. 1.2: Python-Projekt: typische Verzeichnisstrukktur

Alle Inhalte zum Projekt befinden sich in einem Verzeichnis mit dem Namen des Projektes: foo. Enthalten sind weitere Verzeichnisse und Dateien. In einem Unterverzeichnis mit gleichem Namen foo sind Python-Dateien zu finden. Mit zunehmender Komplexität können darin weitere Unterordner in fast beliebiger Schachtelungstiefe angelegt werden, ein jeder sollte jedoch mehr als eine Python-Datei und eine __init__.py beherbergen. Nur für eine Python-Datei einen Unterordner anzulegen, erscheint wenig sinnvoll. Die Tiefe dieser Struktur ist der Architektur der Namensräume in der Sprache Python geschuldet. Die Dateinamen der Python-Module sollten sich an deren Inhalten orientieren, nichtssagende Namen wie features.py sind daher zu vermeiden. Zu jedem Python-Modul sollte ein entsprechendes Test-Modul existieren, in welchem die dazugehörigen Tests definiert sind.

Ein Verzeichnis für die Dokumentation mit allen nötigen Hilfsprogrammen ist schnell mit dem Kommando `sphinx-quickstart` docs nach den Fragen mit seiner Struktur und der Konfiguration `docs/source/conf.py` fertig angelegt.

Um es dem Anwender möglichst leicht zu machen, kann Hilfestellung in der Datei `README.rst` geleistet werden. Das `Makefile` sollte einige Standardziele kennen, um die Ausführung wiederkehrenden Aufgaben zu vereinfachen.

Die Datei `requirements.txt` dient bei der Installation des fertigen Programms dazu, dessen Abhängigkeiten von Bibliotheken im System sicherzustellen.

```
$ pip install -r requirements.txt
```
Abb. 1.3: Notwendige Python-Pakete vorab von PyPI installieren

Die Datei `test-requirements.txt` dient in der gleichen Weise dazu, alle Notwendigkeiten für das Arbeiten am Code vorzubereiten. Diese Python-Pakete benötigt also nur derjenige zusätzlich, der den Code studieren oder modifizieren möchte. Beide Dateien beinhalten simple Listen von Python-Paketen, die sich wie gezeigt von PyPI installieren lassen.

1.3.3 Versionierung

PEP 440 vom März 2013 beschreibt ein System, Python-Software zu versionieren und umgeht Probleme mit den zuvor gültigen PEP 345 und PEP 386. Gültige Versionsnummern sind demnach:

```
N[.N]+[{a|b|rc}N][.postN][.devN]
```

Dies erlaubt die übliche Nummerierung wie 6.1 oder 6.1.0. Man beachte:

- 5.2.1 ist gleichwertig mit 5.2.1.0
- Versionen der Form `N[.N]+` werden als endgültig betrachtet
- Datums basierte Versionsnummern werden als ungültig angesehen, Werkzeuge zur automatisierten Prüfung auf PEP 440 Konformität sollten hierbei Fehler anzeigen.
- *alpha* und *beta* deutet auf Alpha- bzw. Beta-Versionen, *rc* auf einen Releasekandidaten, *c* wird als Vorläufer eines Releasekandidaten betrachtet.

- *.postN* zeigt eine postrelease Version an, die typischerweise nur Fehler im Releaseprozess korrigiert. Für Fehlerkorrekturen (bugfix release) sollte diese Art der Nummerierung nicht verwendet werden.

- *.devN* zeigt eine Entwicklerversion an und sollte vermieden werden, da es nicht unmittelbar klar ist, dass damit eine Version adressiert wird, die früher als das entsprechende Release erscheint. So erscheint `1.3.4.devN` vor `1.3.4`, und vor der Alpha- und Beta-Version

Moderne Versionskontrollsysteme wie *git* oder *Mercurial* können Versionsnummern aus den zugrunde liegenden Hash-Werten erzeugen, diese sind jedoch nicht zu PEP 440 kompatibel. Eine Marke (Label) im Repository, zum Beispiel im Falle von `git` ein `tag`, kann jedoch eine Versionsnummer bedeuten. Python Build Reasonableness (`pbr`) aus dem OpenStack Umfeld kann Abhilfe schaffen und direkt aus dem git Repository PEP 440 konforme Versionierung erzeugen.

1.3.4 Versionskontrollsysteme

Alle üblichen Versionskontrollsysteme (VCS) sind dazu entwickelt worden, dem Programmierer Routineaufgaben abzunehmen. Es gibt unzählige verschiedene Werkzeuge mit dem Zweck, verschiedene Versionen eines Quelltextes zu bevorraten und auf Anforderung bereitzustellen. Die verbreitetsten sind *Bazaar, Subversion, Mercurial* und *git*. Sie standen 2008 zur Wahl bei den Empfehlungen an die Python-Community. Bis zur Verabschiedung des neuen PEP 374 im November 2008 war Subversion (SVN) das empfohlene VCS.

Anders als Python wird *git* auf Microsoft Windows™ nicht sehr gut unterstützt. Da Python sich aber gerade durch die Unabhängigkeit vom verwendeten Betriebssystem auszeichnet, scheidet es als empfohlenes VCS aus. Noch ein weiterer Grund wird im PEP 374 genannt: Die meisten der Python Core-Entwickler bevorzugen Mercurial. Ein Grund dafür könnte sein, dass Python-Entwickler lieber mit Python-Programmen als mit C- oder Shell-Programmen arbeiten. Bazaar schied aus wegen mangelnder Verbreitung.

Die Migration eines Projektes aus dem vormals empfohlenen Subversion (SVN) hin zu Mercurial ist in PEP 385 beschrieben

1.3.5 Klinisch reine Umgebung

Das Hilfsprogramm virtualenv bietet seit langem einen einfachen Weg, eine möglichst saubere, einheitliche Arbeitsumgebung zu erhalten. Sinn und Zweck ist es, sich von den Unwägbarkeiten der betriebssystemabhängigen Python-Module zu befreien. Python 3 bringt diese Funktionalität gleich mit. Getreu dem Motto batteries included gibt es ein ausführbares Kommando pyvenv als Beipack, eventuell auch als eigenständig installierbares Paket. Beispielsweise ist es in Debian seit der Version 7 (jessie) separat verpackt und mit der Paketsuche[3] zu finden. Da niemand von selbst wissen kann, wie es sinnvoll eingesetzt werden kann, ist eine kleine Hilfestellung eingebaut, eine man-page sollte bei Linux ebenfalls dazugehören.

```
$ pyvenv -h
usage: venv [-h] [--system-site-packages] [--symlinks | --copies] [--clear]
            [--upgrade] [--without-pip]
            ENV_DIR [ENV_DIR ...]

Creates virtual Python environments in one or more target directories.

positional arguments:
  ENV_DIR               A directory to create the environment in.

optional arguments:
  -h, --help            show this help message and exit
  --system-site-packages
                        Give the virtual environment access to the system
```

Abb. 1.4: Hilfestellung von pyvenv

Um einen nutzbaren Arbeitsplatz zu erhalten, schafft man sich eine neue Arbeitsumgebung, sozusagen eine virtuelle Werkbank (wb). Zuvor wird noch kurz kontrolliert, welche Python-Version bis jetzt genutzt wird:

```
$ python -V
Python 2.7.8
$
$ pyvenv wb
$
$ ls wb/
bin  include  lib  lib64  pyvenv.cfg
$
$ source wb/bin/activate
(wb) $
(wb) $ python -V
Python 3.4.2
(wb) $
(wb) $ deactivate
$
```

---

[3]https://packages.debian.org/search?keywords=python3-venv

```
$ python -V
Python 2.7.8
$
```

Abb. 1.5: Einsatz von pyvenv

Mit pyvenv wb wird die neue Umgebung im neuen Verzeichnis wb erzeugt. Darin sind die Programme python, pip, easy_install und die dazugehörigen setuptools untergebracht. Jedoch ist die neue Arbeitsumgebung nicht schon sofort wirksam. Um sie zu nutzen, ist in der aktiven Shell ein Skript zu „sourcen", das heißt seine Funktionen auszuführen und in die aktive Shell zu integrieren. Es verändert die Eingabeaufforderung und den Pfad, auf dem Python gefunden wird. So kann dann mit der neu erzeugten Python-Umgebung gearbeitet werden, wie ein weiteres python -V zeigt. Mit dem Befehl deactivate wird die Umgebung wieder verlassen und der vorherige Zustand wiederhergestellt.

Die Installation der Werkbank legt eine Konfigurationsdatei pyvenv.cfg an:

```
(wb) $ ls -l ~/wb/
insgesamt 20
drwxr-xr-x 3 hans hans 4096 Okt 26 18:56 bin
drwxr-xr-x 2 hans hans 4096 Aug 19 12:55 include
drwxr-xr-x 4 hans hans 4096 Aug 19 12:55 lib
lrwxrwxrwx 1 hans hans    3 Aug 19 12:55 lib64 -> lib
drwxr-xr-x 3 hans hans 4096 Okt 11 00:02 man
-rw-r--r-- 1 hans hans   68 Aug 19 12:57 pyvenv.cfg
(wb) $
(wb) $
(wb) $ cat ~/wb/pyvenv.cfg
home = /usr/bin
include-system-site-packages = false
version = 3.4.3
(wb) $
```

Abb. 1.6: Virtuelle Werkbank und deren Einstellungen

Über die Einstellung include-system-site-packages sind innerhalb der Werkbank Python-Module aus dem Betriebssystem verfügbar oder, wie hier gezeigt mit false, eben nicht. Dies eröffnet die Möglichkeit, nur mit ausschließlich von PyPi stammenden Python-Modulen zu arbeiten. Diese sind meist neueren Datums als die der Linux-Distributionen.

1.3.6 Dokumentation

Wird ein Projekt neu aufgesetzt, muss man sich über die dazugehörige Dokumentation Gedanken machen, dabei ist unter anderem zu beachten:

1. Dokumentation im herkömmlichen Sinne wird „von Hand" geschrieben, das heißt jemand schaut auf die Software und schreibt seine Gedanken dazu außerhalb davon nieder. Dies ist stets mit der großen Gefahr verbunden, dass Dokumentation und Software auseinander laufen. Mit automatisch aus den Quelltexten erzeugter Dokumentation besteht diese Gefahr immer noch, sind doch die Kommentare im Programm nicht automatisch an die Funktionalitäten geknüpft. Aber sie ist etwas kleiner, da die Programmierer beim Ändern von Code auch die Kommentare sehen und so in der Lage sind, diese sinngemäß auf dem Laufenden zu halten.

2. Gibt es bestimmte Anforderungen an Aufbewahrungsfristen, wie zum Beispiel im Finanz- und Steuerwesen, in der Pharmaindustrie oder Produktionstechnik, so gelten diese im Allgemeinen auch für die Dokumentation. Wird diese innerhalb der Quelltexte und der Versionsverwaltung gepflegt, ist das keine zusätzliche Anforderung. Separiert gepflegte Dokumentation erhöht den Aufwand nicht unwesentlich.

Der Abstand zwischen Software und Dokumentation ist maßgeblich für die Aktualität der Dokumentation. In den Quelltexten werden Fehler üblicherweise mit Bugtrackingsystemen registriert, überwacht und bereinigt, da der Projekterfolg unmittelbar betroffen ist. Derartige Mechanismen für Dokumentation sind sinnvoll nicht unabhängig davon nochmals zu pflegen.

Bei Python-Projekten ist es üblich, Dokumentation im reStructuredText-Format abzulegen. Dies ist eine einfache Markup Methode, um im Text bestimmte Formatierungsangaben wie **fett**, *kursiv* und `fixed` font darzustellen, Bilder einzubinden und vieles andere mehr. Mittels Sphinx lässt sich daraus HTML, LaTeXe, PDF, EBUB und mehr produzieren. Im Hauptverzeichnis des Projektes stellt man sich den Fragen des Kommandozeilenwerkzeugs.

```
$ cd foo
$ sphinx-quickstart docs
Welcome to the Sphinx 1.2.3 quickstart utility.

Please enter values for the following settings (just press Enter to
accept a default value, if one is given in brackets).

Selected root path: docs

You have two options for placing the build directory for Sphinx output.
Either, you use a directory "_build" within the root path, or you separate
"source" and "build" directories within the root path.
> Separate source and build directories (y/n) [n]: y

Inside the root directory, two more directories will be created; "_templates"
```

```
for custom HTML templates and "_static" for custom stylesheets and other static
files. You can enter another prefix (such as ".") to replace the underscore.
> Name prefix for templates and static dir [_]:

The project name will occur in several places in the built documentation.
> Project name: foo
> Author name(s): Max Mustermann

Sphinx has the notion of a "version" and a "release" for the
software. Each version can have multiple releases. For example, for
...
...
...
```

Abb. 1.7: Dokumentation: `sphinx-quickstart`, Fragen und Antworten

Im Zweifel kann man einfach die Eingabetaste betätigen, alle Einstellungen finden sich in der Datei conf.py wieder und lassen sich dort nachträglich bearbeiten.

```
$ ls foo/docs/
build  Makefile  source
$
$ ls foo/docs/source/
conf.py index.rst _static _templates
$
$ head -20 foo/docs/source/conf.py
# -*- coding: utf-8 -*-
#
# foo documentation build configuration file, created by
# sphinx-quickstart on Mon Feb 23 22:19:15 2015.
#
# This file is execfile()d with the current directory set to its
# containing dir.
#
# Note that not all possible configuration values are present in this
# autogenerated file.
#
# All configuration values have a default; values that are commented out
# serve to show the default.

import sys
import os

# If extensions (or modules to document with autodoc) are in another directory,
# add these directories to sys.path here. If the directory is relative to the
# documentation root, use os.path.abspath to make it absolute, like shown here.
$
```

Abb. 1.8: `sphinx-quickstart` Hinterlassenschaft: Struktur und Inhalt

Diese Datei conf.py wurde von sphinx-quickstart anhand der Antworten auf die vielen Fragen angelegt und besteht aus verschiedenen Abschnitten zu den jeweiligen Produzenten für HTML, LaTeXe, u.s.w.. Es ist eine

Python-Datei, als solche lässt sie sich auch ändern, insbesondere um eigene Ergänzungen erweitern. Unter dem Stichwort "sphinxcontrib" finden sich einige nützliche Zusätze auf PyPI.

Einige Informationen sollten die Software stets begleiten bzw. immer untrennbar mit ausgeliefert werden:

- Wenigstens ein oder zwei Sätze sollten eine klare Aussage über den Zweck der Software machen, welches Problem damit gelöst wird und welche systemseitigen Voraussetzungen für den Einsatz zu schaffen sind.

- Unter welcher Lizenz die Software genutzt werden darf, ist sicherlich auch eine Erwähnung wert. Falls es sich um Freie Software handeln sollte, ist zu empfehlen, den Lizenztext beizufügen und in *jeder* Quelltextdatei einen Hinweis auf eben diese Lizenz anzumerken.

- Anweisungen, wie die Software zu installieren ist. Diese sollten rezeptartig sein, das heißt sofort auf dem System des Anwenders umsetzbar sein. Dazu mag auch ein kleines, einfaches Beispiel hilfreich sein, wie die Software zu nutzen ist.

- Ein deutlicher Hinweis darauf, wie mit Fehlern umzugehen ist, zum Beispiel der Verweis auf ein Bugtrackingsystem. Damit verbunden kann ein Link zu den Quelltexten hilfreich sein.

- Falls die Software Schnittstellen für die Nutzung durch andere Software bereitstellt, ist eine umfassende Dokumentation des „Application Programming Interface" (API) unerlässlich. Dies kann mit den Werkzeugen in Sphinx ohne nennenswerten Aufwand erzeugt werden und automatisch aus den vorhandenen Quelltexten extrahiert werden.

Alle diese Texte können in der Sphinx-generierten Dokumentation gebündelt werden, daraus kann dann mit besonderen, auf den Produzenten bezogenen Steuerungsbefehlen aktuelle HTML-Dokumentation oder ein PDF-Dokument zum Beispiel mit LaTeXe erzeugt werden. Dies setzt selbstverständlich eine funktionierende Installation von LaTeXe voraus. In der HTML Ausgabe sind eine Volltextsuche und ein Index selbstverständlich.

Das Sphinx-Modul zur automatischen Dokumentation von Schnittstellen der Python-Module ist autodoc. Es wird in die conf.py eingebunden.

```
extensions = [ 'sphinx.ext.autodoc' ]
```

Abb. 1.9: Sphinx: Erweiterung autodoc

Die Konfiguration im jeweiligen Dokumentenquelltext ist ebenfalls simpel.

```
.. automodule:: foo
   :members:
   :undoc-members:
   :show-inheritance:
```

Abb. 1.10: Sphinx: Erweiterung `automodule` im Quelltext nutzen

Zunächst muss explizit angegeben werden, welche Python-Module dokumentiert werden sollen, hier `foo`. Die Direktive `members` alleine führt dazu, dass auch nur teilweise undokumentierte Module, Klassen oder Funktionen aus der generierten Dokumentation ausgeschlossen werden. Um auch undokumentierte Teile mit einzuschließen, muss explizit dazu mit der Direktive `undoc-members` aufgefordert werden. Die Direktive `show-inheritance` ergänzt die Dokumentation um Angaben zur jeweiligen Vererbung. Ein weiteres Sphinx Modul `autosummary` existiert zur Dokumentation von Python-Bibliotheken, welches ebenfalls in die `conf.py` eingebunden werden kann.

```
extensions = [ 'sphinx.ext.autodoc', sphinx.ext.autosummary ]
```

Abb. 1.11: Sphinx: mehrere Erweiterungen nutzen

An beliebiger Stelle im Dokumentenquelltext kann es benutzt werden.

```
.. autosummary::

   foo
   foo.app
   foo.calculations
```

Abb. 1.12: Sphinx: Erweiterung `autosummary` im Quelltext nutzen

Sphinx extrahiert damit die Docstrings aus den genannten Modulen und formatiert diese in der Ausgabe übersichtlich. Da Sphinx und insbesondere die Datei `conf.py` Python-Code sind, ist es beliebig an die eigenen Bedürfnisse anpassbar.

Eine weitere Datei `README.txt` im Hauptverzeichnis des Projektes sollte nicht fehlen, in der Release Informationen, Datum, Autor und Lizenz kurz erwähnt werden. Vielleicht ist darin auch ein Hinweis auf vorhandene Dokumentation sinnvoll.

Tipp: Falls Dokumentation und Quelltexte öffentlich zugänglich sein sollen, können `github.com` und `readthedocs.org` wertvolle Unterstützung leisten. Gemeinsame Arbeiten nahezu beliebig Vieler an einer Sache wird durch diese Plattformen unterstützt, bei Freier Software ist die Nutzung kostenlos.

Mangelnde Dokumentation galt und gilt als eine der Hauptursachen der Softwarekrise. Das kann mit Python besser werden.

1.3.7 Projektschnellstart

Das bis hierhin beschriebene Vorgehen, ein neues Projekt anzulegen, Versionskontrolle zu installieren und zu konfigurieren, eine Verzeichnishierarchie zu erstellen, ein Dokumentationsverzeichnis mit sphinx-quickstart anzulegen, alles das kann durch Installation eines Hilfsprogramms deutlich vereinfacht und beschleunigt werden. Auf PyPi steht pyscaffold zum Download bereit, es ist zu Python 2.7, 3.3 und 3.4 kompatibel. Nach der Installation existiert ein neues System-Kommando putup, welches alle genannten Dinge mit einem einzigen Aufruf erledigen kann.

```
(wb) $ putup -h
usage: putup [-h] [-p NAME] [-d TEXT] [-u URL] [-l LICENSE] [-f] [-U]
             [--with-namespace NS1[.NS2]]
             [--with-cookiecutter TEMPLATE | --with-django] [--with-travis]
             [--with-pre-commit] [--with-tox] [--with-numpydoc] [-v]
             PROJECT

PyScaffold is a tool for easily putting up the scaffold of a Python project.

positional arguments:
  PROJECT               project name

optional arguments:
  -h, --help            show this help message and exit
  -p NAME, --package NAME
                        package name (default: project name)
  -d TEXT, --description TEXT
                        package description (default: '')
  -u URL, --url URL     package url (default: '')
  -l LICENSE, --license LICENSE
                        package license from dict_keys(['mozilla', 'lgpl2',
                        'isc', 'affero', 'apache', 'gpl2', 'new-bsd', 'simple-
                        bsd', 'none', 'gpl3', 'proprietary', 'cc0',
                        'artistic', 'eclipse', 'mit', 'lgpl3', 'public-
                        domain']) (default: No license)
  -f, --force           force overwriting an existing directory
  -U, --update          update an existing project by replacing the most
                        important files like setup.py etc. Use additionally
                        --force to replace all scaffold files.
  --with-namespace NS1[.NS2]
                        put your project inside a namespace package
  --with-cookiecutter TEMPLATE
                        additionally apply a cookiecutter template
  --with-django         generate Django project files
  --with-travis         generate Travis configuration files
  --with-pre-commit     generate pre-commit configuration file
  --with-tox            generate Tox configuration file
  --with-numpydoc       add numpydoc to Sphinx configuration file
  -v, --version         show program's version number and exit
(wb) $
```

Abb. 1.13: pyscaffold: Projektanlage einfach gemacht

Der einfachste Aufruf erfolgt mit nur einem Argument, dem Projektnamen.

```
(wb) $ putup foo
(wb) $
(wb) $ ls -la foo
insgesamt 60
drwxr-xr-x  6 hans hans 4096 Sep  4 13:57 .
drwxr-xr-x 42 hans hans 4096 Sep  4 13:57 ..
-rw-r--r--  1 hans hans   75 Sep  4 13:57 AUTHORS.rst
-rw-r--r--  1 hans hans  128 Sep  4 13:57 CHANGES.rst
-rw-r--r--  1 hans hans  538 Sep  4 13:57 .coveragerc
drwxr-xr-x  3 hans hans 4096 Sep  4 13:57 docs
drwxr-xr-x  2 hans hans 4096 Sep  4 13:57 foo
drwxr-xr-x  8 hans hans 4096 Sep  4 13:57 .git
-rw-r--r--  1 hans hans  408 Sep  4 13:57 .gitignore
-rw-r--r--  1 hans hans   32 Sep  4 13:57 LICENSE.txt
-rw-r--r--  1 hans hans  275 Sep  4 13:57 README.rst
-rw-r--r--  1 hans hans   57 Sep  4 13:57 requirements.txt
-rw-r--r--  1 hans hans 1847 Sep  4 13:57 setup.cfg
-rw-r--r--  1 hans hans  646 Sep  4 13:57 setup.py
drwxr-xr-x  2 hans hans 4096 Sep  4 13:57 tests
(wb) $
```

Abb. 1.14: pyscaffold: Neues Projekt foo angelegt

Der erste Commit ist mit der Anlage durch putup bereits durchgeführt, eine vorhandene, globale Konfiguration für git wird dabei genutzt. Musterdateien für Autoren, Lizenzen und Änderungshistorie sind angelegt, im Unterverzeichnis für Dokumentation docs ist alles für Sphinx vorbereitet, das Programmieren kann beginnen ...

Die Software befindet sich noch in Entwicklung, die Quelltexte werden auf github[4] gepflegt, die Dokumentation ist bei readthedocs[5] veröffentlicht.

1.4 Interview: Dr. Mike Müller

Dr. Mike Mike Müller ist Geschäftsführer und Trainer der Python Academy. Dieses Schulungsunternehmen hat sich auf die Programmiersprache Python spezialisiert. Erfahrene Trainer geben ihr tiefes Python-Wissen in Kursen weiter, häufig als In-Haus-Trainings für Forschungseinrichtungen und Unternehmen. Er ist der erste Vorstandsvorsitzende des Python Software Verband e.V., der im deutschsprachigen Raum die Interessen der Python-Anwender vertritt. Er war bisher Chairman von fünf Python-Konferenzen inklusive der EuroPython 2014 mit mehr als 1200 Teilnehmern.

---

[4]https://github.com/blue-yonder/pyscaffold
[5]http://pyscaffold.readthedocs.org/

Wie bist Du zu Python gekommen?

Das war Anfang 1999. Ich hatte gerade mit den Arbeiten zu meiner Dissertation angefangen. Die Aufgabestellung bestand darin, verschiedene Modelle, ein Grundwasser-, ein See- und ein geochemisches Modell miteinander zu koppeln. Diese numerischen Modelle, die partielle und gewöhnliche Differentialgleichungen lösen, kommen aus recht unterschiedlichen wissenschaftlichen Gebieten. Um das interdisziplinäre Problem der Entwicklung der Wasserbeschaffenheit in Seen, die sich in den Restlöchern von Tagebauen bilden, zu lösen, sollten diese drei Modelle interaktiv zusammenarbeiten.

Für diese recht anspruchsvolle Aufgabe habe ich nach einer geeigneten Programmiersprache gesucht. Dabei bin ich auf die damals noch recht unbekannte Sprache Python gestoßen. Nach einigen Tests habe ich Python zu meiner Hauptprogrammiersprache auserkoren und es bis heute nicht bereut.

Was machst du heute mit Python?

Nach fünf Jahren Python-Programmierung habe ich 2004 meinen ersten, dreitägigen Pythonkurs gehalten. Zwei Jahre später kam dann die Gründung der Python Academy, die seit 2010 meine Hauptaufgabe ist. Ich verbringe den größten Teil meiner Arbeitszeit mit der Durchführung und Vorbereitung von Pythonkursen. Zurzeit arbeiten ungefähr zehn Trainer für die Python Academy. Damit können wir ein weites Themengebiet anbieten. Neben der Einführung in Python für Teilnehmer mit verschiedenen Voraussetzungen haben wir einige fortgeschrittene Themen zu Sprache Python im Programm.

Wer besucht diese Kurse?

Das Teilnehmerfeld ist sehr vielgestaltig. Natürlich sind es häufig Softwareentwickler, die für ein neues Projekt Python nutzen wollen. Wichtig sind unsere Kurse aber auch für Wissenschaftler und Ingenieure, da Python in diesem Bereich sehr verbreitet ist. Weiterhin sind Web-Entwicklung mit Django, Testen mit py.test, Datenbank-Programmierung mit SQLAlchemy, High Performance Computing oder das Erweitern von Python mit Cython Themen unserer Kurse.

Neben e-Kursen, also Kursen mit festen Terminen für Einzelteilnehmer, sind wir regelmäßig bei Unternehmen, Institutionen und Forschungseinrichtungen bei In-Haus-Kursen. Unsere Kunden kommen aus recht unterschiedlichen Gebieten. Das geht von klassischen Softwareentwicklungsfirmen über alle Arten von Ingenieurfirmen bis hin zu Spezialisten für verschiedenste Produkte oder Dienstleistungen.

Zen of Python: Welche Zeile ist Dir die wichtigste und warum?

„Readability counts." ist mein Favorit. Nicht nur wegen seiner für Python typischen Kürze, sondern vor allem deshalb, weil Entwickler Quelltext meist wesentlich öfter lesen als schreiben. Lesbarkeit trägt meiner Meinung nach entscheidend zum langfristigen Erfolg eines Programms bei. Software wird von ganz allein komplex. Deshalb ist es wichtig, alles so verständlich wie möglich auszudrücken, denn Quelltext ist vor allem zum Austausch zwischen Programmieren gedacht. Die Ausführbarkeit (nach der Übersetzung) ist nur ein notwendiges Übel.

Wann hast Du mit Test-Driven Development begonnen und warum?

Ich habe schon bei meinem ersten großen Projekt, dem oben erwähnten Modell-Kopplungs-Programm, funktionale Tests geschrieben. Die kamen allerdings erst, nachdem das Programm lief. Damit war es wohl eher testgefolgt als testgetrieben. Die erste wirkliche TDD-Entwicklung habe ich glaube ich erst 2008 umgesetzt. Am Besten finde ich das Gefühl fertig zu sein, wenn alle Tests bestehen. Da setzt natürlich voraus, dass die Tests die gesamte Funktionalität abdecken. Ich gebe zu, dass ich nicht immer alle Tests wirklich vor der Implementierung schreibe. Wenn ich es aber tue, ist das Gefühl die volle Funktionalität nachweisbar umgesetzt zu haben unschlagbar.

Was ist für Dich der größte Vorteil von Tests?

Für mich ist vor allem das Vermeiden von Regression wichtig. Wenn die Abdeckung mit Tests gut ist, kann ich relativ sicher sein, dass ich bei der Änderung meines Programms nichts kaputt mache was schon mal funktioniert hat. So kann ich Funktionalität hinzufügen oder, ohne Änderung der API, mein Programm refaktorisieren.

Was sind Deiner Meinung nach für Einsteiger die meist verbreitetsten Fallgruben von Python?

Meistens habe ich Kursteilnehmer, die schon andere Programmiersprachen beherrschen und natürlicherweise ihre Kenntnisse direkt übertragen möchten. Das geht allerdings bei einigen Dingen schief. Mein wichtigster Satz in jedem Kurs ist: „Alles ist ein Objekt." Nach drei Tagen und 10 oder 20 Wiederholungen dieses Satzes ist dann allen klar, das Python-Objekte einen unveränderlichen Typ haben und nur über einen Namen zugänglich sind. Auch das Namen wiederverwendbar sind und sich dabei der Typ eines Objektes nicht ändert, kommt so häufig vor, dass es nach meinem Empfinden alle verstanden haben.

Damit ist das nach meiner Meinung nach größte Missverständnis ausgeräumt. Fast alle Antworten zu tiefer gehenden Fragen lassen sich mit „Alles ist ein Objekt." einleiten. Darauf aufbauend sind meist nur logische Schlussfolgerungen nötig, um die Frage zu beantworten. Python und vor allem Python 3, das natürlich jeder unbedingt nutzen sollte, ist sehr konsistent aufgebaut. Das hilft bei Problemen ungemein.

Gibt es Problemfelder, in denen sich Python gänzlich ungeeignet erweist?

Erstaunlicher Weise lautet die Antwort eindeutig NEIN. Zumindest dann, wenn es nicht eine reine Python-Lösung sein muss. Denn Python kann extrem gut mit anderen Programmiersprachen zusammenarbeiten. Neben C / C++ geht das auch mit Sprachen wie FORTRAN, Julia, Delphi, Haskell oder vielen anderen.

Es gibt wohl kein Anwendungsgebiet der Programmierung für das es keine Python-Lösungen gibt. Eine kurze Aufzählung ohne Anspruch auf Vollständigkeit: Web-, Datenbank-, GUI-, und wissenschaftliche Programmierung deckt Python ebenso ab wie eingebettete Programmierung oder High Performance Computing. DevOps nutzen Python gern; genauso wie manche Banker oder Entscheidungsträger als Ersatz für Excel.

Selbst Hardwaretreiber lassen sich, in Verbindung mit C und Assembler, zumindest teilweise in Python umsetzten. Ein Betriebssystem in Python ist mir nicht bekannt. MicroPython läuft aber ohne Betriebssystem, so dass es doch einige der sonst durch das Betriebssystem zur Verfügung gestellten Dienste selbst abdecken muss.

Ist Python auch für große Softwareprojekte nützlich?

Definitiv ja. Da die Anzahl der Fehler nachweisbar von der Anzahl der Quelltextzeilen abhängt, hat Python hier gute Karten. Python-Programme sind oft gegenüber Programmen in vielen anderen Sprachen wesentlich kürzer. Im Vergleich zu C kommt oft der Faktor 10 vor. Damit lassen sich Python-Programme auch schneller entwickeln und die Entwickler-Teams können kleiner sein.

Das beste Mittel scheint mir die Einhaltung der Konventionen. Werkzeuge wie pep8 oder Pylint helfen dabei, die Einhaltung dieser Konventionen teil- oder vollautomatisch zu überprüfen. Auch Continuous Integration (CI) ist ein viel genutztes Mittel, das dabei hilft, Python für große Projekte zu nutzen.

Der beste Beweis sind jedoch große Anwendungen. Bei der Bank of America arbeiten mehr als 5000 Python-Entwickler an mehr als 10 Millionen Zeilen Code. Auch JP Morgan oder YouTube liegen in diesem Größen-Bereich.

Die Programmiersprache selbst ist nur einer von vielen Faktoren für den Erfolg von großen Projekten. Die Methodik der Team-Führung und eingesetzten Werkzeuge ist mindestens genauso wichtig. Python passt sich hier gut ein. Die Flexibilität von Python macht dies möglich und ist sicher kein Nachteil bei der Umsetzung großer Projekte.

Ist TDD die richtige Vorgehensweise? Auch für große Entwicklerteams?

Ich denke schon. Da Teams nicht endlos skalieren ist es sicher sinnvoll, große Teams in kleinere Teil-Teams zu unterteilen. Damit können diese Teams bis zu einem gewissen Grad unabhängig voneinander arbeiten.

TDD kann helfen, die Quelltext-Qualität zu steigern. Das hilft insbesondere bei der Veränderung und Erweiterung von Systemen. Der subjektiv wahrgenommene Mehraufwand ist letztendlich ein Wenigeraufwand, da das Nachbessern, im Vergleich zum Finden von Fehlern beim Testlauf, typischer Weise das Vielfache an Aufwand bedeutet. Das hilft auch großen Teams.

2 Doctest

> Mache die Dinge so einfach wie möglich - aber nicht einfacher.
>
> *(Albert Einstein)*

In diesem Kapitel wird die Testmethode *doctest* beschrieben. Für die Anregungen zu den Beispielen möchte ich mich bei Doug Hellmann [Hel15] für sein Blog „Python-Module of the Week" bedanken.

2.1 Definition: Docstring

In der Sprache Python sind verschiedene Arten bekannt, Zeichenketten (Strings) zu bilden: Mit einfachen, mit doppelten und mit dreifach einfachen oder doppelten Anführungszeichen:

```
'Zeichenkette'
"Zeichenkette"
'''Zeichenkette'''
"""Zeichenkette"""
```

Abb. 2.1: Zeichenketten in Varianten

In Python3 sind diese Strings immer als utf-8 Strings zu verstehen, die Schreibweise mit dem vorangestellten "u" (u"string") ist nicht länger notwendig. In der dritten und vierten Variante können Zeilenumbrüche enthalten sein, diese wird als Docstring bezeichnet:

```
"""
Hier ist ein Beispiel
für eine mehrzeilige Zeichenkette, diese hat
vier Zeilenumbrüche und drei Textzeilen.
"""
```

Abb. 2.2: Zeichenketten mit mehreren Zeilen

Python Enhancement Proposal PEP 257 von 2001 beschreibt die korrekte Formatierung. Danach ist die zuletzt gezeigte Schreibweise nicht erwünscht, Die erste Zeile sollte eine Zusammenfassung enthalten und eine Leerzeile sollte folgen. Also besser so:

```
"""Hier ist ein PEP 257-konformes Beispiel.

Dies ist eine längere Zeichenkette
mit vier Zeilenumbrüchen und drei Textzeilen.
"""
```

Abb. 2.3: Zeichenketten mit mehreren Zeilen nach PEP 257

2.2 Einfaches Beispiel

Jedes Python-Programm sollte mit Dokumentation versehen sein, diese sollte die Funktion erklären, also weitere Informationen dem Quelltext hinzufügen. Es können auch gleich einfache Tests für Funktionen enthalten sein, um den Gebrauch des Codes zu erläutern. Jeder Dokumentationsstring, der typischerweise durch drei doppelte Anführungszeichen eingerahmt ist, kann erläuternder Text, aber genauso gut auch ausführbare Programmzeilen enthalten. So kann in der Dokumentation gleich an der richtigen Stelle ein Test hinterlegt werden. Er ist als eingerückter Text geschrieben, welcher syntaktisch korrekt in Python ausführbar ist.

Der nachfolgende Text wird in der Datei `bsp1.txt` abgelegt.

```
# ein Objekt wird als Dictionary definiert, ein Wert zugewiesen     1
    >>> a = {}                                                      2
    >>> a['color'] = 'blue'                                         3
                                                                    4
# Zeige das Objekt                                                  5
    >>> a                                                           6
    {'color': 'blue'}                                               7
```

Abb. 2.4: Datei mit doctest Zeilen

Ein paar Worte zur Erläuterung: Der Text wird dem Python-Interpreter übergeben, dieser arbeitet Zeile für Zeile ab. Die Einrückung und die einleitenden Zeichen bestimmen, wie der Interpreter mit dem Rest der Zeile umgeht.

- Nicht eingerückte Zeile wird als Kommentar überlesen [1, 5,]

- Zeile mit ␣␣␣>>> wird als Statement ausgeführt [2, 3, 6,]

- Zeile mit ⌴⌴⌴ . . . wird als Folgestatement angehängt []

- Zeile mit ⌴⌴⌴ wird mit dem letzten Ergebnis verglichen [7,]

- Leerzeile initiiert die Ausführung vorheriger Zeile(n) [4,]

Das Zeichen ⌴ steht in diesem erläuternden Text jeweils anstelle eines Leerzeichens. In Listings wird es nicht dargestellt und wird nur durch die Einrückung sichtbar.

```
$ python -m doctest bsp1.txt
$
```
Abb. 2.5: Doctest ohne Fehler

Wollen wir den Interpreter bei der Arbeit beobachten, empfiehlt es sich, den Plaudermodus mit -v auf der Kommandozeile einzuschalten. Dann lässt der Interpreter zeilenweise den Inhalt der Textdatei nachvollziehen und hilft damit, Fehler zu analysieren.

```
$ python -m doctest -v bsp1.txt
Trying:
    a = {}
Expecting nothing
ok
Trying:
    a['color'] = 'blue'
Expecting nothing
ok
Trying:
    a
Expecting:
    {'color': 'blue'}
ok
1 items passed all tests:
   3 tests in README.txt
3 tests in 1 items.
3 passed and 0 failed.
Test passed.
$
```
Abb. 2.6: Doctest geschwätzig ohne Fehler

2.3 Der Interpreter

Getreu dem Motto *batteries included* bringt jede Python-Installation ein Modul namens doctest mit. Um seine Funktionsweise zu verstehen, reicht zunächst ein Blick auf den Python-Interpreter.

```
$ python3
Python 3.4.2 (default, Oct  8 2014, 10:45:20)
[GCC 4.9.1] on linux
Type "help", "copyright", "credits" or "license" for more information.
>>>
```

Abb. 2.7: Der Interpreter startet

So aufgerufen arbeitet der Interpreter interaktiv. Nach seinem Aufruf, hier mit `python3` in einer Linux-Kommandozeile, erscheint Version und Kompilierungsdatum, ein Hinweis zu Hilfestellung, Urheberrechten, Urhebern und Lizenz. Danach erscheint das typische Python-Prompt >>> als Aufforderung, etwas über die Tastatur einzugeben. Ein Zeilenende signalisiert dem Interpreter, den bis dahin erkannten Text auszuwerten, evtl. aber auch weitere Zeilen anzunehmen.

```
>>> a = 23                                                              1
>>> a                                                                   2
23                                                                      3
>>> b = 2 * a                                                           4
>>> b                                                                   5
46                                                                      6
```

Abb. 2.8: Der Interpreter verarbeitet sofort

Dem Objekt 'a' wird ein Wert zugewiesen, hier die Zahl '23'. Bei dieser Operation gibt der Interpreter nur ein neues Python-Prompt aus, an dem dann der Wert des Objektes erfragt wird durch Eingabe seines Namens, hier 'a'. Die Antwort erfolgt unmittelbar: '23'. Dieser interaktive Modus dient häufig dazu, einfach und schnell Dinge auszuprobieren oder nur eine Formulierung zu finden.

2.4 Eine Python-Datei

Es ist stets eine gute Idee, auch kurze, nur zu Testzwecken eingegebene Programmzeilen jeweils in Dateien abzulegen. Denn auch während des Schaffensprozesses ist Dokumentation wichtig. Jahre später weiß niemand mehr, wie ein Ergebnis zustande kam, wenn nur noch das Ergebnis vorhanden ist. Und es schafft Reproduzierbarkeit, die auch später noch nachvollzogen und wichtig werden kann.

Eine erste Python-Datei `bsp1.py` kann beispielsweise wie soeben gezeigt aussehen. Die Dateiendung '.py' ist üblich, der Python-Interpreter versteht damit auch die Zeichenketten, hier den Docstring. Eine andere Dateiendung führt dazu, die Datei nicht als Python-Code zu interpretieren, so dass die dreifachen doppelten Anführungszeichen nicht als Beginn und Ende von Docstrings erkannt werden. Fehlen diese, kann der Test dennoch korrekt ausgeführt werden. Daher können derartige Tests in einer Datei Readme.txt ebenso funktionieren. Hier ist aber nur die Rede von Python-Dateien, in denen Doctests an beliebiger Stelle in Docstrings auftauchen können.

```
$ cat bsp1.py                                              1
"""doctest Datei bsp1.py                                   2
    >>> a = 23                                             3
    >>> a                                                  4
    23                                                     5
                                                           6
    >>> b = 2 * a                                          7
    >>> b                                                  8
    46                                                     9
"""                                                        10
$                                                          11
```

Abb. 2.9: Eine Datei mit Doctests

Eine sinnvolle Funktion ist mit dieser Datei nicht zu erreichen, aber immerhin meckert Python beim Aufruf mit dem Modul doctest nichts an.

```
$ python3 -m doctest bsp1.py
$
```

Abb. 2.10: Der Interpreter verarbeitet eine Datei mit Doctests

Hier ist python3 der Name des Interpreters, -m doctest fordert auf, das doctest Modul zu laden. Der Aufruf in der Kommandozeile zeigt keine erkennbare Wirkung. Dies ist jedoch keine schlechte Botschaft, alles ist gut verlaufen. Möchte man Informationen zu den Abläufen innerhalb des Interpreters, so ist wieder zusätzliche Parameter -v nützlich:

```
$ python -m doctest bsp1.py -v
Trying:
    a = 23
Expecting nothing
ok
Trying:
    a
Expecting:
    23
ok
Trying:
    b = 2 * a
Expecting nothing
ok
Trying:
```

```
     b
Expecting:
    46
ok
1 items passed all tests:
   4 tests in bsp1
4 tests in 1 items.
4 passed and 0 failed.
Test passed.
$
```

Abb. 2.11: Der Interpreter zeigt, was er macht

Was gibt es zu sehen? Jede Quellcodezeile mit eingerücktem Python-Prompt wird unter einem Trying: eingerückt ausgegeben. Falls an das aktuelle Statement keine Erwartung geknüpft ist, wird jeweils Expecting nothing angezeigt, ansonsten nach dem Expecting: eingerückt die Erwartung und in der nächsten Zeile ok. Abschließend folgt ein Absatz mit statistischen Angaben zu den erfolgten Tests. Und wenn die Erwartung nicht erfüllt wird? Auch das ist mit einer winzigen Änderung einfach provoziert durch Änderung des erwarteten Wertes in der Datei.

```
"""doctest datei bsp1_fail.py                                              1
    >>> a = 24                                                             2
    >>> a                                                                  3
    23                                                                     4
                                                                           5
"""                                                                        6
```

Abb. 2.12: Ein absichtlicher Fehler

Derartige Fehler werden stets berichtet.

```
$ python -m doctest bsp1_fail.py -v
Trying:
    a = 24
Expecting nothing
ok
Trying:
    a
Expecting:
    23
**********************************************************************
File "/home/hans/py/bsp1_fail.py", line 3, in bsp1_fail
Failed example:
    a
Expected:
    23
Got:
    24
**********************************************************************
1 items had failures:
   1 of   2 in bsp1_fail
```

```
2 tests in 1 items.
1 passed and 1 failed.
***Test Failed*** 1 failures.
$
```

Abb. 2.13: Die Reaktion auf den Fehler mit Absicht

Ohne den Zusatz -v beschränkt sich die Anzeige auf die fehlerhaften Tests, mit dem Zusatz erscheint die ganze Statistik. Die Zeilennummern, bei denen Fehler erkannt werden, sind bei langen Dateien sehr hilfreich. Der Unterschied zwischen Expected und Got wird klar gegenübergestellt. Wo der verursachende Fehler zu suchen ist, findet sich nur im Quelltext. So dient auch der Testcode neben den Anwendungsquellen der Dokumentation des Projektes. Es wird nicht nur gezeigt, was durch Testfälle zuverlässig und jederzeit überprüft werden kann, sondern Aufrufe einzelner Teile des Anwendungsprogramms zeigen auch die mögliche Nutzung. Dies ist während der Entwicklung sehr nützlich. Insbesondere hilft es im Team, da sich der zweite Entwickler leichter in die Gedanken des Ersten hinein versetzen kann.

2.5 Dokumentierte Python-Datei

Python kennt die bereits erwähnten Zeichenketten zur Dokumentation, es ist guter Brauch, diese am Anfang von Dateien, Funktionen und Klassen zu verwenden. So ist erklärt, wozu der jeweilige Abschnitt nützlich sein kann. Das Werkzeug pydoc extrahiert aus Dateien diese Docstrings und zeigt sie schön formatiert an. Zuerst folgt beispielhaft ein sehr frühes Stadium eines Python-Moduls für eine neue Anwendung.

```
"""Dieses Modul definiert zu Demonstrationszwecken unnötigerweise    1
nochmals einige mathematischen Funktionen, die bereits in der         2
Standardbibliothek enthalten sind.                                    3
                                                                      4
Author: Emil Mustermann, Musterstadt                                  5
Lizenz: t.b.d.                                                        6
Datum: 1. 4. 2015                                                     7
                                                                      8
Funktionen: demo_add, demo_mul                                        9
"""                                                                  10
                                                                     11
                                                                     12
def demo_add(a, b):                                                  13
    """demo_add addiert zwei gegebene ganze Zahlen und gibt das      14
    Ergebnis als ganze Zahl oder im Fehlerfall None zurück.          15
    >>> c = demo_add(17, 19)                                         16
    >>> type(c) == int                                               17
    True                                                             18
```

```
>>> c == 36                                                    19
True                                                           20
"""                                                            21
pass                                                           22
```

Abb. 2.14: Demonstration: `demo_add()`

Der Aufruf von `pydoc ./bsp2.py` gibt genau den Inhalt der Docstrings wieder.

```
Help on module bsp2:

NAME
    bsp2

FILE
    /home/hans/py/bsp2.py

DESCRIPTION
    Dieses Modul definiert zu Demonstrationszwecken unnötigerweise
    nochmals einige mathematischen Funktionen, die bereits in der
    Standardbibliothek enthalten sind.

    Author: Emil Mustermann, Musterstadt
    Lizenz: t.b.d.
    Datum: 1. 4. 2015

    Funktionen: demo_add, demo_mul

FUNCTIONS
    demo_add(a, b)
        demo_add addiert zwei gegebene ganze Zahlen und gibt das
        Ergebnis als ganze Zahl oder im Fehlerfall None zurück.
        >>> c = demo_add(17, 19)
        >>> type(c) == int
        True
        >>> c == 36
        True
```

Abb. 2.15: Extrahierte Dokumentation aus `demo_add()`

Der erste Docstring wird unverändert als Beschreibung des Moduls ausgegeben. Anschließend folgen die Docstrings der gefundenen Klassen und Funktionen. Durch die Tests kann darin beispielhaft der Aufruf dargestellt werden und auf mögliche Fallstricke hingewiesen werden.

Auch die Ausgabe einer HTML-Datei ist mit pydoc zu bewerkstelligen.

```
(wb) $ pydoc -w ./bsp2.py
wrote bsp2.html
(wb) $
```

Abb. 2.16: Extraktion der Dokumentation als html Datei

Der Inhalt ist der Gleiche, er sieht nur hübscher aus.

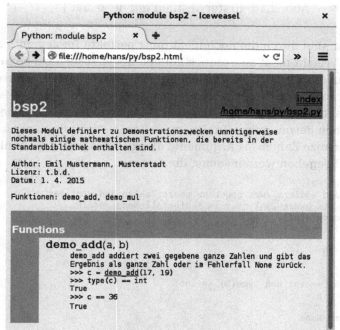

Abb. 2.17: Extrahierte Dokumentation aus demo_add() als Webseite

Selbstverständlich kann aufgrund der bis jetzt vorhandenen Implementierung kein Test gelingen, die Ausgabe kann dennoch nützlich sein.

```
$ python -m doctest bsp2.py
**********************************************************************
File "/home/hans/py/bsp2.py", line 21, in bsp2.demo_add
Failed example:
    type(c) == int
Expected:
    True
Got:
    False
**********************************************************************
File "/home/hans/py/bsp2.py", line 23, in bsp2.demo_add
Failed example:
    c == 36
Expected:
    True
Got:
    False
**********************************************************************
1 items had failures:
   2 of   3 in bsp2.demo_add
```

39

```
***Test Failed*** 2 failures.
$
```

Abb. 2.18: Erster Testlauf mit demo_add()

Beide Fehler sind durch die noch nicht ganz perfekte Implementierung erklärt. „pass" reicht nicht aus, jedoch können beide Tests dazu genutzt werden, die Funktion robust zu implementieren. Evtl. kommen während des Schreibens noch weitere Tests dazu. Im Docstring der Funktion ist schon ziemlich exakt beschrieben, wie eine Implementierung zu funktionieren hat. Es ist die Rede davon, ganze Zahlen zu addieren. Also muss zuerst geprüft werden, ob ganze Zahlen als Argumente übergeben wurden. Falls nicht, soll None zurückgegeben werden, sonst die Summe.

```
def demo_add(a, b):                                                      13
    """demo_add addiert zwei gegebene ganze Zahlen und gibt das          14
    Ergebnis als ganze Zahl oder im Fehlerfall None zurück.              15
    >>> c = demo_add(17, 19)                                             16
    >>> type(c) == int                                                   17
    True                                                                 18
    >>> c == 36                                                          19
    True                                                                 20
    """                                                                  21
    if type(a) == int and type(b) == int:                               22
        return a + b                                                     23
    else:                                                               24
        return None                                                     25
```

Abb. 2.19: Testergebnisse verarbeitet in demo_add()

Die Prüfung `type(a) == int` prüft streng auf die Eigenschaft Ganzzahl. Eine etwas schwächere Prüfung könnte stattfinden mit `isinstance(a, int)` falls auch davon abgeleitet Objekte eine Summe bilden sollen.

Die beiden Tests sind nun erfüllt. Reicht das schon als Zuverlässigkeitsprüfung? Nein, denn es ist ja nur einer von zwei möglichen Fällen getestet worden. Also wird mindestens ein weiterer Test benötigt, der None als Rückgabewert zur Folge hat. Eine Fließkommazahl ist (nicht nur) in Python keine ganze Zahl, ergo reicht ein einziger Test aus. Da beide Eingabewerte in der Funktion mit logischem und verknüpft sind, reicht ein Wert mit Dezimaltrennzeichen aus, um als Ergbnis `False` zu liefern.

```
def demo_add(a, b):                                                      13
    """demo_add addiert zwei gegebene ganze Zahlen und gibt das          14
    Ergebnis als ganze Zahl oder im Fehlerfall None zurück.              15
    >>> c = demo_add(17, 19)                                             16
    >>> type(c) == int                                                   17
    True                                                                 18
    >>> c == 36                                                          19
```

```
True                                                              20
>>> d = demo_add(17, 19.0)                                        21
>>> d is None                                                     22
True                                                              23
"""                                                               24
if type(a) == int and type(b) == int:                            25
    return a + b                                                  26
else:                                                             27
    return None                                                   28
```

Abb. 2.20: Doctests ergänzt in demo_add()

So sind alle Wege durch die Funktion getestet. Gibt es noch andere Test-möglichkeiten?

Ja, zum Beispiel könnte jemand auf die Idee kommen, Strings als Einga-bebewerte zu versuchen. Dies führt jedoch zu keinem neuen Ergebnis. Im Sinne der o.a. Äquivalenzklassenbildung ergeben sich nur genau zwei ver-schiedene Eingaben: Gültige und Ungültige. Dies wird durch die eine Be-dingung bei der Verzweigung in der Funktion nach dem if abgebildet, denn diese kann nur entweder wahr oder falsch sein. Es existiert in jedem Aufruf der Funktion nur genau eine dieser beiden Möglichkeiten:

1. Beide Eingangsvariablen sind Integervariablen, dann wird Zeile 26 ausgeführt

2. Eine oder beide Eingangsvariablen sind kein(e) Integervariable(n), dann wird Zeile 28 ausgeführt

Da beide Möglichkeiten getestet sind, ist das sichere Ufer erreicht. Eine weitere wichtige Aussage ist hier möglich: Mit dem Testen *aller* möglichen Wege durch die Funktion sind *alle* ausführbaren Teile des Codes durchlau-fen worden, die sog. Testabdeckung *(coverage)* dieser Funktion beträgt also 100 Prozent. So drängt sich der Gedanke auf, dass auch alle Äqui-valenzklassen der Eingabewerte mit einem Testfall abgedeckt sein müssen: Eine vollständige Testabdeckung ist ein Indiz für das Testen in allen Äquiva-lenzklassen unter der Voraussetzung, dass die Funktion alle Eingabewerte verarbeitet. Dies wird später noch deutlicher mit einer etwas umfangreiche-ren Funktion. Eine vollständige Testabdeckung ist aber kein Beweis dafür, alle Äquivalenzklassen mit je einem Testfall abgedeckt zu haben.

Genaues Hinsehen ist gefragt, eine sorgfältige Analyse ist im Allgemeinen nicht durch ein Programm zu erledigen.

2.6 Tricks und Kniffe

2.6.1 Leerzeichen verbessern die Lesbarkeit

An vielen Stellen dienen zusätzliche Leerzeichen dazu, die Lesbarkeit von Code zu verbessern:

```
"""doctest datei bsp3.py                                        1
Leerzeichen verwirren nur manchmal die Tester                   2
                                                                3
    >>> print(list(range(20)))                                  4
    [0,  1,  2,  3,  4,  5,  6,  7,  8,  9,                      5
    10, 11, 12, 13, 14, 15, 16, 17, 18, 19]                     6
"""                                                             7
```

Abb. 2.21: Leerzeichen für die Lesbarkeit

Je zwei Leerzeichen zwischen den Werten in der ersten Zeile machen die Liste übersichtlicher. Der Interpreter ignoriert sie im Code bei der Ausführung. Nicht so das doctest Modul, denn es soll die Ausgabe auf Korrektheit kontrollieren. Und so zeigt sich schnell die Ungleichheit.

```
$ python -m doctest bsp3.py
**********************************************************************
File "/home/hans/py/bsp3.py", line 4, in bsp3
Failed example:
    print(list(range(20)))
Expected:
    [0,  1,  2,  3,  4,  5,  6,  7,  8,  9,
    10, 11, 12, 13, 14, 15, 16, 17, 18, 19]
Got:
    [0, 1, 2, 3, 4, 5, 6, 7, 8, 9, 10, 11, 12, 13, 14, 15, 16, 17, 18, 19]
**********************************************************************
1 items had failures:
   1 of   1 in bsp3
***Test Failed*** 1 failures.
$
```

Abb. 2.22: doctest Fehler: Leerzeichen für die Lesbarkeit

Glücklicherweise bietet das Doctest-Modul eine geeignete Hilfestellung an, eine Ergänzung hinter dem fraglichen Statement in Form eines Kommentars hilft.

```
$ cat bsp3_ok.py                                                1
"""doctest Datei bsp3.py                                        2
Leerzeichen verwirren nur manchmal die Tester                   3
                                                                4
    >>> print(list(range(20)))  # doctest: +NORMALIZE_WHITESPACE 5
```

```
    [0,  1,  2,  3,  4,  5,  6,  7,  8,  9,
    10, 11, 12, 13, 14, 15, 16, 17, 18, 19]
"""
$
```

Abb. 2.23: doctest Änderung wegen Leerzeichen für die Lesbarkeit

Und schon gelingt der Test:

```
$ python -m doctest bsp3_ok.py -v
Trying:
    print(list(range(20)))  # doctest: +NORMALIZE_WHITESPACE
Expecting:
    [0,  1,  2,  3,  4,  5,  6,  7,  8,  9,
    10, 11, 12, 13, 14, 15, 16, 17, 18, 19]
ok
1 items passed all tests:
    1 tests in bsp3_ok
1 tests in 1 items.
1 passed and 0 failed.
Test passed.
$
```

Abb. 2.24: doctest ohne Fehler dank NORMALIZE_WHITESPACE

2.6.2 Variable Ergebnisse

Nicht immer sind Rückgabewerte von Funktionen konstant oder auch nur berechenbar. Die Datei bsp4.py zeigt dies anhand einer jeweils anderen Speicheradresse für ein Objekt.

```
#!/usr/bin/env python


class MeineKlasse(object):
    pass


def unvorhersehbar(obj):
    """gibt eine Liste mit obj als Element zurück
    >>> unvorhersehbar(MeineKlasse())
    [<doctest41.MeineKlasse object at 0x7fa6045c62b0>]
    """
    return [obj]
```

Abb. 2.25: doctest mit unvorhersehbarem Text

Der Test schlägt stets fehl, da die Speicheradresse dynamisch durch den Interpreter zugewiesen wird. Das bedeutet, dass die Erwartung des Tests so nicht gestellt werden darf.

43

```
$ python3 -m doctest doctest41.py
***********************************************************************
File "doctest41.py", line 10, in doctest41.unvorhersehbar
Failed example:
    unvorhersehbar(MeineKlasse())
Expected:
    [<doctest41.MeineKlasse object at 0x7fa6045c62b0>]
Got:
    [<doctest41.MeineKlasse object at 0x7fe9567d3048>]
***********************************************************************
1 items had failures:
   1 of    1 in doctest41.unvorhersehbar
***Test Failed*** 1 failures.
```

Abb. 2.26: doctest mit Fehler wegen unvorhersehbarem Text

Eine kleine Modifikation führt zum Ziel: Drei Punkte anstelle des variablen Teils der Erwartung und der Zusatz +ELLIPSIS.

```
def unvorhersehbar(obj):                                                1
    """gibt eine Liste mit obj als Element zurück                       2
    >>> unvorhersehbar(MeineKlasse())  # doctest: +ELLIPSIS             3
    [<bsp4_ok.MeineKlasse object at 0x...>]                             4
    """                                                                 5
    return [obj]                                                        6
```

Abb. 2.27: doctest Änderung für unvorhersehbaren Text

Ein fehlerfreier Testlauf gelingt nun trotz der Zufallswerte im Testlauf:

```
$ python3 -m doctest bsp4_ok.py  -v
Trying:
    unvorhersehbar(MeineKlasse())  # doctest: +ELLIPSIS
Expecting:
    [<bsp4_ok.MeineKlasse object at 0x...>]
ok
2 items had no tests:
    bsp4_ok
    bsp4_ok.MeineKlasse
1 items passed all tests:
   1 tests in bsp4_ok.unvorhersehbar
1 tests in 3 items.
1 passed and 0 failed.
Test passed.
$
```

Abb. 2.28: doctest mit unvorhersehbarem Text und ELLIPSIS

2.6.3 Eine leere Zeile

Manchmal ist eine Leerzeile in der Ausgabe erwünscht, nur mit einem Trick ist dies ebenfalls zu testen. Mit einer einfachen leeren Zeile funktioniert bsp5.py jedenfalls nicht.

```
#!/usr/bin/env python                                              1
                                                                   2
                                                                   3
def vorab_leerzeile(zeile):                                        4
    """vorab_leerzeile gibt vor der übergebenen Zeile             5
    eine zusätzliche Leerzeile aus.                                6
    >>> vorab_leerzeile("Ausgabezeile")                           7
                                                                   8
    Ausgabezeile                                                   9
    """                                                           10
    print("")                                                     11
    print(zeile)                                                  12
```

Abb. 2.29: doctest mit Leerzeile

Ein Testlauf zeigt das Versagen:

```
$ python -m doctest bsp5.py
**********************************************************************
File "/home/hans/py/bsp5.py", line 8, in bsp5.vorab_leerzeile
Failed example:
    vorab_leerzeile("Ausgabezeile")
Expected nothing
Got:
    <BLANKLINE>
    Ausgabezeile
**********************************************************************
1 items had failures:
    1 of   1 in bsp5.vorab_leerzeile
***Test Failed*** 1 failures.
$
```

Abb. 2.30: doctest Fehler wegen Leerzeile

Die im Test befindliche Leerzeile (<BLANKLINE>) führt im Doctestmodul nur dazu, dass der letzte Schritt vor der Leerzeile ohne explizite Erwartung ausgeführt wird. Zur Erinnerung: Leere Zeile führt vorheriges aus. (Seite 33) Das Ergebnis ist mit einer Leerzeile nicht deckungsgleich. Das fehlerhafte Testergebnis gibt schon einen Hinweis auf die Lösung. Die verbesserte Datei ist bsp5_ok.py.

```
#!/usr/bin/env python                                              1
                                                                   2
                                                                   3
def vorab_leerzeile(zeile):                                        4
    """ vorab_leerzeile gibt vor der übergebenen Zeile            5
    eine zusätzliche Leerzeile aus.                                6
    >>> vorab_leerzeile("Ausgabezeile")                           7
    <BLANKLINE>                                                    8
    Ausgabezeile                                                   9
    """                                                           10
    print("")                                                     11
    print(zeile)                                                  12
```

Abb. 2.31: doctest mit <BLANKLINE> anstelle Leerzeile

Das explizite Setzen von <BLANKLINE> führt zum Erfolg.

```
$ python -m doctest bsp5_ok.py -v
Trying:
    vorab_leerzeile("Ausgabezeile")
Expecting:
    <BLANKLINE>
    Ausgabezeile
ok
1 items had no tests:
    bsp5_ok
1 items passed all tests:
    1 tests in bsp5_ok.vorab_leerzeile
1 tests in 2 items.
1 passed and 0 failed.
Test passed.
$
```

Abb. 2.32: doctest gelingt mit Leerzeile

2.6.4 Ausnahmebehandlung

Jede Anwendung sollte Fehlerbedingungen intern testen und nach Möglichkeit so abfangen, dass sie sich nicht sofort beendet. In Python stellen Ausnahmen (Exception) das notwendige Rüstzeug, um Fehlersituationen abzufangen und geeignet zu reagieren. Natürlich will dieses Verhalten auch bestmöglich getestet sein, um ein robustes Produkt herzustellen. `bsp6.py` zeigt zunächst den Fehlversuch:

```
#!/usr/bin/env python                                          1
                                                               2
                                                               3
def ausnahme_check():                                          4
    """ausnahme_check verursacht eine Ausnahme, der Test       5
    soll zeigen, dass dies tatsächlich geschieht.              6
    >>> c = ausnahme_check()                                   7
    """                                                        8
    raise RuntimeError('Ausnahme')                             9
```

Abb. 2.33: doctest mit Ausnahme

Das Testergebnis ist nicht schön anzusehen. Es kommt viel Text mit einem Traceback, der dem Geübten Pythoniasten hilfreich ist.

```
$ python -m doctest bsp6.py
**********************************************************************
File "/home/hans/py/bsp6.py", line 8, in bsp6.ausnahme_check
Failed example:
    c = ausnahme_check()
Exception raised:
    Traceback (most recent call last):
      File "/usr/lib/python3.4/doctest.py", line 1318, in __run
```

```
      compileflags, 1), test.globs)
    File "<doctest bsp6.ausnahme_check[0]>", line 1, in <module>
      c = ausnahme_check()
    File "/home/hans/py/bsp6.py", line 10, in ausnahme_check
      raise RuntimeError('Ausnahme')
  RuntimeError: Ausnahme
**********************************************************************
1 items had failures:
   1 of    1 in bsp6.ausnahme_check
***Test Failed*** 1 failures.
$
```

Abb. 2.34: doctest mit Ausnahme macht Fehler

Glücklicherweise sind die Ausgaben des Traceback unterschiedlich weit
eingerückt. Doctest berücksichtigt dies im Vergleich zwischen Ausgabe und
Erwartung. Nur die am wenigsten eingerückten Zeilen werden berücksichtigt. So kann eine Erwartung einfach formuliert werden kann.

```
def ausnahme_check():                                            1
    """ausnahme_check verursacht eine Ausnahme, der Test         2
    soll zeigen, dass dies tatsächlich geschieht.                3
    >>> c = ausnahme_check()                                     4
    Traceback (most recent call last):                           5
    RuntimeError: Ausnahme                                       6
    """                                                          7
    raise RuntimeError('Ausnahme')                               8
                                                                 9
                                                                 10
if __name__ == "__main__":                                       11
    import doctest                                               12
    doctest.testmod()                                            13
```

Abb. 2.35: doctest mit Ausnahme und Erwartung

Und mit `bsp6_ok.py` sieht das Testergebnis viel besser aus:

```
$ python -m doctest bsp6_ok.py -v
Trying:
    c = ausnahme_check()
Expecting:
    Traceback (most recent call last):
    RuntimeError: Ausnahme
ok
1 items had no tests:
    bsp6_ok
1 items passed all tests:
    1 tests in bsp6_ok.ausnahme_check
1 tests in 2 items.
1 passed and 0 failed.
Test passed.
$
```

Abb. 2.36: doctest mit Ausnahme macht keinen Fehler mehr

2.6.5 Ausnahmebehandlung mit Details

Manch eine Ausnahme ist mit einem nicht konstanten Text versehen, um Information über die Ursache genauer darstellen zu können. Mit dem Zusatz +IGNORE_EXCEPTION_DETAIL endet der Vergleich am ersten Doppelpunkt. So können Ausnahmen auch über viele verschiedene Python-Versionen getestet werden. Zum Beispiel änderte sich die in der Fehlermeldung verwendete Abkürzung „doesn't" von Python2.3 zu Python2.4 in „does not". In der Folge schlugen viele der alten Tests fehl.

```
#!/usr/bin/env python                                                    1
# -*- coding: utf-8 -*-                                                  2
                                                                         3
"""Doctest Beispiel mit Exceptions                                       4
                                                                         5
    >>> (1, 2)[3] = 'moo'                                                6
    Traceback (most recent call last):                                   7
    TypeError: 'tuple' object does not support item assignment           8
    >>>                                                                  9
    >>> (1, 2)[3] = 'moo'     # doctest: +IGNORE_EXCEPTION_DETAIL       10
    Traceback (most recent call last):                                  11
    TypeError: 'tuple' object doesn't support item assignment           12
    >>>                                                                 13
    >>> class ArghException(Exception):                                 14
    ...     pass                                                        15
    >>>                                                                 16
    >>> raise ArghException("Argh, sorry")                              17
    Traceback (most recent call last):                                  18
    ArghException: Argh, sorry                                          19
                                                                        20
    >>> raise ArghException("Argh, sorry")  # doctest: +IGNORE_EXCEPTION_DETAIL 21
    Traceback (most recent call last):                                  22
    ArghException                                                       23
    >>>                                                                 24
                                                                        25
Ende der Beispiele.                                                     26
"""                                                                     27
                                                                        28
if __name__ == "__main__":                                              29
    import doctest                                                       30
    doctest.testmod()                                                    31
```

Abb. 2.37: doctest mit Ausnahme und Details

Der Test gelingt, das doctest Modul wird hier im __main__ Part importiert und genutzt. So kommen die Doctests nur zum Zuge, wenn das Modul auf der Kommandozeile mit dem Interpreter aufgerufen wird:

```
$ python bsp7.py
$ python bsp7.py -v
Trying:
    (1, 2)[3] = 'moo'
Expecting:
```

```
    Traceback (most recent call last):
    TypeError: 'tuple' object does not support item assignment
ok
Trying:
    (1, 2)[3] = 'moo'       # doctest: +IGNORE_EXCEPTION_DETAIL
Expecting:
    Traceback (most recent call last):
    TypeError: 'tuple' object doesn't support item assignment
ok
Trying:
    class ArghException(Exception):
        pass
Expecting nothing
ok
Trying:
    raise ArghException("Argh, sorry")
Expecting:
    Traceback (most recent call last):
    ArghException: Argh, sorry
ok
Trying:
    raise ArghException("Argh, sorry")  # doctest: +IGNORE_EXCEPTION_DETAIL
Expecting:
    Traceback (most recent call last):
    ArghException
ok
1 items passed all tests:
    5 tests in __main__
5 tests in 1 items.
5 passed and 0 failed.
Test passed.
$
```

Abb. 2.38: doctest mit Ausnahme: IGNORE_EXCEPTION_DETAILS

Der erste Programm-Aufruf erzeugt keinerlei Ausgabe, das heißt alle Tests sind gelungen. Anschließend zeigt der geschwätzige Modus, wie die Tests vonstatten gehen. (Plaudermodus, s.a. Seite 33)

2.6.6 Direkter Aufruf

Die Doctests auf der Kommandozeile stets mit python3 -m doctest ... aufzurufen, ist lästig. Die meisten Python-Dateien werden im Normalfall nicht in der Kommandozeile aufgerufen, sondern von anderen Python-Dateien genutzt. Daher kann die in jedem Modul mögliche main() Funktion zu Testzwecken genutzt werden. Die Datei muss dazu jedoch ausführbar sein. Im Linuxsystem reicht es dazu aus, den Befehl chmod mit Argumenten derart aufzurufen, dass dem Eigentümer das direkte Ausführen durch Eingabe des Dateinamens, evtl. mit der Pfadangabe, erlaubt ist. Hierbei sollte berücksichtigt werden, das es im Allgemeinen keine gute Idee ist, das aktuelle Verzeichnis in der Umgebungsvariablen für den Suchpfad (PATH) aufzuführen. Daher: Besser stets mit korrekter Pfadangabe aufrufen!

```
$ chmod u+x bsp6_ok.py
```

Abb. 2.39: Datei ausführbar machen mit chmod

Danach kann die Datei direkt in der Kommandozeile ausgeführt werden:

```
#!/usr/bin/python3                                               1
                                                                 2
                                                                 3
def ausnahme_check():                                            4
    """ausnahme_check verursacht eine Ausnahme, der Test         5
    soll zeigen, dass dies tatsächlich geschieht.                6
    >>> c = ausnahme_check()                                     7
    Traceback (most recent call last):                           8
    RuntimeError: Ausnahme                                       9
    """                                                          10
    raise RuntimeError('Ausnahme')                               11
                                                                 12
                                                                 13
if __name__ == "__main__":                                       14
    import doctest                                               15
    doctest.testmod()                                            16
```

Abb. 2.40: Ausführbare Ausnahmeprovokation

Auch die geschwätzige Ausgabe kann durch Zugabe von ‚-v‘ erzielt werden:

```
$ ./bsp6_ok.py -v
Trying:
    c = ausnahme_check()
Expecting:
    Traceback (most recent call last):
    RuntimeError: Ausnahme
ok
1 items had no tests:
    __main__
1 items passed all tests:
    1 tests in __main__.ausnahme_check
1 tests in 2 items.
1 passed and 0 failed.
Test passed.
$ echo $?
0
$
```

Abb. 2.41: Ausführbare Ausnahmeprovokation als gelungener Test

Abhängig vom Ergebnis des Tests ist der Rückgabewert durch aufrufende Programme verwertbar, jeder von Null verschiedene Wert zeigt einen Misserfolg. Damit lässt sich ein derartiger Test im Shellskript oder Makefile zusammen mit vielen anderen ausführen, ohne dabei in die Falle zu laufen, Fehler zu übersehen:

Am Anfang eines Shellscripts reicht ein 'set -e' aus, um es mit dem ersten Fehler zu beenden. Bei make ist die Funktionalität ohne jede zusätzliche Angabe immer vorhanden.

2.6.7 Einen Test auslassen

Manchmal hat man einen Test formuliert, möchte ihn aber bei der Ausführung auslassen, da er stets fehlschlägt. Dies ist einfach zu bewerkstelligen:

```
"""doctest Datei bsp8.py                                          1
Leerzeichen verwirren nur manchmal die Tester                    2
                                                                 3
    >>> print(list(range(20)))  # doctest: +SKIP                 4
    [0,  1,  2,  3,  4,  5,  6,  7,  8,  9,                       5
    10, 11, 12, 13, 14, 15, 16, 17, 18, 19]                      6
"""                                                              7
```

Abb. 2.42: Einen Test auslassen

Im Ergebnis ähnelt das sehr einer Textdatei ohne Tests. Die Anweisung, den Test auszulassen, hat als Nebeneffekt, ihn nicht mitzuzählen.

```
$ python -m doctest bsp8.py  -v
1 items had no tests:
    bsp8
0 tests in 1 items.
0 passed and 0 failed.
Test passed.
$
```

Abb. 2.43: Ein nicht ausgeführter Test

Doctest hat noch weitere Möglichkeiten zur Einstellung. Details dazu gibt es in der Kommandozeile mit dem Aufruf pydoc doctest.

2.7 Automatische Dokumentation

Um die Dokumentation bei der Aufbereitung automatisch mit Doctests und deren Ergebnissen zu bereichern, existiert für sphinx eine Erweiterung: sphinx.ext.doctest. Diese muss wie andere Erweiterungen in conf.py

eingebunden werden. Zusätzlich kann dort auch weitere Konfiguration vorgegeben werden. Einstellungen für `sys.path`, globale Vor- und Nachbe-
reitung und eigene Python-Module sind darin möglich. Die Nutzung der
Sphinx-Erweiterung für Doctests wird über die Einstellung `extensions` vorgenommen.

```
extensions = ['sphinx.ext.doctest']                                    1
```
Abb. 2.44: Automatische Dokumentation mit Doctests

Diese Einbindung stellt folgende Direktiven in der Dokumentation bereit:

- `.. testsetup::` Dies kann vorbereitende Python-Statements enthalten, zum Beispiel imports, Definitionen oder Klassendeklarationen,
  Dateien anlegen, Prozesse starten, und ähnliches

- `.. testcleanup::` Damit kann nach dem Ende der Tests aufgeräumt
  werden, zum Beispiel Dateien gelöscht, Prozesse beendet werden

- `.. doctest::` führt die angegebenen Doctests in der Quelldatei unmittelbar aus. Die Leerzeilen `<BLANKLINE>` werden in der Ausgabe unterdrückt, sowohl bei HTML als auch in LaTeXe.

- `.. testcode::` Eingerückt, wie bei Doctests üblich, können direkt
  Python-Statements geschrieben werden.

- `.. testoutput::` Aus dem letzten testcode-Block wird hiermit automatisch durch sphinx die Ausgabe erzeugt.

Viele weitere Details finden sich im Buch zu Sphinx [Has14] und in der
Dokumentation zu Sphinx im Web [BtSt15].

2.8 Interview: Dr. Stefan Schwarzer

Dr. Stefan Schwarzer nutzt Python seit 1999. Er hat Artikel und ein Buch
zu Python geschrieben und Vorträge auf Konferenzen gehalten. Er ist Entwickler und Betreuer von ftputil[1], einer FTP-Client-Bibliothek für Python.

Nach dem Studium in Chemieingenieurwesen promovierte er in Chemi-
scher Verfahrenstechnik. Während der Promotion wechselte er 2000 in die
Softwareentwicklung; seit 2005 ist er selbstständig.[2]

---

[1] http://ftputil.sschwarzer.net
[2] http://sschwarzer.com

Wie bist Du zu Python gekommen?

Mit 15 Jahren habe ich angefangen, zu programmieren. Das fing an mit BASIC, dann kamen Pascal und diverse andere Sprachen. Ab 1995, soweit ich mich erinnere, habe ich mit C++ angefangen. Das war meine erste objektorientierte Sprache und ich fand diesen Ansatz sehr gut.

Irgendwann wollte ich aber ein kleines Programm schreiben, das einen Text einlesen und „gequotet" mit vorangestelltem ‚> ' auf die Standard-Ausgabe schreiben sollte. Als ich fertig war, schaute ich auf den Code und dachte mir: „Es kann doch nicht sein, dass man für so eine kleine Sache so viel schreiben muss."

Dann habe ich angefangen, mich mit Skriptsprachen zu befassen. Da Python aber noch sehr unbekannt war, habe ich mich erst mal auf Perl gestürzt. Anfangs war ich begeistert, stellte dann aber fest, dass der Zeitgewinn beim Schreiben des Codes zum guten Teil vom Zeitaufwand für die Fehlersuche aufgezehrt wurde.

Dann habe ich mich Python zugewandt und war sehr angetan. Vor Python habe ich etwa alle zwei Jahre eine neue Programmiersprache gelernt; seit ich Python kenne, ist das viel seltener geworden, weil Python eine wunderbare „Universal-Sprache" für viele Anwendungsgebiete ist.

Zen of Python: Welche Zeile ist Dir die wichtigste und warum?

"Explicit is better than implicit."

Ich denke, man sollte – egal in welcher Sprache – Code so schreiben, dass er möglichst direkt ausdrückt, wie die Aufgabe gelöst wird. Das macht den Code verständlicher und damit leichter wartbar. Außerdem dürfte der Code dann weniger Fehler enthalten.

Wann hast Du mit Test-Driven Development begonnen und warum?

Genau weiß ich nicht mehr, wann ich damit angefangen habe, aber ich denke, es war im Zusammenhang mit Extreme Programming vor etwa 15 Jahren.

Warum? Für mich gibt es hauptsächlich zwei Gründe für TDD:

- Man merkt früher, ob die API flexibel ist.

Wenn man feststellt, dass man ein aufwändiges Setup braucht oder viele Objekte „mocken" muss, sollte man möglichst das Design des zu testenden Codes vereinfachen.

Eine einfache API zahlt sich aber nicht nur beim Testen aus. Sie hilft auch bei der späteren Weiterentwicklung, weil sich die Bestandteile der Software leichter auf neue Weise kombinieren lassen, um neue Anforderungen zu erfüllen. Ich habe schon manches Mal gestaunt, wie leicht sich manche Anforderungen „einfach so" implementieren ließen.

- TDD macht Spaß. Es ist immer ein schönes Erfolgserlebnis, wenn alle Tests bestehen und man mit dem nächsten Teil des Codes weitermachen kann.

Was sind Deiner Meinung nach für Einsteiger die meistverbreitetsten Fallgruben von Python?

Ich habe dazu einen ganzen Vortrag auf den Chemnitzer Linuxtagen[3] gehalten (und eine kürzere Version auf der EuroPython).

Das Wichtigste ist aus meiner Sicht das Verständnis der Semantik der Zuweisung, die einen Namen an ein Objekt bindet, aber nichts kopiert. Mein Motto dazu: Python kopiert nicht, außer auf ausdrückliche Anweisung.

Hat man die Zuweisungs-Semantik verstanden, hat man damit auch einige andere oft genannte Fehlerquellen im Griff:

- nicht-veränderbare vs. veränderbare Objekte

- Übergabe-Semantik für Funktions-/Methodenargumente

- einmalige Evaluierung von Schlüsselwort-Argumenten

Gibt es Problemfelder, in denen sich Python als gänzlich ungeeignet erweist?

Ich sehe vor allem Einschränkungen bei Code, der nah an der Hardware oder am Betriebssystem-Kern ist. Häufig kann man aber auf einer relativ dünnen Schicht von Assembler oder C mit Python aufsetzen.

Ein anderer Aspekt ist High Performance Computing (HPC). Wenn jedes bisschen Rechenleistung gefragt ist, wird man die rechenintensiven Teile wohl nicht in Python schreiben. Das gilt aber nicht für jede Art von nume-

---

[3]http://sschwarzer.com/download/robustere_python_programme_clt2010_print.pdf

rischem Code. Mit NumPy, SciPy, Numba und PyPy geht es oft ausreichend schnell.

Allgemein gilt: Wenn man nicht die komplette Anwendung in Python schreiben kann, heißt das *nicht*, dass man sie komplett in einer anderen Sprache schreiben muss. Ein häufiger Ansatz ist, nur die für Python ungeeigneten Teile mit einer anderen Sprache zu schreiben und den Rest mit Python.

Ist Python auch für große Softwareprojekte nützlich?

Dafür sollte man erst mal definieren, was man unter „großen" Softwareprojekten versteht. ;-)

Vielleicht ist das aber gar nicht so wichtig. Ich gehe davon aus, dass heutzutage gerade „große" Projekte nicht mehr als monolithische Anwendungen erstellt werden. Vielmehr besteht die Projekt-Software aus verschiedenen Komponenten, die über ein Messaging-System wie AMQP oder auch einen Datenbank-Server miteinander kommunizieren.

Als nächstes stellt sich die Frage, ob Python für „große" *Komponenten* (also Anwendungen oder größere Bibliotheken) geeignet ist.

Aufgrund meiner Erfahrung vermute ich, dass sich Einzelkomponenten mit etwa 50000 Zeilen Python-Code gut entwickeln und warten lassen, wenn man ein gutes Design hat und dieses durch Refaktorieren erhält. Beim Refaktorieren sind wiederum Unittests immens wichtig.

Bei der Beurteilung der Größe der Python-Komponenten muss man sich vor Augen halten, dass man beispielsweise bei C++ und Java für die gleiche Funktionalität zwei- bis dreimal so viele Code-Zeilen schreiben muss. Jedenfalls habe ich das so gelesen und halte es angesichts der relativen Kompaktheit von Python für plausibel.

Ist TDD die richtige Vorgehensweise? Auch für große Entwicklerteams?

Ich denke, TDD ist oft ein guter Ansatz, aber es gibt Ausnahmen. Wenn ich erst mal prüfen will, ob ein Lösungsansatz überhaupt funktioniert, schreibe ich normalerweise erst den zu testenden Code. Wenn der so funktioniert wie gehofft, folgen die Tests. Die unterstützen dann auch die weitere Refaktorierung.

Was die Team-Größe angeht, muss man bedenken, dass ein großes Entwicklungsteam normalerweise aus kleineren Teams besteht. Ich denke, in denen kann man ganz normal TDD anwenden.

TDD wird meist mit Unittests in Verbindung gebracht. Daneben braucht man aber auch Integrations- und funktionale Tests. Ein Artikel bei Stack Overflow[4] beschreibt aber recht gut, warum TDD orthogonal zur Art des Tests ist.

Die in der Antwort von Sergey Berezovskiy dargestellte Vorgehensweise kann ich mir gut vorstellen für Integrations- oder funktionale Tests in kleinerem Maßstab, die von Entwicklern geschrieben werden.

Allerdings vermute ich, das funktionale Tests in größerem Maßstab nicht gut mit TDD durchführbar sind. Ein großer Vorteil von TDD ist das schnelle Feedback, das man zu seinem Code bekommt. Wenn nun aber ein Test-Team Tests entwickelt, kann es immer noch eine ganze Zeit dauern, bis das Entwicklungs-Team die Software zur Verfügung stellt. Und wenn die Tests einen Fehler aufdecken, kann es leicht Stunden oder Tage dauern, bis dieser (mutmaßlich) behoben ist, der Code also wieder auf diesen Fehler getestet werden kann.

Ich schätze, in der Praxis wird TDD fast nur auf Unittests und funktionale Tests in kleinem Maßstab angewandt. Das heißt wiederum, dass es bei TDD für Integrations- und funktionalen Tests noch zu wenig Erfahrungen gibt. Es wäre toll, in Zukunft mehr dazu zu erfahren.

---

[4]http://stackoverflow.com/questions/18988040/does-tdd-include-integration-tests

3 Unittests machen Freude

Wenn Du es nicht einfach
erklären kannst, hast Du es
nicht richtig verstanden.

(Albert Einstein)

Tests sollen schnell und effizient ablaufen. Effizient, um nicht mehr als die notwendigen Ressourcen zu verbrauchen. Schnell, um möglichst oft aufgerufen zu werden. Dies ist eine sehr sinnvolle Anforderung, damit die Entwickler die Tests nutzen. Müssen sie auf die Ergebnisse warten, führt das zu deutlich geringerer Akzeptanz. Und bitte was ist eine Unit im Sinne von Unittests?

Definition: Eine Unit ist der kleinste separat testbare Abschnitt im Quelltext. Das kann eine Definition, eine Methode oder auch eine Klasse sein.

Es sollte keine zusammengesetzte Funktion oder Methode sein, diese werden mit funktionalen Tests bearbeitet, die schon nicht mehr so elementar auf den kleinst möglichen Einheiten aufsetzen. Dazu später mehr.

Ein einfachster Unittest ruft eine definierte Funktion mit vorgegebenen Parametern auf und vergleicht das erzielte Ergebnis mit der vorgegebenen Erwartung.

In der Datei `test_true.py` befinden sich folgende zwei Zeilen Python-Code:

```
def test_true():          1
    assert True           2
```

Abb. 3.1: Eine Unit im Sinne von unittest

Dieses einfache Beispiel dient hier nur der Erklärung, die zwei Zeilen sind das vermutlich kürzeste Beispiel für eine `Unit`.

Um `unittest` zu nutzen, muss das Python-Modul unittest entweder auf der Kommandozeile angegeben werden oder in einer Python-Datei importiert werden. Ein Aufruf ähnlich wie mit dem doctest Modul ist möglich, führt mit der Datei `test_true.py` jedoch nicht zu einem Test. Um das zu erreichen, ist für das Modul `unittest` die Angabe einer auf `unittest.TestCase` basierenden Klasse zwingend notwendig. Zusätzlich ist das `assert` Statement durch Methoden zu ersetzen, die von `unittest` geerbt werden. Dementsprechend wird der erste Test geändert und so zum Testfall.

```
import unittest                                        1
                                                       2
                                                       3
class MyFirstTest(unittest.TestCase):                  4
                                                       5
    def test_true(self):                               6
        self.assertTrue(True)                          7
```

Abb. 3.2: Erster Testfall

Das `-v` kann entfallen, wenn der Name des Tests nicht in der Ausgabe erscheinen soll. Die dazugehörige Kommandozeile ist einfach.

```
$ python -m unittest test_true.py  -v
test_true (test_true.MyFirstTest) ... ok

----------------------------------------------------------------------
Ran 1 test in 0.001s

OK
$
```

Abb. 3.3: Erster Testlauf

3.1 Begriffe

3.1.1 Testfall

Als Testfall (test case) wird eine Testeinheit bezeichnet, die eine bestimmte Antwort zu einem gegebenen Satz an Eingabewerten prüft. Die Basisklasse `unittest.TestCase` steht bereit, für eigene Testfälle genutzt zu werden. Als Beispiel dient `test_calculations_add_ok()`:

```
import unittest                                        1
from foo.calculations.add import demo_add              2
                                                       3
                                                       4
class Test_demo_add(unittest.TestCase):                5
                                                       6
    def test_calculations_add_ok(self):               7
        result = demo_add(3, 5)                        8
        expected = 8                                   9
        self.assertEqual(expected, result)           10
```

Abb. 3.4: Testfall test_calculations_add_ok

Grundsätzlich kann ein Testfall drei verschiedene Ergebnisse haben:

1. Er kann gelingen (success)

2. Er kann fehlschlagen (failure)

3. Er kann eine Ausnahme erzeugen (error)

Ein Test gilt dann als gelungen, wenn Ergebnis und Erwartung übereinstimmen. Ein Fehlschlag bedeutet im Allgemeinen, dass das Ergebnis nicht mit der Erwartung übereinstimmt. Eine Ausnahme bedeutet, dass der Test mit einem internen Fehler abgebrochen ist. Dies deutet auf fehlerhaften Testcode hin, da Ausnahmen abgefangen werden sollten. Nicht zutreffende Erwartungen sind davon wohl zu unterscheiden, der Testcode hat dabei fehlerfrei funktioniert, nur der Code hat nicht das erwartete Ergebnis produziert. Alternativ dazu kann auch die Erwartung falsch sein, dann ist der Code richtig und der Testcode mit der darin fixierten Erwartung fehlerhaft. Diese beiden Fälle sind nur durch genaues Hinsehen voneinander zu unterscheiden, das ist jedoch bei fehlerhaften Tests grundsätzlich zu empfehlen.

3.1.2 Testvorrichtung, test fixture

Als Testvorrichtung (test fixture) wird eine Umgebung bezeichnet, die einen oder mehrere Tests vor- und nachbereitet. Dazu kann alles Mögliche gehören, zum Beispiel eine Datenbank aufzusetzen, Verzeichnisstrukturen bereitzustellen oder auch Serverprozesse zu starten und zu beenden.

```
import unittest                                          1
                                                         2
                                                         3
class SimpleWidgetTestCase(unittest.TestCase):           4
                                                         5
    def setUp(self):                                     6
        self.widget = Widget('The widget')               7
                                                         8
    def tearDown(self):                                  9
        self.widget.dispose()                           10
```
Abb. 3.5: Eine Testvorrichtung

Hinweis:

Falls setUp() eine Ausnahme produziert, wird daraus gefolgert, dass der Test ebenfalls fehlschlägt und daher wird dieser nicht ausgeführt. Das abschließende `tearDown()` kommt ebenfalls nicht zur Ausführung. Ist das `setUp()` jedoch erfolgreich, wird nach dem Testfall unabhängig von dessen Ergebnis `tearDown()` in jedem Fall ausgeführt.

Das Paar `setUp()` und `tearDown()` wird mit jedem einzelnen Testfall ausgeführt. Dies dient der Separation der Testfälle untereinander. Darum ist jeder Test auch einzeln ausführbar und muss dann das gleiche Ergebnis liefern wie im gemeinsamen Testlauf mit anderen. Auf den Ebenen Klasse und Modul existieren weitere Methoden, so sind vorbereitende oder abschließende Maßnahmen innerhalb einer Klasse mit `setUpClass()`, `tearDownClass()`. Auch ein ganzes Modul kann mit `setUpModule()` und `tearDownModule()` bei der Ausführung ein- und ausgleitet werden.

3.1.3 Testgruppe

Testfälle können entsprechend ihren Testzielen zu einer Testgruppe (test suite) zusammengefasst werden, falls diese zusammen ausgeführt werden sollen. Dazu ist in `unittest` der Mechanismus `unittest.TestSuite()` vorgesehen.

Meist wird `unittest.main()` das Richtige tun. Eine Testgruppe kann dennoch bei Bedarf gebildet werden.

```
def suite():                                                      1
    suite = unittest.TestSuite()                                  2
    suite.addTest(WidgetTestCase('test_default_size'))            3
    suite.addTest(WidgetTestCase('test_resize'))                  4
    return suite                                                  5
```

Abb. 3.6: Eine Testgruppe zusammenstellen

3.1.4 Teststarter

Ein Teststarter (test runner) dient der Modellierung der Testausführung. Die Benutzerschnittstelle kann graphisch oder textuell ausgelegt sein, der Rückgabewert repräsentiert die Ergebnisse aller ausgeführten Testfälle.

```
import unittest                                                   1
                                                                  2
                                                                  3
testmodules = ['tests.test_add', ]                                4
                                                                  5
                                                                  6
suite = unittest.TestSuite()                                      7
                                                                  8
```

```
for t in testmodules:                                                        9
    try:                                                                    10
        # Falls das Modul eine suite() Funktion hat                        11
        mod = __import__(t, globals(), locals(), ['suite'])                12
        suitefn = getattr(mod, 'suite')                                    13
        suite.addTest(suitefn())                                           14
    except:                                                                15
        # Ohne suite() alle vorhandenen Testfälle im Testmodul ausführen   16
        suite.addTest(unittest.defaultTestLoader.loadTestsFromName(t))     17
                                                                            18
runner = unittest.TextTestRunner(verbosity=1)                              19
runner.run(suite)                                                          20
```

Abb. 3.7: Eine Testgruppe anlegen und ausführen

3.1.5 Teststarter im Python-Modul

In jedem Python-Modul, welches Testfälle enthält, kann neben einer Test-Suite auch eine main() Funktion vorhanden sein. Diese kann noch andere Aufgaben erledigen, zum Beispiel das Anlegen einer Logdatei über die Ausgaben der Tests.

```
import sys                                                                   1
import unittest                                                              2
from foo.calculations.add import demo_add                                    3
                                                                             4
                                                                             5
class TestMalWas(unittest.TestCase):                                         6
    """Beliebiger Test"""                                                    7
                                                                             8
    def test_mal_was_einfaches(self):                                        9
        """Ist eins gleich eins"""                                          10
        self.assertEqual(1, 1, "1 != 1")                                    11
                                                                            12
                                                                            13
def main(out=sys.stderr, verbosity=2):                                      14
    loader = unittest.TestLoader()                                          15
    suite = loader.loadTestsFromModule(sys.modules[__name__])              16
    unittest.TextTestRunner(out, verbosity=verbosity).run(suite)           17
                                                                            18
                                                                            19
if __name__ == "__main__":                                                 20
    with open('testing.log', 'w') as f:                                    21
        main(f)                                                            22
```

Abb. 3.8: Eine Testgruppe mit Logdatei ausführen

Der Aufruf dieses Python-Moduls erzeugt keine Meldung, sondern nur die Datei testing.log:

```
$
$ python test_with_log.py
$
```

```
$ ls -l testing.log
-rw-r--r-- 1 foo  foo  172 Mar  6 14:51 testing.log
$
$ cat testing.log
test_mal_was_einfaches (__main__.TestMalWas)
Ist eins gleich eins ... ok

-------------------------------------------------------------------
Ran 1 test in 0.001s

OK
$
```

Abb. 3.9: Testlauf mit Logging

Die Funktion main() kann beliebige Dinge realisieren, zum Beispiel Kommandozeilenargumente entgegennehmen und die Tests in Abhängigkeit von deren Inhalten ausführen.

3.2 unittest Modul auf der Kommandozeile

3.2.1 Optionale Argumente

Um das Modul unittest direkt auf der Kommandozeile zu nutzen, ist die Vorgehensweise ähnlich wie beim bereits beschriebenen Modul doctest. Verschiedene zusätzliche Parameter sind nützlich:

- discover sucht im aktuellen Pfad nach Dateinamen mit dem Muster test*.py

- -s, --start-directory Verzeichnis Verzeichnis, unterhalb dessen die Suche stattfindet. Vorgabewert: '.', also das aktuelle Verzeichnis

- -p, --pattern Muster Muster der zu suchenden Dateinamen, Vorgabewert ist test*.py

- -t, --top-level-directory oberstes Projekt-Verzeichnis

- -v, --verbose geschwätzigen Modus einschalten

- -q, --quiet minimale Ausgabe

- -f, --failfast Beim ersten Fehler beenden

- -b, --buffer stdout und stderr der Tests mit ausgeben, ohne Angabe werden diese unterdrückt

3.2.2 unittest in der Kommandozeile

In einem Verzeichnis, welches die Datei `test_true.py` enthält, kann ein Aufruf so erfolgen:

```
$ python -m unittest
```
Abb. 3.10: Suchfunktion des unittest Moduls

Das optionale `discover` (entdecke) wird nur dann benötigt, wenn noch weitere Angaben gemacht werden. Da die Tests möglichst oft laufen sollen, und die Entwickler manchmal zu Tippfaulheit neigen, gibt es ein Werkzeug, diese Arbeit zu vereinfachen. Denn meist ist es mit dem Aufruf nicht getan, typischerweise muss mehr angegeben werden:

```
$ python -m unittest discover -s tests/ -v
```
Abb. 3.11: discover sucht die Tests

Üblicherweise wird das unittest Modul in Python-Dateien importiert und danach in eigenen Klassen und Methoden benutzt. Die Namen der Tests fangen typischerweise mit `test_` an, da das Einsammeln der Testfälle darauf basiert.

3.2.3 Ablaufvereinfachung mit nosetests

Da in dem Python-Modul keinerlei Ausgabe geschieht, ja nicht einmal ein Aufruf der ersten Variante der `test_true` Funktion stattfindet, ist nicht zu erwarten, dass ein Ergebnis berichtet wird. Um nicht jedes Mal den Pfad zu den Tests mühsam einzugeben, ist zunächst das Werkzeug „nose" in die zuvor aktivierte Werkbank zu installieren. Es stellt das Kommando `nosetests` bereit.

```
$ source wb/bin/activate
(wb) $
(wb) $ pip install nose
Downloading/unpacking nose
  Downloading nose-1.3.4-py3-none-any.whl (154kB): 154kB downloaded
Installing collected packages: nose
Successfully installed nose
Cleaning up...
(wb) $
```
Abb. 3.12: pip install nose

Aufzurufen ist es nach der Installation mit dem Kommando `nosetests`. Ein Probelauf zeigt die Wirkung.

```
(wb) $ nosetests test_true.py -v
test_true.test_true ... ok

-----------------------------------------------------------------
Ran 1 test in 0.002s

OK
(wb) $
```

Abb. 3.13: nosetests

In diesem Falle wurde das zu testende Python-Modul explizit mit aufgerufen, fehlt diese Angabe, sucht nosetests ab dem aktuellen Verzeichnis
abwärts nach allen Dateien, deren Namen mit test_ beginnen.

Zwei Leerzeilen und eine weitere Funktion wird im test_true.py angefügt:

```
                                                                      1
                                                                      2
def test_false():                                                     3
    assert False                                                      4
```

Abb. 3.14: unittest test_false

Ein erneuter Start von nosetests führt nun zu folgendem Ergebnis:

```
(wb) $ nosetests -v test_true.py
test_true.test_true ... ok
test_true.test_false ... FAIL

=================================================================
FAIL: test_true.test_false
-----------------------------------------------------------------
Traceback (most recent call last):
  File "./wb/lib/python3.4/site-packages/nose/case.py", line 198, in runTest
    self.test(*self.arg)
  File "./test_true.py", line 6, in test_false
    assert False
AssertionError

-----------------------------------------------------------------
Ran 2 tests in 0.004s

FAILED (failures=1)
(wb) $
....
```

Abb. 3.15: test_false schlägt fehl

Die bis hier gezeigten Unittests prüfen bereits kleinstmögliche Abschnitte
im Quelltext. Da das assert False stets misslingt, bleibt es etwas unbefrie-
digend, wenngleich es im Ergebnis richtig ist. Eine Möglichkeit, auch diese
Zuweisung erfolgreich testen zu können, wird erst mit einer unittest eigenen Vergleichsmethode assertFalse einfach möglich. Dazu später mehr.

3.2.4 Akzeptanz erwünscht

Um bei Entwicklern wie auch Qualitätstestern Akzeptanz zu finden, sollten alle vorhandenen Tests möglichst oft ausgeführt werden. Nicht nur aus diesem Grunde ist eine Konvention sinnvoll: Zu jedem Python-Modul xyz.py in der Anwendung existiert ein eigenes Testmodul mit Namen test_xyz.py im Verzeichnis tests. Zu foo/calculations/add.py sollte ein Pendant existieren: foo/tests/test_add.py. Dieses kann dann mit nosetests automatisch gesucht und ausgeführt werden. Natürlich kann auch auf diese Konvention verzichtet werden und alle Tests zu allen Modulen in einer einzigen Datei beschrieben sein, diese Vorgehensweise hat jedoch einen gravierenden Nachteil: Jeder, der neu ins Projekt kommt, sucht Tests in nicht adäquaten Dateien, um die API zu studieren. Denn das ist einer der wesentlichen Vorteile wohl dokumentierter Tests: Sie beschreiben anhand der Testfälle, wie die einzelnen Funktionen, Klassen und Methoden zu nutzen sind.

Die Anforderungen an das Testmodul sind recht genügsam: Ein import der zu testenden Funktionen und Klassen, des unittest Moduls und pro zu testender Funktion eine aus Unittest.Testcase abgeleitete Klasse. Die schon beschriebenen Funktionen setUp() und tearDown() werden nicht immer benötigt und können dann entfallen.

```
from foo.calculations.add import demo_add        1
import unittest                                  2
                                                 3
                                                 4
class Test_demo_add(unittest.TestCase):          5
                                                 6
    def test_1_calculations_add_ok(self):        7
        result = demo_add(3, 5)                   8
        expected = 8                              9
        self.assertEqual(expected, result)       10
```
Abb. 3.16: Test für demo_add()

Zentraler Punkt ist die Anweisung assertEqual, die Erwartung und Ergebnis auf Gleichheit prüft. Das kann kürzer gefasst werden, nicht jeder mag ausführliche Quelltexte lesen.

```
    def test_1_calculations_add_ok(self):        1
        self.assertEqual(8, demo_add(3,5))       2
```
Abb. 3.17: Kurzfassung des Tests für demo_add()

Die Methode wird aus 'unittest.TestCase' geerbt. Sie kann sowohl zwei als auch drei Argumente verarbeiten, als Drittes wäre ein String mit benutzerdefinierter Fehlermeldung anzugeben – für den Fall, dass das Ergebnis von der Erwartung abweicht. Ein Testlauf folgt:

```
(wb) $ nosetests
.
----------------------------------------------------------------
Ran 1 test in 0.017s

OK
(wb) $
```

Abb. 3.18: Ein Testlauf mit nose

Der einzelne Punkt in der ersten Ausgabezeile zeigt an, dass genau ein Test durchlaufen wurde. Manche mögen es etwas geschwätziger:

```
(wb) $ nosetests -v
test_1_calculations_add_ok (test_add.Test_demo_add) ... ok

----------------------------------------------------------------
Ran 1 test in 0.018s

OK
(wb) $
```

Abb. 3.19: Geschwätziger Testlauf mit nose

Hierbei wird pro durchlaufenem Test sein Methodenname und das Ergebnis ausgegeben. Dieses kann durch Hinzufügen von Docstrings noch deutlich aussagekräftiger werden, hier beispielhaft der kommentierte Quelltext:

```
from foo.calculations.add import demo_add          1
import unittest                                     2
                                                    3
                                                    4
"""tests_fuer_./foo/calculations/add.py            5
"""                                                 6
                                                    7
                                                    8
class Test_demo_add(unittest.TestCase):             9
    """demo_add_scheint_noch_Fehler_zu_enthalten""" 10
                                                    11
    def test_1_calculations_add_ok(self):           12
        """Addition, zwei positive Werte"""         13
        result = demo_add(3, 5)                     14
        expected = 8                                15
        self.assertEqual(expected, result, "demo_add rechnet falsch!")  16
```

Abb. 3.20: Aussagekräftige Fehlermeldungen

Das sieht im Ergebnis gut lesbar aus:

```
(wb) $ nosetests -v
Addition, zwei positive Werte ... ok

----------------------------------------------------------------
Ran 1 test in 0.019s

OK
(wb) $
```

Abb. 3.21: Kein Fehler, keine Meldung

Ist in der Methode ein Docstring vorhanden, wird dieser anstelle des Metho-
dennamens ausgegeben. Das Ergebnis des Vergleichs wird angefügt, hier
ist es mit „ok" bewertet. Um auch einen Fehlschlag im Ergebnis sehen zu
können, wird vorübergehend der erwartete Wert auf 7 gesetzt und der Test
erneut durchgeführt:

```
(wb) $ nosetests -v
Addition, zwei positive Werte ... FAIL

======================================================================
FAIL: Addition, zwei positive Werte
----------------------------------------------------------------------
Traceback (most recent call last):
  File "./tests/test_add.py", line 16, in test_calculations_add_ok
    self.assertEqual(expected, result, "demo_add rechnet falsch!")
AssertionError: 7 != 8 : demo_add rechnet falsch!

----------------------------------------------------------------------
Ran 1 test in 0.019s

FAILED (failures=1)
(wb) $
```

Abb. 3.22: Ein Fehler, Meldung wie erwünscht

Die Erwartung wird wieder auf den korrekten Wert 8 gesetzt. Damit ist der
erste Testfall mit unittest erfolgreich beschrieben.

3.2.5 Fallunterscheidung

Reicht diese eine Testoperation aus, um die Qualität der demo_add Funktion
einzuschätzen? Mit Sicherheit nicht, denn es sollen verwertbare Aussagen
über die Zuverlässigkeit der Funktion gemacht werden.

Tipp: Für jede zu testende Funktion ist eine Fallunterscheidung beziehungsweise Äquivalenzklassenbildung nötig, in der alle möglichen gültigen
und ebenfalls alle ungültigen Eingabewerte mit den dazugehörigen Erwartungen und Ergebnissen genannt werden.

Zunächst werden die Eingabewerte differenziert:

- Zahlen können positiv, null oder negativ sein

- Es gibt ganze Zahlen und Fließkommazahlen

- Es gibt ungültige Eingabewerte, die keine Zahlen sind, zum Beispiel Strings, Listen, u.s.w.

Die Ausgabewerte sind nur im Fall der ganzen Zahlen verwertbar. Alle andere Eingaben müssen zu einer ungültigen Ausgabe beziehungsweise einer Ausnahme führen. Die Designentscheidung darüber ist vor dem Schreiben der Tests festzulegen, denn die Tests sollen die Ergebnisse jedweder Eingaben zuverlässig bewerten. Hier sei entschieden, ganze Zahlen zu richtigem Ergebnis, alle anderen Eingabewerte zu einer Ausnahme (Exception) führen sollen. Das jeweils aufrufende Programm muss dann die eventuellen Ausnahmen sinnvoll verwerten, zum Beispiel eine Warnung an den Benutzer ausgeben.

Im Anschluss an diese Entscheidung können weitere Tests formuliert werden, in deren Folge auch die Funktion möglicherweise modifiziert werden muss. Erst den Test zu formulieren, danach die Funktion zu modellieren, ist das Ziel. Vorhandene Doctests wie auch vorhandene Docstrings sind jeweils in der Funktion anzupassen. Nach Möglichkeit ist dieses Wechselspiel der Änderungen im Versionskontrollsystem festzuhalten. Die ersten zusätzlichen Tests sind schnell geschrieben und ausgeführt:

```
import unittest                                                           1
from foo.calculations.add import demo_add                                 2
                                                                          3
                                                                          4
class Test_demo_add(unittest.TestCase):                                   5
    """demo_add scheint noch Fehler zu enthalten"""                       6
                                                                          7
    def test_1_calculations_add_ok(self):                                 8
        """Addition, zwei positive Werte """                              9
        result = demo_add(3, 5)                                          10
        expected = 8                                                    11
        self.assertEqual(expected, result, "demo_add rechnet falsch!")  12
                                                                         13
    def test_2_calculations_neg_ok(self):                               14
        """Addition, ein negativer Wert """                             15
        result = demo_add(-3, 5)                                        16
        expected = 2                                                    17
        self.assertEqual(expected, result, "demo_add rechnet falsch!")  18
                                                                         19
    def test_3_calculations_negative(self):                             20
        """Addition, zwei negative Werte """                            21
        result = demo_add(-3, -2)                                       22
        expected = -5                                                   23
        self.assertEqual(expected, result, "demo_add rechnet falsch!")  24
                                                                         25
    def test_4_calculations_zero(self):                                 26
        """Addition, ein Null Wert """                                  27
        result = demo_add(0, 2)                                         28
        expected = 2                                                    29
        self.assertEqual(expected, result, "demo_add rechnet falsch!")  30
```

```
def test_5_calculations_zero_zero(self):            31
    """Addition, zwei Null Werte """                32
    result = demo_add(0, 0)                         33
    expected = 0                                    34
    self.assertEqual(expected, result, "demo_add rechnet falsch!")   35
                                                    36
```

Abb. 3.23: Testsammlung für demo_add()

Diese Tests sollten stets positiv verlaufen, die Ausführungszeit ist mit 20 Millisekunden nicht zu lang:

```
(wb) $ nosetests -v
Addition, zwei positive Werte ... ok
Addition, ein negativer Wert ... ok
Addition, zwei negative Werte ... ok
Addition, ein Null Wert ... ok
Addition, zwei Null Werte ... ok

----------------------------------------------------------------------
Ran 5 tests in 0.020s

OK
(wb) $
```

Abb. 3.24: Testlauf, alles in Ordnung

3.2.6 Ausnahmebehandlung

Die anderen Tests, die alle eine Ausnahme verursachen sollen, müssen nun noch folgen. Wie kann eine Ausnahme getestet werden? Zuerst wird gezeigt, wie einfach mit dem unittest-Modul eigenen self.assertRaises ein einfacher Testfall konstruiert werden kann:

```
def test_6_calculations_one_float(self):            38
    """Addition, eine Fliesskommazahl"""            39
    self.assertRaises(ValueError, demo_add, 1, 3.6) 40
```

Abb. 3.25: Testfall Ausnahmecheck

Der Testlauf schlägt fehl:

```
(wb) $ nosetests -v tests/
Addition, zwei positive Werte ... ok
Addition, ein negativer Wert ... ok
Addition, zwei negative Werte ... ok
Addition, ein Null Wert ... ok
Addition, zwei Null Werte ... ok
Addition, eine Fliesskommazahl ... FAIL

======================================================================
FAIL: Addition, eine Fliesskommazahl
```

```
-----------------------------------------------------------------
Traceback (most recent call last):
  File "/home/hans/py/foo/tests/test_add.py", line 40, in
                      test_6_calculations_one_float
    self.assertRaises(ValueError, demo_add, 1, 3.6)      •
AssertionError: ValueError not raised by demo_add

-----------------------------------------------------------------
Ran 6 tests in 0.001s

FAILED (failures=1)
(wb) $
```

Abb. 3.26: Ausnahmecheck nicht bestanden

Die Funktion demo_add hat keine Ausnahme verursacht. Das entspricht dem derzeitigen Stand des Codes. Also muss sich darin etwas ändern. Zur Erinnerung der aktuelle Stand:

```
def demo_add(a, b):                                              1
    """demo_add addiert zwei gegebene ganze Zahlen und gibt das  2
    Ergebnis als ganze Zahl oder im Fehlerfall None zurueck.     3
    >>> c = demo_add(17, 19)                                     4
    >>> type(c) == int                                          5
    True                                                         6
    >>> c == 36                                                  7
    True                                                         8
    >>> d = demo_add(17, 19.0)                                   9
    >>> d == None                                               10
    True                                                        11
    """                                                         12
    if type(a) == int and type(b) == int:                       13
        return a + b                                            14
    else:                                                       15
        return None                                             16
```

Abb. 3.27: Mit Doctests: demo_add()

None ist keine Ausnahme, also muss sich die letzte Zeile ändern. Ausnahmen in Python zu generieren, ist einfach:

```
        raise ValueError('demo_add(a, b): Nur ganze Zahlen (Integer)')   16
```

Abb. 3.28: Eine Zeile anders: demo_add()

und schon funktioniert auch dieser Testfall:

```
(wb) $ nosetests tests/ -v
Addition, zwei positive Werte ... ok
Addition, ein negativer Wert ... ok
Addition, zwei negative Werte ... ok
Addition, ein Null Wert ... ok
Addition, zwei Null Werte ... ok
Addition, eine Fliesskommazahl ... ok
```

```
-------------------------------------------------------------------
Ran 6 tests in 0.001s

OK
(wb) $
```

Abb. 3.29: Erfolg mit dem Ausnahmecheck

Eine andere Methode zum Testen auf Ausnahmen stellt die Verwendung eines Kontextmanagers dar. Mit einem Kontextmanager stellt sich der sechste Testfall etwas umfangreicher dar, bietet aber erweiterte und damit genauere Vergleichsmöglichkeiten:

```
def test_6_float_in_context_raises(self):                          38
    """Addition, eine Fliesskommazahl mit Kontextmanager"""        39
    with self.assertRaises(ValueError) as context_value_error:     40
        demo_add(1, 3.6)                                           41
    self.assertTrue(isinstance(context_value_error.exception,      42
                    ValueError))                                   43
    self.assertTrue('Nur ganze Zahlen' in                         44
                    str(context_value_error.exception))            45
```

Abb. 3.30: Ausnahmecheck mit Kontextmanager

Das Testergebnis unterscheidet sich aufgrund der simplen Ausnahme nicht:

```
(wb) $ nosetests -vs tests/test_add.py
Addition, zwei positive Werte ... ok
Addition, ein negativer Wert ... ok
Addition, zwei negative Werte ... ok
Addition, ein Null Wert ... ok
Addition, zwei Null Werte ... ok
Addition, eine Fliesskommazahl mit Kontextmanager ... ok

-------------------------------------------------------------------
Ran 6 tests in 0.001s

OK
(wb) $
```

Abb. 3.31: Erfolg mit der Ausnahme und dem Kontextmanager

Die Doctests sollten natürlich auch funktionieren, enttäuschen aber zunächst noch:

```
(wb) $ python -m doctest foo/calculations/add.py
**********************************************************************
File "foo/calculations/add.py", line 23, in add.demo_add
Failed example:
    d = demo_add(17, 19.0)
Exception raised:
    Traceback (most recent call last):
      File "/usr/lib/python3.4/doctest.py", line 1324, in __run
```

```
            compileflags, 1), test.globs)
          File "<doctest add.demo_add[3]>", line 1, in <module>
            d = demo_add(17, 19.0)
          File "foo/calculations/add.py", line 31, in demo_add
            raise ValueError
        ValueError
  **********************************************************************
  File "foo/calculations/add.py", line 24, in add.demo_add
  Failed example:
      d == None
  Exception raised:
      Traceback (most recent call last):
        File "/usr/lib/python3.4/doctest.py", line 1324, in __run
          compileflags, 1), test.globs)
        File "<doctest add.demo_add[4]>", line 1, in <module>
          d == None
      NameError: name 'd' is not defined
  **********************************************************************
  1 items had failures:
     2 of    5 in add.demo_add
  ***Test Failed*** 2 failures.
  (wb) $
```

Abb. 3.32: Kein Doctesterfolg mit dem Ausnahmecheck

Oh, da ist noch was zu tun. Eine Ausnahme ist auch im Doctest etwas anderes als None. Es ist ein Umbau des Doctests erforderlich, die Ausnahme muss auch erwartet werden. Bei genauem Hinsehen ist zu erkennen, dass die Variable d nicht mehr verwendet wird und daher durch die anonyme Variable _ ersetzt werden kann. Die Einleitung des Docstrings sollte ebenfalls an das geänderte Verhalten angepasst werden:

```
def demo_add(a, b):                                                    1
    """demo_add addiert zwei gegebene ganze Zahlen und gibt das Ergebnis  2
    als ganze Zahl zurück oder wirft im Fehlerfall einen ValueError    3
    >>> c = demo_add(17, 19)                                           4
    >>> type(c) == int                                                 5
    True                                                               6
    >>> c == 36                                                        7
    True                                                               8
    >>> _ = demo_add(17, 19.0)                                         9
    Traceback (most recent call last):                                 10
    ValueError: demo_add(a, b): Nur ganze Zahlen (Integer)             11
    """                                                                12
    if type(a) == int and type(b) == int:                             13
        return a + b                                                   14
    else:                                                              15
        raise ValueError('demo_add(a, b): Nur ganze Zahlen (Integer)') 16
```

Abb. 3.33: Veränderter Code, angepasster Doctest

Nach dieser Anpassung funktionieren sowohl die doctest- als auch die unittest-Testfälle. Beide lassen sich in einer Kommandozeile gemeinsam aufrufen:

```
(wb) $ nosetests --with-doctest foo/calculations/add.py -v tests/test_add.py
Doctest: foo.calculations.add.demo_add ... ok
Addition, zwei positive Werte ... ok
Addition, ein negativer Wert ... ok
Addition, zwei negative Werte ... ok
Addition, ein Null Wert ... ok
Addition, zwei Null Werte ... ok
Addition, eine Fliesskommazahl mit Kontextmanager ... ok

----------------------------------------------------------------------
Ran 7 tests in 0.004s

OK
(wb) $
```

Abb. 3.34: Ein Kommando: Alle doctest- und unittest-Testfälle

3.2.7 Vergleichsmöglichkeiten im Testfall

unittest.TestCase() bietet eine große Anzahl Methoden. Üblicherweise
werden eigene Tests als Klasse in einem eigenen Python-Modul zusammengefasst. Zwei Methoden, setUp() und teardown() können dazu benutzt
werden, vor Begin eines eines jeden Tests definierte Voraussetzungen zu
schaffen beziehungsweise nach einem Test aufzuräumen. In der Python-
Dokumentation[1] finden sich viele weitere Methoden, um Vergleiche zwischen Erwartung und Ergebnis anzustellen.

3.2.8 Assertions

Die einzelnen Tests sind, wie bereits beschrieben, als Methoden in der eigenen Klasse zu schreiben. unittest.TestCase stellt dazu Vergleichsme-
thoden bereit, von denen bisher zwei genutzt wurden: assertEqual und
assertTrue. Vorhanden sind 40, davon sind sieben nur noch aus Kompa-
tibilitätsgründen genannt, sie sollten nicht für Neuentwicklungen genutzt
werden.

assertAlmostEqual(self,
    first, second, places=None, msg=None, delta=None) prüft first und second, zuläs-
    siges delta kann angegeben werden.

assertCountEqual(self,
    first, second, msg=None) prüft die Anzahl von first und second, das heißt diese müs-
    sen abzählbar sein

---

[1] https://docs.python.org/3.4/library/unittest.html#organizing-test-code

assertDictContainsSubset(self,
    subset, dictionary, msg=None) prüft, subset in dictionary, also ob subset in dictionary enthalten ist

assertDictEqual(self,
    d1, d2, msg=None) prüft, ob d1 == d2

assertEqual(self,
    first, second, msg=None) prüft, ob first == second

assertFalse(self,
    expr, msg=None) prüft, ob expr == False

assertGreater(self,
    a, b, msg=None) prüft, ob a > b

assertGreaterEqual(self,
    a, b, msg=None) prüft, ob a >= b

assertIn(self,
    member, container, msg=None) prüft, ob member in container

assertIs(self,
    expr1, expr2, msg=None) wie self.assertTrue(expr1 is expr2), nettere Fehlermeldung

assertIsInstance(self,
    obj, cls, msg=None) prüft, ob True == isInstance(obj, cls), also ob obj eine Instanz der Klasse cls ist

assertIsNone(self,
    obj, msg=None) prüft, ob obj == None

assertIsNot(self,
    expr1, expr2, msg=None) wie self.assertTrue(expr1 is not expr2), nettere Fehlermeldung

assertIsNotNone(self,
    obj, msg=None) prüft, ob obj != None

assertLess(self,
    a, b, msg=None) prüft, ob a < b

assertLessEqual(self,
    a, b, msg=None) prüft, ob a <= b

assertListEqual(self,
    list1, list2, msg=None) prüft, ob list1 == list2

assertLogs(self,
    logger=None, level=None) macht eine Prüfung mit assertEqual möglich, ob eine Logmeldung im Kontext erzeugt wurde

assertMultiLineEqual(self,
    first, second, msg=None) prüft Docstrings first == second

assertNotAlmostEqual(self,
    first, second, places=None, msg=None, delta=None) prüft Objekt first mit Objekt second, schlägt fehl, wenn die Differenz kleiner gleich delta ist

assertNotEqual(self,
    first, second, msg=None) prüft first != second

```
assertNotIn(self,
    member, container, msg=None) prüft menber in container, d. h. ob member Teilmen-
    ge von container ist
assertNotIsInstance(self,
    obj, cls, msg=None) prüft, ob True != isInstance(obj, cls), also ob obj keine In-
    stanz der Klasse cls ist
assertRegex(self,
    text, expected_regex, msg=None) prüft, ob expected_regex.search(text) wahr ist
assertNotRegex(self,
    text, unexpected_regex, msg=None) prüft, ob expected_regex.search(text) falsch
    ist
assertRaises(self,
    excClass, callableObj=None, *args, **kwargs) prüft, ob callable_obj eine Ausnah-
    me vom Type excClass erzeugt, *args und **kwargs sind mögliche Argumente
assertRaisesRegex(self,
    expected_exception, expected_regex, callable_obj=None, *args, **kwargs)
    prüft, ob callable_obj eine Ausnahme vom Type expected_exception mit einer Meldung
    passend zu expected_regex erzeugt, *args und **kwargs sind mögliche Argumente
assertSequenceEqual(self,
    seq1, seq2, msg=None, seq_type=None) prüft, ob seq1 == seq2, seq_type kann vor-
    gebem, welcher Typ von Sequenz gefordert wird
assertSetEqual(self,
    set1, set2, msg=None) prüft set1 == set2
assertTrue(self,
    expr, msg=None) prüft True == expr
assertTupleEqual(self,
    tuple1, tuple2, msg=None) prüft tuple1 == tuple2
assertWarns(self,
    expected_warning, callable_obj=None, *args, **kwargs) prüft, ob callable_obj
    expected_warning auslöst
assertWarnsRegex(self,
    expected_warning, expected_regex, callable_obj=None, *args, **kwargs)
    prüft wie assertWarns, zusätzlich ob expected_regex expected_warning enthält
```

Aus der Menge dieser speziellen Prüfroutinen sind im Projekt die jeweils sinnvollen auszwählen. Wenige zusätzliche eigene Funktionen, eventuell auch Klassen und Module, können im Einzelfall sehr nützlich werden.

3.2.9 Tests auslassen

Flexibler als im doctest Modul können mit dem unittest Modul einzelne Tests gezielt ausgelassen werden. Für Testfälle sind drei verschiedene Dekoratoren vorhanden:

```
import platform                                                      1
import sys                                                           2
```

```
import unittest                                                       3
                                                                      4
                                                                      5
class SkipCases(unittest.TestCase):                                   6
                                                                      7
    @unittest.skip("Test immer auslassen")                           8
    def test_01_nothing(self):                                        9
        self.fail("sollte nicht geschehen")                         10
                                                                     11
    @unittest.skipIf(platform.python_version != "3.1.4",            12
                     "benötigt python version 3.1.4")               13
    def test_02_formats(self):                                      14
        # Tests für eine einzige Python-Version                     15
        pass                                                        16
                                                                     17
    @unittest.skipUnless(sys.platform.startswith("bsd"),            18
                         "OS: BSD erforderlich")                    19
    def test_03_systems(self):                                      20
        # bsd spezifischer Testfall                                 21
        pass                                                        22
```

Abb. 3.35: Tests unter Umständen auslassen

Die Nummern [01, 02, 03,] in den Methodennamen dienen einerseits
der Lesbarkeit, andererseits stellen sie in der Textausgabe die Reihenfolge der Testmethoden sicher, die ohne Nummern zwar alphabetisch sortiert
sind, aber dennoch etwas willkürlich erscheinen. Sprechende Namen wollen nicht immer in der alphabetischen Reihenfolge aufgeschrieben sein. Die
Ausführung mit dem nosetests Kommando auf einem Linux-System ergibt:

```
(wb) $ nosetests -v test_skip.py
test_01_nothing (test_skip.SkipCases) ... SKIP: Test immer auslassen
test_02_formats (test_skip.SkipCases) ... SKIP: benötigt python version 3.1.4
test_03_systems (test_skip.SkipCases) ... SKIP: OS: BSD erforderlich

----------------------------------------------------------------------
Ran 3 tests in 0.003s

OK (SKIP=3)
(wb) $
```

Abb. 3.36: Testlauf mit weggelassenen tests

Der Dekorator @unittest.expectedFailure() verhindert das Zählen des
fehlerhaften Testfalls. Mit @unittest.SkipTest() das Auslassen eines Testfalls erreicht werden. Die gezeigten Dekoratoren eigenen sich nicht nur für
die eigenen Methoden, sondern auch um die eigenen Testklassen auszulassen.

Weitere Dekoratoren lassen sich einfach mit den soeben gezeigten Mitteln
konstruieren, als Beispiel sei gezeigt, wie eine Attributprüfung das Auslassen des Testfalls verursachen kann:

```
def skipUnlessHasattr(obj, attr):                                      1
    if hasattr(obj, attr):                                             2
        return lambda func: func                                       3
    return unittest.skip("{!r} doesn't have {!r}".format(obj, attr))   4
```

Abb. 3.37: Eigener Dekorator zur Abhängigkeitsgestaltung

Tipp: Manchmal möchte man nur genau einen Testfall aus einem Verzeichnis mit vielen Testmodulen mit jeweils vielen Testfällen ausführen, dies ist mit nosetests einfach möglich als Argument beim Aufruf in der Form:

`Pfad.zum.Modul:EigeneTestKlasse.test_methode.`

Darin ist der Doppelpunkt der Trenner zwischen Pfad und Klasse. Wird die letzte Komponente `test_methode` weggelassen, werden alle Methoden in der Klasse ausgeführt, fehlt auch diese, werden alle Tests im Pfad ausgeführt:

```
(wb) $ nosetests tests/test_add.py:Test_demo_add.test_calculations_neg_ok -v
Addition, ein negativer Wert ... ok

----------------------------------------------------------------------
Ran 1 test in 0.002s

OK
(wb) $
```

Abb. 3.38: Volle Pfadangabe zum Testfall

3.3 Erweiterungen

3.3.1 Fixtures

Wie schon erwähnt, kennt die Klasse `unittest.TestCase` die Methoden `setUp()` und `tearDown()`. Damit ist es manchmal etwas mühsam, zum Beispiel Umgebungsvariablen vorzugeben, die im Testfall benötigt werden. Das in der Standardbibliothek nicht enthaltene `fixtures` Modul kann in solchen Fällen sehr nützlich sein. Dazu muss es zuerst in die virtuelle Werkbank installiert werden:

```
(wb) $ pip install fixtures
Downloading/unpacking fixtures
  Downloading fixtures-1.0.0.tar.gz (43kB): 43kB downloaded
  Running setup.py (path:/tmp/pip-build-p9y_4xel/fixtures/setup.py) egg_info
                      for package fixtures
  ...
```

```
   ...
Successfully installed fixtures
Cleaning up...
(wb) $
```

Abb. 3.39: Fixtures: Installation mit pip

Mit diesem Modul können nun spezielle Testfälle erstellt werden:

```
import fixtures                                              1
import os                                                    2
                                                             3
                                                             4
class TestEnvVars(fixtures.TestWithFixtures):                5
    def test_1_no_env_var(self):                             6
        self.assertEqual(os.environ.get("TLD"), None)        7
                                                             8
    def test_2_ok_env_var(self):                             9
        fixture = self.useFixture(                           10
            fixtures.EnvironmentVariable("TLD", "de"))       11
        self.assertEqual(os.environ.get("TLD"), "de")        12
```

Abb. 3.40: Fixture für Umgebungsvariablen

Der Testlauf gelingt:

```
(wb) $ nosetests test_fix.py  -v
test_1_no_env_var (test_fix.TestEnvVars) ... ok
test_2_ok_env_var (test_fix.TestEnvVars) ... ok

----------------------------------------------------------------------
Ran 2 tests in 0.003s

OK
(wb) $
```

Abb. 3.41: Testlauf mit dem Fixture für Umgebungsvariablen

Hinweis: `fixtures.TestWithFixtures` wird aus `unittest.TestCase` abgeleitet, daher wird dies nicht zusätzlich importiert.

3.3.2 Testabdeckung

Eine andere Möglichkeit, unittest sinnvoll um eine weitere Funktion zu ergänzen, betrifft die Testabdeckung. Das ist die Teilmenge am Code, der durch die Tests genutzt wird. Dazu wird ein Werkzeug benötigt, um eben dies zu messen. Ein Modul namens `coverage` ist dazu in die virtuelle Werkbank zu installieren:

```
(wb) $ pip install coverage
Downloading/unpacking coverage
  Downloading coverage-3.7.1.tar.gz (284kB): 284kB downloaded
  Running setup.py (path:/tmp/pip-build-a84o_r68/coverage/setup.py) egg_info
                        for package coverage
  ...
Successfully installed coverage
Cleaning up...
(wb) $
```

Abb. 3.42: Testabdeckung: Installation mit pip

Der Gebrauch erweist sich als einfach:

```
(wb) $ nosetests  tests/test_add.py --with-coverage --cover-package foo.
                        calculations.add
......
Name                    Stmts  Miss  Cover  Missing
-----------------------------------------------------
foo.calculations.add      5     0    100%
-----------------------------------------------------
TOTAL                     5     0    100%
-----------------------------------------------------
Ran 6 tests in 0.006s

OK
(wb) $
```

Abb. 3.43: Testlauf mit Anzeige der Testabdeckung

Nur um mehr davon zu zeigen, wird das Modul foo.calculations.add um die folgenden Zeilen erweitert. Deren Sinngehalt sollte dabei nicht hinterfragt werden:

```
def demo_mul(a, b):                                          36
    if a > 0 and b > 0:                                      37
        return a * b                                         38
    else:                                                    39
        return 23                                            40
```

Abb. 3.44: Unnütze Erweiterung zur Demonstration

Ein erneuter Testlauf zeigt die geringere Abdeckung:

```
(wb) $ nosetests  tests/test_add.py  --with-coverage --cover-package foo.
                        calculations.add
......

Name                    Stmts  Miss  Cover  Missing
-----------------------------------------------------
foo.calculations.add      9     3    67%    37-40
-----------------------------------------------------
Ran 6 tests in 0.006s

OK
(wb) $
```

Abb. 3.45: Anzeige der Testabdeckung

Die fehlenden Programmzeilen 37-40 sind auch ohne nummeriertes Listing leicht zu identifizieren:

```
(wb) $ nl -ba foo/calculations/add.py  | tail -5
    36  def demo_mul(a, b):
    37      if a > 0 and b > 0:
    38          return a * b
    39      else:
    40          return 23
(wb) $
```

Abb. 3.46: Ungetestete Zeilen sind die neu Hinzugefügten

3.3.3 Testabdeckung als HTML-Ausgabe

Auch eine Ausgabe im HTML-Format ist vorgesehen. Beim ersten Aufruf wird dazu ein Unterverzeichnis cover erzeugt. Darin werden alle für den Webbrowser benötigten Dateien inklusive der CSS-Styles abgelegt:

```
(wb) $ nosetests  tests/test_add.py  --with-coverage --cover-package foo.
                  calculations.add --cover-html
.......
Name                    Stmts   Miss  Cover   Missing
----------------------------------------------------------------
foo.calculations.add        9      1    89%   40
----------------------------------------------------------------
Ran 7 tests in 0.006s

OK
(wb) $
(wb) $ ls -1 cover/
coverage_html.js
index.html
jquery.isonscreen.js
jquery.tablesorter.min.js
keybd_open.png
style.css
foo_calculations_add.html
jquery.hotkeys.js
jquery.min.js
keybd_closed.png
status.dat
(wb) $
```

Abb. 3.47: Testlauf legt Dateien im Verzeichnis cover/ an

Das Ergebnis ist dann im Browser zu bewundern, eine Statistik am Seitenanfang zeigt die Testabdeckung in Zahlen. Danach folgt der Quelltext mit Zeilennummern. Die grüne Farbe zeigt getestete, die rote Farbe am Zeilenanfang ungetestete Zeilen an:

Coverage for **foo.calculations.add** : 67%

9 statements | 6 run | | 3 missing | | 0 excluded |

```
 1  # -*- coding: utf-8 -*-
 2  """
 3  Dieses Modul definiert zu Demonstrationszwecken unnötigerweise
 4  nochmals einige mathematischen Funktionen, die bereits in der
 5  Standardbibliothek enthalten sind.
 6
 7  Author: Emil Mustermann, Musterstadt
 8  Lizenz: t.b.d.
 9  Datum: 3. 4. 2014
10
11  Funktionen: demo_add, demo_mul
12  """
13
14
15  def demo_add(a, b):
16      """demo_add addiert zwei gegebene Ganzzahlen und gibt das
17      Ergebnis als Ganzzahl oder im Fehlerfall None zurück.
18      >>> c = demo_add(17, 19)
19      >>> type(c) == int
20      True
21      >>> c == 36
22      True
23      >>> d = demo_add(17, 19.0)
24      Traceback (most recent call last):
25      ValueError
26      >>> type(d) == None
27      Traceback (most recent call last):
28      NameError: name 'd' is not defined
29      """
30      if type(a) == int and type(b) == int:
31          return a + b
32      else:
33          raise ValueError
34
35
36  def demo_mul(a, b):
37      if a > 0 and b > 0:
38          return a * b
39      else:
40          return 23
```

Abb. 3.48: Coverage als Webseite in `cover/index.html`

3.4 Vortäuschen falscher Tatsachen

Manchmal ist es nicht möglich, Funktionen so zu testen, wie sie in der
normalen Nutzung gebraucht werden. Als Beispiel sei ein Zufallswert genannt, der sich aufgrund seines Charakters der Vorhersage entzieht. Weil
es schwierig ist, darauf Erwartungen zu formulieren, kann derartiges mit
dem Modul unittest.mock geschickt umgangen werden.

3.4.1 Mock als Dekorator

Das Stichwort side_effect als Argument für mock.patch erlaubt es, die im
ersten Argument genannte Funktion komplett durch eine Andere zu ersetzen. Der Dekorator fügt durch das zweite Argument ausserdem ein zusätzliches Argument hinzu, da diese Funktion ein Argument benötigt:

```
import os                                                            1
import unittest                                                      2
from unittest import mock                                            3
                                                                     4
                                                                     5
def fake_urandom(length):                                            6
    return 'random ' * length                                        7
                                                                     8
                                                                     9
class TestRandom(unittest.TestCase):                                 10
    @mock.patch('os.urandom', side_effect=fake_urandom)             11
    def test_urandom(self, urandom_function):                       12
        self.assertEqual(os.urandom(2), 'random random ')           13
```
Abb. 3.49: Falsche Tatsachen dank mock.patch()

Die Ausführung ist mit 3 Millisekunden Laufzeit überraschend schnell:

```
(wb) $ nosetests test_mock_decorator.py -v
test_urandom (test_mock_decorator.TestRandom) ... ok

----------------------------------------------------------------------
Ran 1 test in 0.003s

OK
(wb) $
```
Abb. 3.50: Testlauf mit gefälschtem Zufall

3.4.2 Mock im Zusammenhang mit Kontextmanagern

Feingranulare Kontrolle über vorgetäuschte Objekte sollte in jedem Testfall geschehen, dazu kann das with Statement anstelle eines Dekorators

genutzt werden. Es erzeugt einen Kontextmanager, in dessen Rahmen der Patch gültig ist:

```
from io import StringIO                                                    1
from unittest import TestCase                                             2
from unittest.mock import patch                                          3
                                                                          4
                                                                          5
def my_super_printer(zeile="Leere Zeile"):                               6
    """Leere Zeile oder Argument nach stdout"""                          7
    print(zeile)                                                         8
                                                                          9
                                                                         10
class TestMySuperPrinter(TestCase):                                      11
                                                                         12
    def test_1_printer_to_stdout(self):                                 13
        """Ausgabe umleiten mit patch"""                                14
                                                                         15
        my_super_printer("Start")                                       16
                                                                         17
        with patch('sys.stdout', new=StringIO()) as fake_out:           18
            my_super_printer()                                          19
            self.assertEqual(fake_out.getvalue(), "Leere Zeile\n")      20
            my_super_printer("Test Text")                               21
            self.assertEqual(fake_out.getvalue(),                       22
                             "Leere Zeile\nTest Text\n")                23
                                                                         24
        my_super_printer("End")                                         25
```

Abb. 3.51: Systemfunktion vorgetäuscht mit `mock.patch()`

Der Test gelingt, jedoch wird mit nosetests die Standardausgabe unterdrückt:

```
(wb) $ nosetests test_stdout.py -v
Ausgabe umleiten mit patch ... ok

----------------------------------------------------------------------
Ran 1 test in 0.002s

OK
(wb) $
```

Abb. 3.52: Die Standardausgabe ist nicht zu sehen

Der weitere Kommandozeilenschalter `-s` verhindert diese Unterdrückung:

```
(wb) $ nosetests test_stdout.py -vs
Ausgabe umleiten mit patch ... Start
End
ok

----------------------------------------------------------------------
Ran 1 test in 0.002s

OK
(wb) $
```

Abb. 3.53: Die Standardausgabe ist doch zu sehen, `-s` kann es

3.4.3 Mock und die Nutzung im Testfall

Wie eine Funktion mit Mock ersetzt werden, ist gezeigt. Ausserdem kann mit unittest.mock nützliche Zusatzinformation gewonnen werden, wie das folgende Beispiel zeigt:

```
import unittest                                                          1
import os                                                               2
import unittest.mock as mock                                            3
                                                                        4
                                                                        5
class TestRandom(unittest.TestCase):                                    6
                                                                        7
    @mock.patch('os.urandom', return_value='real-random')              8
    def test_urandom(self, urandom_function):                          9
        # sicherstellen, dass urandom_function nicht benutzt wurde     10
        self.assertFalse(urandom_function.called)                      11
                                                                       12
        # zweimaliger Aufruf mit Prüfung auf zweimalig                13
        self.assertEqual(os.urandom(3), 'real-random')                14
        self.assertEqual(os.urandom(5), 'real-random')                15
        self.assertTrue(urandom_function.called)                       16
        self.assertEqual(urandom_function.call_count, 2)               17
                                                                       18
        # welche Argumente wurden benutzt?                            19
        args, kwargs = urandom_function.call_args_list[0]              20
        self.assertEqual(args, (3,))                                   21
        self.assertEqual(kwargs, dict())                               22
        args, kwargs = urandom_function.call_args_list[1]              23
        self.assertEqual(args, (5,))                                   24
        self.assertEqual(kwargs, dict())                               25
        self.assertEqual(2, len(urandom_function.call_args_list))      26
                                                                       27
        # reset_mock: so tun, als ob nie etwas gewesen wäre           28
        urandom_function.reset_mock()                                  29
        self.assertFalse(urandom_function.called)                      30
        self.assertEqual(urandom_function.call_count, 0)               31
```

Abb. 3.54: Nützliche Zusatzinformation: call_count etc.

Dieser Testfall mit seinen 12 Prüfungen funktioniert erstaunlich schnell, was der häufigen Nutzung entgegen kommt:

```
(wb) $ nosetests test_mock_intestcase.py -v
test_urandom (test_mock_intestcase.TestRandom) ... ok

----------------------------------------------------------------
Ran 1 test in 0.004s

OK
(wb) $
```

Abb. 3.55: Testlauf evaluiert die Aufrufe der vorgetäuschten Funktion

3.4.4 Lern- und Spielwiese

Eine umfangreiche Sammlung von Unittests wurde dankenswerterweise von Greg Malcom auf github.com [Mal15] zusammengetragen. In 37 Lektionen gibt es etwa 300 Testbeispiele, die mit dem Editor bearbeitet werden wollen, um zu gelingen. Fehlgeschlagene Tests bedeuten schlechtes Karma, die Anzahl unerledigter Aufgaben werden als Abstand zur Erleuchtung angezeigt.

Auch der längste Weg beginnt mit dem ersten Schritt. Konfuzius

```
(wb) $ ./run.sh

Thinking AboutAsserts
  test_assert_truth has damaged your karma.

You have not yet reached enlightenment ...
  AssertionError: False is not true

Please meditate on the following code:
  File "/koans/py3/koans/about_asserts.py", line 17, in test_assert_truth
    self.assertTrue(False) # This should be true


You have completed 0 koans and 0 lessons.
You are now 302 koans and 37 lessons away from reaching enlightenment.

Beautiful is better than ugly.
(wb) $
```

Abb. 3.56: Und allem Anfang wohnt ein Zauber inne. H.Hesse

```
#!/usr/bin/env python                                                     1
# -*- coding: utf-8 -*-                                                   2
                                                                          3
from runner.koan import *                                                 4
                                                                          5
class AboutAsserts(Koan):                                                 6
                                                                          7
    def test_assert_truth(self):                                          8
        """                                                               9
        We shall contemplate truth by testing reality, via asserts.      10
        """                                                               11
                                                                          12
        # Confused? This video should help:                              13
        #                                                                 14
        #   http://bit.ly/about_asserts                                   15
                                                                          16
        self.assertTrue(False) # This should be true                      17
```

Abb. 3.57: Der erste fehlgeschlagene Testfall will editiert sein

Der Hinweis ist nicht nur hier im ersten Beispiel sehr deutlich. Der Anwender ist aufgefordert, in der letzten Zeile `False` durch `True` zu ersetzen. Danach gelingt dieser Testfall und der Nächste schlägt fehl:

```
(wb) $ ./run.sh

Thinking AboutAsserts
  test_assert_truth has expanded your awareness.
  test_assert_with_message has damaged your karma.

You have not yet reached enlightenment ...
  AssertionError: False is not true : This should be true -- Please fix this

Please meditate on the following code:
  File "/koans/py3/koans/about_asserts.py", line 23, in
                      test_assert_with_message
    self.assertTrue(False, "This should be true -- Please fix this")


You have completed 1 koans and 0 lessons.
You are now 301 koans and 37 lessons away from reaching enlightenment.

Explicit is better than implicit.
(wb) $
```
Abb. 3.58: Die Erkenntnis (awareness) ist gewachsen

Der Schwierigkeitsgrad wächst im Laufe des Abarbeitens, ist aber nicht un-überwindbar. Gelingende Testfälle machen Freude und schaffen Motivation für weitere.

Wurden die Koans mit git clone ... geholt, besteht gleich die Möglich-keit, auch Kommandos für git zu üben. Es bietet sich an, zuerst einen eige-nen Zweig (branch) zu erzeugen, danach kann jede erfolgreiche Änderung per git commit ins lokale Repository geschoben werden und so der jeweils aktuelle Status der Nachwelt erhalten bleiben.

3.5 Fingerübung I: Testgetriebene Entwicklung

Ein sehr einfaches Beispiel soll nun mit dem unittest Modul das Prinzip der *Testgetriebenen Entwicklung* zeigen.

Gegeben ist eine Funktion $sign(x)$ für $x \in \mathrm{R}$ gemäß folgender Definition:

$$sign(x) = \begin{cases} 1 & \text{für } x > 0 \\ 0 & \text{für } x = 0 \\ -1 & \text{für } x < 0 \end{cases}$$

Abb. 3.59: Definition: sign(x)

Die Aufgabestellung lautet, diese mit testgetriebener Entwicklung in einer Pythonfunktion korrekt abzubilden. Testgetrieben bedeutet dabei, zuerst Testfälle so zu schreiben, dass sie die Erwartung an den Code formulieren, so dass bei funktionierenden Tests die Entwicklung als korrekt und abgeschlossen betrachtet werden kann. Dies muss nicht in einem Schritt, sondern kann sehr wohl in vielen kleinen Schritten erfolgen, jedoch wird stets zuerst der Test geschrieben und danach nur genau soviel Code, bis der Test gelingt.

Aufgrund des zu erwartenden geringen Aufwandes soll Test und Code zunächst in einer Datei untergebracht sein. Wie bereits beschrieben, sind zuerst die Äquivalenzklassen zu bestimmen, dies ist aufgrund der Definition recht einfach, drei zur Erfüllung der Tests mit den definierten Ergebnissen, mindestens eine weitere existiert mit ungültigen Eingaben. Da alle möglichen Eingaben mit nur einer Variablen erfolgen, sollte ein ungültiger Eingabewert zur Verifikation korrekten Verhaltens ausreichen. Dies kann eine geschickte Implementierung bewerkstelligen.

3.5.1 Erster Testcode

Der erste Testcode könnte dann so aussehen, er stellt in einer ersten, vorläufigen Formulierung eine Erwartung dar, die die noch nicht enthaltene Funktion erfüllen soll:

```python
#!/usr/bin/env python                              1
                                                   2
import unittest                                    3
                                                   4
class TestSignum(unittest.TestCase):               5
    """Unittests für sign(x)"""                    6
                                                   7
    def test_1(self):                              8
        self.assertEqual(1, sign(1))               9
```

Abb. 3.60: Erster Testfall zu `sign(x)`

Da neben dem Test noch keinerlei Code existiert, kann das nur fehlschlagen. Dies ist jedoch zu überprüfen, da auch Testcode fehlerhaft sein kann und dann nicht zur Zielerfüllung beitragen kann. Das heißt, der Test selbst muss fehlerfrei ablaufen, dabei darf er durchaus Fehler des Testobjekts anzeigen:

```
(wb) $ nosetests sign.py
test_1 (sign.TestSignum) ... ERROR
```

```
=========================================================================
ERROR: test_1 (sign.TestSignum)
-------------------------------------------------------------------------
Traceback (most recent call last):
  File "/home/hans/py/sign.py", line 11, in test_1
    self.assertEqual(1, sign(1))
NameError: name 'sign' is not defined

-------------------------------------------------------------------------
Ran 1 test in 0.003s

FAILED (errors=1)
(wb) $
```

Abb. 3.61: Erster Testlauf zu `sign(x)`

Der Bericht ist einwandfrei, eine derartige Funktion ist noch nicht vorhanden. Dabei ist wichtig, das in diesem Zusammenhang nur genau ein Fehler berichtet wird. Also wird nun eine erste Codezeile die fehlende Funktion definieren. Um einen Syntaxfehler zu vermeiden, reicht zunächst ein `pass` dahinter. Der besseren Lesbarkeit halber wird der Code vor das `import` Statement geschrieben, so bleibt klar ersichtlich, wo der Testcode beginnt:

```
#!/usr/bin/env python                                                    1
# vim: set fileencoding=utf-8 :                                          2
                                                                         3
                                                                         4
def sign(x):                                                             5
    pass                                                                 6
                                                                         7
                                                                         8
import unittest                                                          9
                                                                         10
class TestSignum(unittest.TestCase):                                     11
    """Unittests für sign(x)"""                                         12
                                                                         13
    def test_1(self):                                                    14
        self.assertEqual(1, sign(1))                                     15
```

Abb. 3.62: Auch nichtfunktionaler Code trägt zum Test bei

Die vielen Leerzeilen sind `pep8` geschuldet, der Testlauf zeigt nun einen anderen Fehler:

```
(wb) $ nosetests sign.py
test_1 (sign.TestSignum) ... FAIL

=========================================================================
FAIL: test_1 (sign.TestSignum)
-------------------------------------------------------------------------
Traceback (most recent call last):
  File "/home/hans/py/sign.py", line 16, in test_1
    self.assertEqual(1, sign(1))
```

```
AssertionError: 1 != None

-----------------------------------------------------------------
Ran 1 test in 0.003s

FAILED (failures=1)
(wb) $
```
Abb. 3.63: Der Fehler im Testlauf ist nun anders

Oh, pass ist nicht ausreichend, die Definition und entsprechend auch der Test verlangen eine Eins als Rückgabewert bei positivem Eingangswert. Das ist schnell erreicht:

```
def sign(x):                                                        5
    return 1                                                        6
```
Abb. 3.64: Eine Zeile Code geändert

Nur eine Zeile wurde geändert, so wird zielgerichtet auf ein Ergebnis hin gearbeitet Die minimalen Änderungen stellen auch im weiteren Verlauf der Entwicklung sicher, keine Zeile ungetestet zu lassen. Erst ein gelingender Testlauf stellt die Aufforderung dar, einen neuen Testfall zu schreiben:

```
(wb) $ nosetests sign.py
test_1 (sign.TestSignum) ... ok

-----------------------------------------------------------------
Ran 1 test in 0.002s

OK
(wb) $
```
Abb. 3.65: Der erste Testlauf gelingt für sign(x)

Es ist Zeit, den Code ins Repository einzuchecken und dann mit dem nächsten Testfall fortzufahren.

3.5.2 Gültige Eingaben

Noch sind nicht alle Äquivalenzklassen durch Tests abgedeckt. Zwei gültige Eingabewerte fehlen noch, also wird zunächst ein weiterer Testfall hinzugefügt und beide Testfälle mit sprechenden Namen versehen:

```
class TestSignum(unittest.TestCase):
    """Unittests für sign(x)"""

    def test_1_positive(self):
        self.assertEqual(1, sign(1))

    def test_2_zero(self):
        self.assertEqual(0, sign(0))
```

Abb. 3.66: Zweiter Testfall für `sign(x)`

Das Ergebnis lässt noch zu wünschen übrig.

```
(wb) $ nosetests sign.py
test_1_positive (sign.TestSignum) ... ok
test_2_zero (sign.TestSignum) ... FAIL

======================================================================
FAIL: test_2_zero (sign.TestSignum)
----------------------------------------------------------------------
Traceback (most recent call last):
  File "/home/hans/py/sign.py", line 19, in test_2_zero
    self.assertEqual(0, sign(0))
AssertionError: 0 != 1

----------------------------------------------------------------------
Ran 2 tests in 0.004s

FAILED (failures=1)
(wb) $
```

Abb. 3.67: Zweiter Testfall für `sign(x)` gelingt noch nicht

Der Code muss nachgebessert werden:

```
def sign(x):                                                        5
    if x == 0:                                                      6
        return 0                                                    7
    return 1                                                        8
```

Abb. 3.68: Riesige Codeänderung, zwei neue Zeilen in `sign(x)`

Der Test funktioniert nun besser:

```
(wb) $ nosetest sign.py
test_1_positive (sign.TestSignum) ... ok
test_2_zero (sign.TestSignum) ... ok

----------------------------------------------------------------------
Ran 2 tests in 0.002s

OK
(wb) $
```

Abb. 3.69: Der zweite Testlauf gelingt

Auch wenn das ein Erfolg ist, bleibt noch etwas zu tun übrig, negative Zahlen sind auch noch da. Der Test dazu ist ebenso einfach wie der zuvor, gleichzeitig können die Fehlermeldungen etwas deutlicher werden:

```
class TestSignum(unittest.TestCase):                                15
    """Unittests für sign(x)"""                                     16
                                                                    17
```

```
    def test_1_positive(self):                                        18
        self.assertEqual(1, sign(1), "denke positiv!")                19
                                                                      20
    def test_2_zero(self):                                            21
        self.assertEqual(0, sign(0), "denke an Null!")                22
                                                                      23
    def test_3_negative(self):                                        24
        self.assertEqual(-1, sign(-3), "denke nicht negativ!")        25
```

Abb. 3.70: Dritter Testfall, hübschere Fehlermeldungen

Erwartungsgemäß zeigt der Testlauf noch keinen Erfolg:

```
(wb) $ nosetest sign.py
test_1_positive (sign.TestSignum) ... ok
test_2_zero (sign.TestSignum) ... ok
test_3_negative (sign.TestSignum) ... FAIL

======================================================================
FAIL: test_3_negative (sign.TestSignum)
----------------------------------------------------------------------
Traceback (most recent call last):
  File "/home/hans/py/sign.py", line 24, in test_3_negative
    self.assertEqual(-1, sign(-3), "denke nicht negativ!")
AssertionError: -1 != 1 : denke nicht negativ!

----------------------------------------------------------------------
Ran 3 tests in 0.004s

FAILED (failures=1)
(wb) $
```

Abb. 3.71: Neuer Test, neue Fehler

Die Funktion `sign(x)` ist nachzubessern:

```
def sign(x):                                                          5
    if x < 0:                                                         6
        return -1                                                     7
    if x == 0:                                                        8
        return 0                                                      9
    return 1                                                         10
```

Abb. 3.72: Nochmals zwei Zeilen hinzugefügt

Nun können die drei Testfälle gelingen:

```
(wb) $ nosetest sign.py
test_1_positive (sign.TestSignum) ... ok
test_2_zero (sign.TestSignum) ... ok
test_3_negative (sign.TestSignum) ... ok

----------------------------------------------------------------------
Ran 3 tests in 0.003s

OK
(wb) $
```

Abb. 3.73: Drei Testfälle gelingen

Das ist ein Erfolg, der ursprünglichen Definition ist nun in vollem Umfang entsprochen. Jedoch wird jeder Programmierer zurecht behaupten, dass die Funktion neben den gültigen Eingabewerten auch auf Ungültige in definierter Weise reagieren sollte. Daneben zeigt ein kritischer Blick auf den Testcode noch Verbesserungspotential, daher wird darin etwas umgestellt und vereinfacht:

```
class TestSignum(unittest.TestCase):                              16
    """Unittests für sign(x)"""                                   17
                                                                  18
    def test_1_basics(self):                                      19
        """Basistest: Valide Eingaben"""                          20
        self.assertEqual(1, sign(1), "denke positiv!")            21
        self.assertEqual(0, sign(0), "denke an Null!")            22
        self.assertEqual(-1, sign(-3), "denke nicht negativ!")    23
```

Abb. 3.74: Reduktion, ein Testfall für gültige Eingaben reicht aus

Dies führt die gleichen Tests in nur einem Testfall aus. Der Docstring erläutert den Zweck des Testfalls und wird von Nose aufgegriffen:

```
(wb) $ nosetests sign.py
Basistest: Valide Eingaben ... ok

----------------------------------------------------------------------
Ran 1 test in 0.002s

OK
(wb) $
```

Abb. 3.75: Nur noch ein Testfall bleibt nach Refactoring übrig

Wieder ist ein günstiger Zeitpunkt, alles ins Repository einzuchecken.

3.5.3 Ungültige Eingaben

Es bleibt also noch übrig, ungültige Eingabewerte zu verarbeiten. Was soll in diesen Fällen geschehen? Mehrere Möglichkeiten sind abzuwägen:

1. Die Funktion bricht mit einem Trace ab.

2. Die Funktion ignoriert die Eingabe und liefert eine falsche Ausgabe, zum Beispiel Null.

3. Die Funktion liefert None als Fehlererkennungswert.

4. Die Funktion bricht mit einer eigens dazu geschaffenen Ausnahme ab.

Die erste Möglichkeit eröffnet demjenigen, der sie beobachtet, Suchmöglichkeiten in seiner Anwendung, da einfache Abbrüche selten exakt nachzuvollziehen sind. Wenn überhaupt gelingt das nur demjenigen, der neben der Anwendung auch im Besitz des Quelltextes ist. Die zweite Möglichkeit scheint den Albtraum des Programmierers gut wiederzugeben und scheidet aus, weil sie unglaubliche Folgefehler nach sich ziehen kann, ohne je die Aufmerksamkeit auf die eigentliche Ursache zu lenken. Es bleibt die dritte Möglichkeit als ein möglicher Ausweg aus der Bredouille. Sofort stellt sich die peinliche Frage, was ungültige Eingaben sind. Dazu muss der Variantenreichtum der Typen von Variablen bekannt sein, um jeden Einzelfall behandeln zu können. Besser erscheint es, alle Eingabevariablen auf die Einhaltung des richtigen Typs zu prüfen. Damit wird auch klarer, wie ungültige Eingabewerte zu testen sind. Ein neuer Testfall entsteht, zuerst mit einem String als Eingabe.

Danach kann daraus der vierte Fall mit einer eigenen Ausnahme entwickelt werden. Zuerst wird nun der zweite Testfall geschrieben, der None als Rückgabewert erwartet und den Fehlerfall mit einer entsprechenden Ausgabe meldet:

```
def test_2_invalid(self):                                        25
    """verschiedene Fehleingaben"""                              26
    self.assertEqual(None, sign('a'), "String zu None")          27
```

Abb. 3.76: Testfall für Fehleingaben in sign(x)

Völlig unerwartet schlägt der Testlauf fehl. Einen String mit den für numerische Werte vorgesehenen Vergleichsoperatoren größer, kleiner oder gleich und einer Zahl in Verbindung bringen zu wollen, ist offensichtlich keine gute Idee:

```
(wb) $ nosetests sign.py
Basistest: valide Eingaben ... ok
verschiedene Fehleingaben ... ERROR

======================================================================
ERROR: verschiedene Fehleingaben
----------------------------------------------------------------------
Traceback (most recent call last):
  File "/home/hans/py/sign.py", line 27, in test_2_invalid
    self.assertEqual(None, sign('a'), "String zu None")
  File "/home/hans/py/sign.py", line 6, in sign
    if x < 0:
TypeError: unorderable types: str() < int()
```

```
-------------------------------------------------------------
Ran 2 tests in 0.004s

FAILED (errors=1)
(wb) $
```

Abb. 3.77: Testlauf mit *Error* im Ergebnis ist unerwünscht

Wir sehen, dass die Funktion nicht None zurückliefert, sondern eine Ausnahme liefert. Das gilt es zu verhindern. Zunächst ist aufgrund der Ausnahme nicht zu schliessen, ob der Test oder die Funktion die Ursache darstellt.
Genaues Hinsehen ist gefragt, der TypeError will verstanden sein. Die Aussage 'unorderable type' deutet an, besser nur vergleichbare Datentypen
in den Vergleich mit assertEqual einfließen zu lassen. Also gilt es, alle anderen Datentypen abzuwehren:

```
def sign(x):                                                5
    if type(x) not in [int, float]:                         6
        return None                                         7
    if x < 0:                                               8
        return -1                                           9
    if x == 0:                                              10
        return 0                                            11
    return 1                                                12
```

Abb. 3.78: Strenge Typprüfung als Erstes

Die Funktion prüft nun als Erstes die Eingabewerte auf die Eigenschaft ganze Zahl oder Fließkommazahl. An Fließkommazahlen war bisher weder in
der Funktion noch im Test nicht gedacht worden, es fanden nur ganze Zahlen (Integer) Verwendung. Doch zuerst gilt es, die vorhandenen Testfälle
gelingen zu lassen:

```
$ nosetests sign.py
Basistest: valide Eingaben ... ok
verschiedene Fehleingaben ... ok

-------------------------------------------------------------
Ran 2 tests in 0.002s

OK
(wb) $
```

Abb. 3.79: Der zweite Testfall gelingt

Schön, der Testlauf gelingt nun mit beiden Testfällen. Jedoch ist nun für alle
bisherigen Assertions je eine weitere Assertion mit einer Fließkommazahl
erforderlich:

```
def test_1_basics(self):                                        21
    """Basistest: valide Eingaben"""                            22
    self.assertEqual(1, sign(1), "denke positiv!")              23
    self.assertEqual(1, sign(0.5), "denke positiv!")            24
    self.assertEqual(0, sign(0), "denke an Null!")              25
    self.assertEqual(0, sign(0.0), "denke an Null Komma Null!") 26
    self.assertEqual(-1, sign(-3), "denke nicht negativ!")      27
    self.assertEqual(-1, sign(-2.5), "denke nicht negativ!")    28
```

Abb. 3.80: Auch Fließkommazahlen sind gültige Eingaben

Am Ergebnis ändert sich nichts, der Testlauf gelingt. Und es ist auch nicht den Maximen des TDD zuwider oder unüblich, dass das Testen sowohl Änderungen im Code als auch im Testcode nach sich zieht. Man kann es einfach als den Prozess ansehen, der der Verbesserung des Codes dient.

3.5.4 Tests erfolgreich?

Im Prinzip ja, aber wie schon angedeutet wurde, ist die Rückgabe von None nicht optimal, da es im aufrufenden Code erkannt und bewertet werden muss. Nicht jedem Programmierer, der die bereitgestellte Funktion in seinem Code benutzt, mag das klar ersichtlich sein, die Folgen sind nicht absehbar und in jedem Fall mühsam, für den Entwickler wie den Kunden. Eine klare Aussage der Funktion, mit fehlerhaften Werten aufgerufen worden zu sein, erscheint deutlich besser. Ausnahmen leiten sich von der Basisklasse Exception ab und sind einfach zu realisieren, der Code wird ergänzt und der zweite Testfall dahingehend geändert, dass die Erwartung eine Ausnahme ist:

```
class MeinSignumFehler(Exception):                              5
    pass                                                        6
```

Abb. 3.81: Eigene Ausnahmeklasse hilft später beim Entstören

Im Test ist die Erwartung nun neu zu formulieren, eine Exception ist eben etwas anderes als None:

```
def test_2_invalid(self):                                       34
    """Fehleingabe erzeugt Ausnahme"""                          35
    self.assertRaises(MeinSignumFehler, sign, 'a')              36
```

Abb. 3.82: Testfall auf eine bestimmte Ausnahme

Die Funktion gibt im aktuellen Stand bei Fehleingaben noch None zurück, daher schlägt der Test fehl. Dennoch ist es gut zu wissen, dass der Test funktioniert und nicht selbst eine Ausnahme wirft:

```
(wb) $ nosetests -v sign.py
Basistest: valide Eingaben ... ok
Fehleingabe erzeugt Ausnahme ... FAIL

======================================================================
FAIL: Fehleingabe erzeugt Ausnahme
----------------------------------------------------------------------
Traceback (most recent call last):
  File "/home/hans/py/sign.py", line 37, in test_2_invalid
    self.assertRaises(MeinSignumFehler, sign, 'a')
AssertionError: MeinSignumFehler not raised by sign

----------------------------------------------------------------------
Ran 2 tests in 0.001s

FAILED (failures=1)
(wb) $
```

Abb. 3.83: None ist keine Ausnahme

Eine Zeile im Code ist nun zu ändern, das None wird ersetzt, hier ist die
Funktion nochmals als Ganzes. Die eindeutige Fehlermeldung mit dem Namen der Funktion wird den Anwender und Entstörer hilfreich sein:

```
def sign(x):                                                          9
    if type(x) not in [int, float]:                                  10
        raise MeinSignumFehler("sign(x) akzeptiert nur Zahlen")      11
    if x < 0:                                                        12
        return -1                                                    13
    if x == 0:                                                       14
        return 0                                                     15
    return 1                                                         16
```

Abb. 3.84: Ausnahmen bestätigen die Regel

Damit funktioniert der Test, das heißt die Ausnahme tritt auf:

```
(wb) $ nosetests -v sign.py
Basistest: valide Eingaben ... ok
Fehleingabe erzeugt Ausnahme ... ok

----------------------------------------------------------------------
Ran 2 tests in 0.001s

OK
(wb) $
```

Abb. 3.85: Die Ausnahme funktioniert, der Test auch

Es existiert eine weitere Variante, das Werfen einer Ausnahme inklusive
der dazugehörigen Meldung zu testen: Mit einem Kontextmanager ergeben sich zusätzliche Vergleichsmöglichkeiten. Nur zum Vergleich mit dem
bisherigen wird dazu ein weiterer Testfall angefügt:

```
def test_3_invalid_with_context_mgr(self):               38
    """Fehleingabe erzeugt Ausnahme im Kontextmanager"""  39
    with self.assertRaises(MeinSignumFehler) as context:  40
        sign('b')                                         41
```

Abb. 3.86: Testfall auf eine bestimmte Ausnahme mit Kontextmanager

Dieser Testfall funktioniert wie der Vorige:

```
(wb) $ nosetests -v sign.py
Basistest: valide Eingaben ... ok
Fehleingabe erzeugt Ausnahme ... ok
Fehleingabe erzeugt Ausnahme im Kontextmanager ... ok

----------------------------------------------------------------------
Ran 3 tests in 0.001s

OK
(wb) $
```

Abb. 3.87: Die Ausnahme funktioniert auch im Kontextmanager

Der zusätzliche Nutzen dieser Variante wird erst deutlich, wenn das Kontextobjekt auch genutzt wird. Dies geschieht mit einen Vergleich auf die erwartete Fehlermeldung:

```
def test_3_invalid_with_context_mgr(self):               38
    """Fehleingabe erzeugt Ausnahme im Kontextmanager"""  39
    with self.assertRaises(MeinSignumFehler) as context:  40
        sign('b')                                         41
    self.assertEqual(str(context.exception),             42
                     "sign(x) akzeptiert nur Zahlen")     43
```

Abb. 3.88: Testfall mit Vergleich auf die richtige Fehlermeldung

Wirklich interessant wird dieser zusätzliche Vergleich erst dann, wenn eine Funktion an verschiedenen Stellen Ausnahmen mit verschiedenen Meldungen wirft. Dann muss der Vergleich auf die Meldung zwingend stattfinden, um im Testfall Mehrdeutigkeiten zu vermeiden.

3.5.5 Vollständige Testabdeckung?

Ist es denn ausreichend, nur den Typ String als Alternative zu int bzw. float zu testen? Ja, denn in der Funktion wird explizit auf diese Beiden geprüft, der Test auf den einen ungültigen Typ schließt somit *alle* anderen Ungültigen ein, nicht nur den Einen. So ist die Funktion nun testgetrieben entwickelt, getestet und für gut befunden, wie der zuletzt gezeigte Testlauf jederzeit beweist.

Eine weitere Frage beantwortet ein Plugin für Nose: Wie vollständig wird der geschriebene Code getestet bzw. bleiben ungetestete Codeschnipsel übrig?

```
(wb) $ nosetests --with-cover -v sign.py
Basistest: valide Eingaben ... ok
Fehleingabe erzeugt Ausnahme ... ok
Fehleingabe erzeugt Ausnahme im Kontextmanager ... ok

Name   Stmts  Miss  Cover  Missing
------------------------------------
sign     24     0    100
---------------------------------------------------------------------
Ran 3 tests in 0.001s

OK
(wb) $
```

Abb. 3.89: Drei Testfälle testen alle Codezeilen

Mehr kann nicht gefordert werden, der zweite und der dritte Testfall testen allerdings exakt die gleichen Zeilen.

Das Ziel dieser ersten Fingerübung, TDD vorzustellen, ist erreicht. Verlässlicher Code entsteht durch gewissenhaftes Testen. Und ein Test mehr als nötig ist allemal besser als einer zu wenig.

Hinweis: Die Vorgehensweise, erst den Test und dann den Code zu schreiben, hat zu fast allen Zeitpunkten eine vollständige Testabdeckung zur Folge. Dies führt manchmal vorschnell zur falschen Annahme, bereits fertig zu sein, da schon alles getestet ist. Nicht zu allen Zeiten sind alle Äquivalenzklassen der Eingabewerte im Testcode und im Code bereits vorhanden. Daher ist Sorgfalt gefragt, zum Beispiel durch vollständige Dokumentation *aller* gewünschten Ergebnisse im Docstring oder anderweitige detaillierte Aufzeichnungen der Entwicklungsziele.

3.6 Interview: Christian Theune

Christian Theune: Ich bin Softwareentwickler, Admin und Unternehmer und entwickele ein Produkt, mit dem wir Unternehmen helfen, ihre Anwendungen, die häufig auch in Python geschrieben sind, zu betreiben.

Wie bist Du zu Python gekommen?

Ich habe etwa 2000 reingeschnuppert, als ich mich mit Zope beschäftigt habe. Ich hatte vorher viel Pascal und PHP entwickelt und war in kürzester

Zeit von Python begeistert – vermutlich weil ich schnell das Gefühl hatte, dass ich ein ordentliches Werkzeug in der Hand habe, bei dem ich mich nicht dumm fühle weil es total inkonsistent ist, oder von einem Unternehmen an der Stange gehalten wird, um bestimmte Features nutzen zu können.

Zen of Python: Welche Zeile ist Dir die wichtigste und warum?

Now is better than never.

Mit der Zeit werden die Ansprüche immer höher und man braucht immer mehr Aufwand, um etwas „richtig" zu machen. Ich frage mich heutzutage eher: Gibt es eine Möglichkeit, das Problem akzeptabel *jetzt* zu lösen anstatt auf eine goldene Zukunft zu warten?

Wann hast Du mit Test-Driven Development begonnen und warum?

Puh. Die meisten halten mich da für total faul. Ich denke das war so 2002 oder 2003, als wir mit Zope 3 begonnen hatten und von Anfang an eine Unmenge Tests geschrieben haben. Die Code-Qualität war da riesig. Heute bin ich da sehr durchmischt. Ich mag es absolut nicht, keine Tests zu haben, weil ich dann meine Flexibilität verliere und Code nicht schnell umbauen kann. Häufig stellen mich Tests aber vor das Problem (gerade wenn es um Systemprogrammierung geht), dass aussagekräftige Tests noch viel viel schwieriger sind als bei reinen (logischen) Anwendungen. Umgekehrt nerven mich Tests, die lange laufen. Am liebsten habe ich eine Test-Suite, die aussagekräftig ist und schneller als 5 Sekunden ist. Dann macht es Spaß.

Was sind Deiner Meinung nach für Einsteiger die meistverbreitetsten Fallgruben von Python?

Variablen. Es gibt keine Variablen. Es gibt nur Namen für Objekte. Ein feiner aber wichtiger Unterschied, der vieles erklärt. Außerdem: Meta - Programmierung und Reflektion. Man sollte als Anfänger etwas geführt werden, um zu wissen, wo es sich lohnt, frühzeitig hinter die Kulissen zu schauen und wo man erstmal die „Nicht-Meta"-Programmierung ausgiebig studieren sollte. Der Übergang ist aber fließend.

Gibt es Problemfelder, in denen sich Python gänzlich ungeeignet erweist?

Niemals!

Ist Python auch für große Softwareprojekte nützlich?

Absolut. Ich habe Projekte begleitet und an Projekten mit entwickelt, die mit Budgets von hunderten Tausend Euros und auch mehreren Millionen Dollar ausgestattet waren. Ich hatte nie das Gefühl, dass aufgrund von Python ein Problem entsteht. Die Frage ist für mich so merkwürdig inzwischen, dass ich fast denke es ist als wenn man fragt: „Ist Deutsch oder Englisch für ein langes Buch nützlich?"

Ist TDD die richtige Vorgehensweise? Auch für große Entwicklerteams?

Ich denke man sollte sich mit Vorgehensweisen und Werkzeugen kontinuierlich auseinandersetzen. Die Bedeutung dies zu tun nimmt mit wachsenden Teams zu. Ob das selbstorganisierend passiert oder vorgeschrieben wird ist eine Kulturfrage. Es sollte für jeden klar sein welche Probleme gelöst werden und welche Vor- und Nachteile man sich einkauft. Ich verwende sehr gern gute Tests. Ich mag keine schlechte Tests. Ob mein Entwicklungsstil in reiner Natur "testgetrieben" genannt werden sollte - ich denke eher nicht. Meiner ist eher "Ungeduldsgetrieben" – da schwanke ich manchmal zwischen zu wenig und zu viel Tests.

Ich hoffe das hilft!

Theuni

4 Nose

Als effektives Werkzeug zur Unterstützung mit Unittests wurde nosetests
bereits dargestellt, jedoch bringt es wesentlich mehr Features mit, als bisher gezeigt werden konnten. Insbesondere kann es beliebig um Funktionalität erweitert werden, da es in Python geschrieben ist und über eine
raffiniert gestaltete Plugin Architektur verfügt. Sowohl auf der Kommandozeile als auch in einer Konfigurationsdatei kann eingestellt werden, was
beim Aufruf geschehen soll.

4.1 Hilfestellung

Die Hilfestellung wird mit nosetests --help angezeigt. Genaues Hinsehen
lohnt sich, etwas Zeit muss jedoch aufgewendet werden.

```
(wb) $ nosetests --help
Usage: nosetests [options]

Options:
  -h, --help            show this help message and exit
  -V, --version         Output nose version and exit
  -p, --plugins         Output list of available plugins and exit. Combine
                        with higher verbosity for greater detail
  -v, --verbose         Be more verbose. [NOSE_VERBOSE]
  --verbosity=VERBOSITY
                        Set verbosity; --verbosity=2 is the same as -v
  -q, --quiet           Be less verbose
  -c FILES, --config=FILES
                        Load configuration from config file(s). May be
                        specified multiple times; in that case, all config
                        files will be loaded and combined
  -w WHERE, --where=WHERE
                        Look for tests in this directory. May be specified
```

```
                         multiple times. The first directory passed will be
                         used as the working directory, in place of the current
                         working directory, which is the default. Others will
                         be added to the list of tests to execute. [NOSE_WHERE]
  --py3where=PY3WHERE    Look for tests in this directory under Python 3.x.
                         Functions the same as 'where', but only applies if
                         running under Python 3.x or above.  Note that, if
                         present under 3.x, this option completely replaces any
                         directories specified with 'where', so the 'where'
                         option becomes ineffective. [NOSE_PY3WHERE]
  -m REGEX, --match=REGEX, --testmatch=REGEX
                         Files, directories, function names, and class names
                         that match this regular expression are considered
                         tests.  Default: (?:^|[\b_\./-])[Tt]est
                         [NOSE_TESTMATCH]
  --tests=NAMES          Run these tests (comma-separated list). This argument
                         is useful mainly from configuration files; on the
                         command line, just pass the tests to run as additional
                         arguments with no switch.

...
```

Abb. 4.1: Hilfestellung: `nosetests -help`

Dieser Anfang mag für einen ersten Eindruck ausreichen, in der Standard-
installation sind 50 verschiedene Kommandozeilenschalter vorhanden, die
überwiegend durch fest eingebaute Plugins hergestellt werden.

4.2 Konfiguration

Beim Start versucht nosetests an verschiedenen Stellen, seine Konfiguration aus Dateien zu lesen. Dies sind eine Datei `.noserc` im Heimatverzeichnis, oder eine Datei `nose.cfg`, ebenfalls im Heimatverzeichnis des Benut-
zers. In der Datei `setup.py` kann auch Konfiguration für die Tests mit nosetests abgelegt sein. Zur Demonstration wird zunächst ein zusätzliches
Plugin installiert mit `pip install nose-html-report`.. Sodann wird eine
Datei `nose.cfg` angelegt mit dem nachfolgenden Inhalt.

```
(wb) $ cat nose.cfg                                                      1
[nosetests]                                                             2
verbosity=2                                                             3
with-html-report=1                                                     4
(wb) $                                                                 5
```

Abb. 4.2: Beispiel: nose.cfg

Diese Datei kann die gleichen Optionen enthalten wie die Kommandozeile,
jedoch ohne die führenden -- Zeichen. Da es sich um eine im *'ini'* Stil ge-

lesene Datei handelt, sind alle Werte von einem Gleichheitszeichen und einem numerischen Wert gefolgt, dieser hat nicht zwingend eine Bedeutung. Nun kann im Projektverzeichnis nosetests aufgerufen werden, ein neues Verzeichnis test-report entsteht mit Inhalten.

```
(wb) $ ls -l test-report/                                          1
insgesamt 268                                                      2
-rw-r--r-- 1 hans hans 247351 Mär  9 01:24 jquery-2.1.1.js         3
-rw-r--r-- 1 hans hans   1210 Mär  9 01:24 nosetests.css           4
-rw-r--r-- 1 hans hans   4255 Mär  9 01:24 nosetests.html          5
-rw-r--r-- 1 hans hans    578 Mär  9 01:24 nosetests.js            6
-rw-r--r-- 1 hans hans   3198 Mär  9 01:24 pygments.css            7
-rw-r--r-- 1 hans hans   1413 Mär  9 01:24 reset.css               8
(wb) $                                                             9
```

Abb. 4.3: nosetests HTML-Berichtsordner

Die HTML-Seite ist dann im Browser zu bewundern, Fehler und Abbrüche können mit einem Mausklick aufgeklappt werden.

4.3 Plugins

Die in der Installation vorhandenen Plugins können nicht immer alle Anforderungen abdecken. Über PyPI lassen sich etwa 100 Plugins für das nosetests Kommando finden, mit pip suchen und installieren oder wieder entfernen. Für unterschiedliche Zwecke sind dort Plugins vorhanden, zum Beispiel zur Messung der Test Performanz, Datenbank Tests, um HTML-Ausgaben oder auch Sphinx Dokumentation zu den Tests zu erzeugen.

Konsequenterweise ist die Plugin-Schnittstelle (plugin API) des nosetests Programms nutzbar, so dass sich eigene Vorstellungen realisieren lassen. Die Plugins auf PyPI mögen als Anregung dienen, oder auch als Startpunkt, die eigene Entwicklung zu beschleunigen. Selbstverständlich sind die Quelltexte dort auch verfügbar. Das Interface, das API und Beispiele dazu finden sich bei

http://nose.readthedocs.org/en/latest/plugins/interface.html

4.3.1 Plugin Beispiel: Test-Laufzeiten ermitteln

Um die Laufzeiten einzelner Tests zu messen und anzuzeigen, kann ein einfaches Plugin geschrieben werden. Die ursprüngliche (alte) Fassung des

folgenden Beispiels stammt von Mahmoud Abdelkader, der es freundlicher-
weise unter einer dualen MIT und BSD Lizenz zur Verfügung stellte. Es
folgt zuerst der einleitende Docstring aus dem originalen Plugin.[1]

```
"""(c) 2011 - Mahmoud Abdelkader (http://github.com/mahmoudimus)     1
This plugin provides test timings to identify which tests might be    2
taking the most. From this information, it might be useful to couple  3
individual tests nose's '--with-profile' option to profile problematic 4
tests.                                                                 5
                                                                       6
This plugin is heavily influenced by nose's 'xunit' plugin.            7
                                                                       8
Add this command to the way you execute nose::                         9
                                                                      10
    --with-test-timer                                                 11
                                                                      12
After all tests are executed, they will be sorted in ascending order. 13
                                                                      14
(c) 2011 - Mahmoud Abdelkader (http://github.com/mahmoudimus)         15
"""                                                                   16
```

Abb. 4.4: Docsting aus Nose-Plugin zur Laufzeitmessung

Der Quelltext wurde für den Druck im Buch geändert. Einerseits, um mit
Python 3 funktionsfähig zu sein, andererseits um weitere Funktionalität zu
erhalten wie sortierte Ausgabe, Ausgabe nur der langsamsten Testfälle und
die Ausgabe in eine Datei.

```
"""Nose-Plugin zur Erfassung und Anzeige von Testlaufzeiten           1
                                                                       2
Verfügbare nosetests Kommandozeilenoptionen:                           3
                                                                       4
--with-test-timer     Enable plugin TestTimer: Messen und Anzeigen von 5
                      Testlaufzeiten in Millisekunden [NOSE_WITH_TEST_TIMER] 6
--test-timer-sorted   Nach Zeiten sortierte Ergebnisse                 7
--test-timer-top      Nur die 5 langsamsten Tests im Report            8
--test-timer-file=TIMER_REPORT_FILE                                    9
                      Dateiname der test-timer Ergebnisse, ansonsten: stdout 10
                                                                      11
Nachdem die Testfälle durchlaufen sind, wird ein Report mit den Zeiten und den 12
Namen aller Testfälle ausgegeben.                                     13
                                                                      14
(c) 2011 - Mahmoud Abdelkader (http://github.com/mahmoudimus)         15
(c) 2015 - Johannes Hubertz                                           16
"""                                                                   17
```

Abb. 4.5: Nose-Plugin Quelltext Teil 1

Der weitere Quelltext des geänderten Plugins wird nun in mehreren kom-
mentierten Abschnitten mit fortlaufenden Zeilennummern dargestellt.

---

[1]https://github.com/mahmoudimus/nose-timer

```
                                                                    18
                                                                    19
import sys                                                          20
import operator                                                     21
from time import time                                              22
from collections import OrderedDict as OD                          23
                                                                    24
import nose                                                         25
from nose.plugins.base import Plugin                               26
                                                                    27
                                                                    28
class TestTimer(Plugin):                                           29
    """Messen und Anzeigen von Testlaufzeiten in Millisekunden"""  30
                                                                    31
    name = 'test-timer'                                            32
    score = 1                                                      33
                                                                    34
    def __init__(self):                                           35
        """Vorgaben besetzen"""                                   36
        Plugin.__init__(self)                                     37
        self._timed_tests = OrderedDict()                         38
        self.results = list()                                     39
        self.num = 0                                              40
        self.totals = 0                                           41
        self.success = 0                                          42
        self.failures = 0                                         43
        self.erroneous = 0                                        44
        # min, max, avg muessen vorhanden sein.                   45
        self.min = 0                                              46
        self.max = 0                                              47
        self.avg = 0                                              48
        self.sum = 0                                              49
        self.report_enabled = False                              50
```

Abb. 4.6: Nose-Plugin Quelltext Teil 2

Durch den import der Klasse Plugin erbt die Klasse TestTimer deren Eigenschaften und Methoden. Dadurch ist die Einbettung in nose gewährleistet,
einzelne Methoden müssen je nach Bedarf überladen werden. Die Klassen-
variable name dient der Identifizierung in nose, daraus wird in der Hilfestellung der String --with-test-timer erzeugt. Der Wert von score legt
fest, in welcher Reihenfolge nose die einzelnen Plugins benutzt. In der Liste results werden die Ergebnisse der einzelnen Tests gesammelt, avg, min,
max und num bei der Aufbereitung genutzt. Für den Fall, dass keine Tests
ausgeführt werden, zum Beispiel weil alle mit Skip-Dekoratoren versehen
sind, ist die Initialisierung bereits während der Instantiierung notwendig.

```
                                                                    51
    def _timeTaken(self):                                          52
        """Zeitmessung"""                                          53
        if hasattr(self, '_timer'):                                54
            taken = time() - self._timer                           55
        else:                                                      56
```

```
        # test died before it ran (probably error in setup())      57
        # or success/failure added before test started probably     58
        # due to custom TestResult munging                          59
        taken = 0.0                                                 60
    return taken                                                    61
```

Abb. 4.7: Nose-Plugin Quelltext Teil 3

Die Methode _timeTaken() wird ausschließlich intern verwendet, dies wird mit dem führenden Unterstrich angedeutet. Darin findet die eigentliche Messung statt. Der Messwert wird zurückgegeben. Die Variable zur Aufnahme der Messwerte self._timer wird in der Methode startTest() unmittelbar vor dem eigentlichen Test gesetzt.

```
                                                                   62
def options(self, parser, env):                                    63
    """Kommandozeilenoptionen und Hilfstexte hinzufuegen"""        64
    super(TestTimer, self).options(parser, env)                    65
    parser.add_option('--test-timer-sorted',                       66
                dest='timer_sorted', action='store_true',          67
                help=('Nach Zeiten sortierte Ergebnisse'))         68
    parser.add_option('--test-timer-top',                          69
                dest='timer_top', action='store_true',             70
                help=('Nur die 5 langsamsten Tests im Report'))    71
    parser.add_option('--test-timer-file',                         72
                dest='timer_report_file', action='store',          73
                default=env.get('TEST_TIMER', ''),                 74
                help=('Dateiname der test-timer Ergebnisse, '      75
                'ansonsten: stdout'))                              76
                                                                   77
def configure(self, options, config):                              78
    """Die erhaltenen Kommandozeilenoptionen auswerten"""          79
    super(TestTimer, self).configure(options, config)              80
    self.config = config                                           81
    self.timer_report_file = options.timer_report_file             82
    self.timer_sorted = options.timer_sorted                       83
    self.timer_top = options.timer_top                             84
    if self.timer_top:                                             85
        self.timer_sorted = True                                   86
```

Abb. 4.8: Nose-Plugin Quelltext Teil 4

Die möglichen Kommandozeilenoptionen, deren Vorgabewerte und die dazugehörigen Hilfstexte des Plugins werden mit options() an nose bzw. nosetests übergeben. Die beim Aufruf dazu erhaltenen Werte werden mit configure() seitens nosetests dem Plugin verfügbar gemacht.

```
                                                                   87
def startTest(self, test):                                         88
    """Vor Begin d. Testfalls aktuelle Zeit speichern"""           89
    self._timer = time()                                           90
                                                                   91
def report(self, stream):                                          92
```

```
"""Ein Testergebnis und Messwert ausgeben"""          93
if not self.enabled:                                  94
    return                                            95
for test in self._timed_tests:                        96
    stream.writeln('%12.3f ms %s' %                   97
                (self._timed_tests[test] * 1000, test))  98
```

Abb. 4.9: Nose-Plugin Quelltext Teil 5

Nosetests ruft unmittelbar vor der Ausführung jeden Testfalls in den aktiven Plugins die Methode startTest() auf. Mit report() wird nach jedem
Testfall eine Ausgabe erzeugt, hier die ermittelte Zeit und der Name des
Testfalls. Die Variable self._timed_tests wurde in der __init__() Methode als OrderedDict angelegt. Das bedeutet, dass Einträge per Iteration
in genau der Reihenfolge gelesen werden können, wie sie in das Dictionary
eingefügt wurden. Dies ist die natürliche Reihenfolge, in der die Testfälle
von nosetests abgearbeitet werden.

```
                                                       99
def addError(self, test, err, capt=None):             100
    """Fataler Fehler im Testfall, Intervall merken"""  101
    self.erroneous += 1                               102
    self._stats(test)                                 103
                                                      104
def addFailure(self, test, err, capt=None, tb_info=None):  105
    """Fehlerhafter Testfall, Intervall merken"""     106
    self.failures += 1                                107
    self._stats(test)                                 108
                                                      109
def addSuccess(self, test, capt=None):                110
    """Gelungener Testfall, Intervall merken und auswerten"""  111
    self.success += 1                                 112
    self._stats(test)                                 113
                                                      114
def _stats(self, test):                               115
    """Ergebnis merken, Statistik pflegen"""          116
    self._timed_tests[test.id()] = self._timeTaken()  117
    value = self._timed_tests[test.id()]              118
    self.results.append((test, value))                119
    self.totals += 1                                  120
    if self.num == 0:                                 121
        self.min = value                              122
        self.max = value                              123
        self.avg = 0                                  124
        self.sum = 0                                  125
    self.num += 1                                     126
    self.sum += value                                 127
    self.avg += value                                 128
    if self.min > value:                              129
        self.min = value                              130
    if self.max < value:                              131
        self.max = value                              132
```

Abb. 4.10: Nose-Plugin Quelltext Teil 5

Die drei Methoden addError(), addFailure() und addSuccess() werden je nach Ausgang des jeweiligen Testfalls genutzt. Eine sinnvolle Auswertung im Sinne einer Statistik ist nur im Erfolgsfall möglich, dennoch werden in allen drei Fällen die Zeiten festgehalten. Nur im Erfolgsfall werden aus dem Messwert die Minima, Maxima, Mittelwert und Gesamtlaufzeit ermittelt. Alle drei Fälle werden unabhängig voneinander gezählt.

```
def finalize(self, result):                                          133
    """Zusammenfassung nach Abschluss aller Tests ausgeben"""        134
    tops = 5                                                         135
    reverse = True if self.timer_top else False                     136
                                                                    137
    report = sys.stdout if not len(self.timer_report_file) else \   138
        open(self.timer_report_file, 'w')                           139
                                                                    140
                                                                    141
    report.write('       Laufzeit  Testfall')                       142
    if self.timer_top:                                              143
        report.write(" (nur die 5 langsamsten)")                    144
    report.write('\n')                                              145
                                                                    146
    if self.timer_sorted:                                           147
        sorted_results = sorted(self.results,                       148
                                reverse=reverse,                    149
                                key=lambda result: result[1])       150
        for item in sorted_results:                                 151
            report.write('%12.3f ms  %s\n' %                        152
                         (1000 * item[1], item[0]))                 153
            tops -= 1                                               154
            if tops == 0 and reverse:                               155
                break                                               156
    else:                                                           157
        for item in self.results:                                  158
            report.write('%12.3f ms  %s\n' %                        159
                         (1000 * item[1], item[0]))                 160
                                                                    161
    report.write('\n')                                              162
    report.write('Minimal:     %12.3f ms\n' %                       163
                 (1000 * self.min))                                 164
    if self.num > 0:                                                165
        report.write('Mittelwert:  %12.3f ms\n' %                   166
                     (1000 * self.avg / self.num))                  167
    report.write('Maximal:     %12.3f ms\n' % (1000 * self.max))    168
    report.write('Summe:       %12.3f ms\n' % (1000 * self.sum))    169
    report.write('\n')                                              170
    report.write('Errors:      %12.0f\n' % (self.erroneous))        171
    report.write('Failures:    %12.0f\n' % (self.failures))         172
    report.write('Successes:   %12.0f\n' % (self.success))          173
    report.write('Total:       %12.0f\n' % (self.totals))           174
```

Abb. 4.11: Nose-Plugin Quelltext Teil 6

Die Ausgabe erfolgt in der Methode finalize() nach Abschluss aller Testfälle. Über die Variablen self.timer_sorted und self.timer_top wird gesteuert, in welcher Reihenfolge und wieviel ausgegeben wird.

```
if __name__ == '__main__':                                               176
    arguments = ['', 'test_timer', '-v', '--with-test-timer',            177
                 '--test-timer-sorted',                                  178
                 '--test-timer-file=tempus-fugit.txt', ]                 179
#                '--test-timer-file=', ]                                 180
    nose.run(argv=arguments, plugins=[TestTimer()])                      181
                                                                         182
```

Abb. 4.12: Nose-Plugin Quelltext Teil 7

Wird das Python-Modul eigenständig aufgerufen, kann über den Inhalt der Liste arguments eingestellt werden, wie die Ausgabe gestaltet sein soll.

```
(wb) $ python -B timer_plugin.py                                                 1
test_0_10_time (test_timer.TestEqualNumTimes) ... ok                            2
test_0_1_time (test_timer.TestEqualNumTimes) ... ok                             3
test_2_100_times (test_timer.TestEqualNumTimes) ... ok                          4
test_3_1000_times (test_timer.TestEqualNumTimes) ... ok                         5
test_4_10000_times (test_timer.TestEqualNumTimes) ... ok                        6
test_4_10000_times_failure (test_timer.TestEqualNumTimes) ... FAIL              7
test_5_100000_times (test_timer.TestEqualNumTimes) ... ok                       8
test_6_1000000_times (test_timer.TestEqualNumTimes) ... ok                      9
test_1_1_strings (test_timer.TestStringCompareTimes) ... ok                     10
test_2_10_strings_error (test_timer.TestStringCompareTimes) ... ERROR           11
test_2_10_strings_failure (test_timer.TestStringCompareTimes) ... FAIL          12
test_2_10_strings_success (test_timer.TestStringCompareTimes) ... ok            13
test_3_100_strings (test_timer.TestStringCompareTimes) ... ok                   14
test_4_1000_strings (test_timer.TestStringCompareTimes) ... ok                  15
test_5_10000_strings (test_timer.TestStringCompareTimes) ... ok                 16
                                                                                17
======================================================================          18
ERROR: test_2_10_strings_error (test_timer.TestStringCompareTimes)              19
----------------------------------------------------------------------          20
Traceback (most recent call last):                                              21
  File "/home/hans/pb/plugins/timer/test_timer.py", line 29, in                 22
                         test_2_10_strings_error
    raise ValueError("intended error condition raised")                         23
ValueError: intended error condition raised                                     24
                                                                                25
======================================================================          26
FAIL: test_4_10000_times_failure (test_timer.TestEqualNumTimes)                 27
----------------------------------------------------------------------          28
Traceback (most recent call last):                                              29
  File "/home/hans/pb/plugins/timer/test_timer.py", line 79, in                 30
                         test_4_10000_times_failure
    self.fail("intentionally fails")                                            31
AssertionError: intentionally fails                                             32
                                                                                33
======================================================================          34
FAIL: test_2_10_strings_failure (test_timer.TestStringCompareTimes)             35
----------------------------------------------------------------------          36
Traceback (most recent call last):                                              37
  File "/home/hans/pb/plugins/timer/test_timer.py", line 24, in                 38
                         test_2_10_strings_failure
    self.fail("intentionally fails")                                            39
AssertionError: intentionally fails                                             40
                                                                                41
```

```
   0.546 ms test_timer.TestEqualNumTimes.test_0_10_time                   42
   0.250 ms test_timer.TestEqualNumTimes.test_0_1_time                    43
   0.535 ms test_timer.TestEqualNumTimes.test_2_100_times                 44
   3.513 ms test_timer.TestEqualNumTimes.test_3_1000_times                45
  33.078 ms test_timer.TestEqualNumTimes.test_4_10000_times               46
  32.964 ms test_timer.TestEqualNumTimes.test_4_10000_times_failure       47
 331.521 ms test_timer.TestEqualNumTimes.test_5_100000_times              48
3234.924 ms test_timer.TestEqualNumTimes.test_6_1000000_times             49
   5.900 ms test_timer.TestStringCompareTimes.test_1_1_strings            50
   7.410 ms test_timer.TestStringCompareTimes.test_2_10_strings_error     51
   7.549 ms test_timer.TestStringCompareTimes.test_2_10_strings_failure   52
   7.523 ms test_timer.TestStringCompareTimes.test_2_10_strings_success   53
   8.682 ms test_timer.TestStringCompareTimes.test_3_100_strings          54
  16.927 ms test_timer.TestStringCompareTimes.test_4_1000_strings         55
 126.250 ms test_timer.TestStringCompareTimes.test_5_10000_strings        56
----------------------------------------------------------------          57
Ran 15 tests in 3.823s                                                    58
                                                                          59
FAILED (errors=1, failures=2)                                             60
(wb) $                                                                     61
```

Abb. 4.13: nosetests testlauf mit dem Timer-Plugin

Die Ausnahme und die beiden Fehler sind absichtlich in `test_timer.py` eingebaut, um auch die entsprechenden Zähler im Plugin auf Korrektheit zu überprüfen. Die soeben ausgeführten Tests in sollen nicht länger verheimlicht werden.

```
import sys                                                                 1
import unittest                                                           2
                                                                          3
                                                                          4
class TestStringCompareTimes(unittest.TestCase):                         5
                                                                          6
    def setUp(self):                                                      7
        pass                                                              8
                                                                          9
    def tearDown(self):                                                  10
        pass                                                             11
                                                                         12
    def test_1_1_strings(self):                                         13
        for num in range(1000):                                         14
            self.assertEqual("String eins", "String eins")             15
                                                                        16
    def test_2_10_strings_success(self):                               17
        for num in range(1000):                                        18
            self.assertEqual("String eins" * 10 , "String eins" * 10)  19
                                                                        20
    def test_2_10_strings_failure(self):                               21
        for num in range(1000):                                        22
            self.assertEqual("String eins" * 10 , "String eins" * 10)  23
        self.fail("intentionally fails")                               24
                                                                        25
    def test_2_10_strings_error(self):                                 26
        for num in range(1000):                                        27
            self.assertEqual("String eins" * 10 , "String eins" * 10)  28
```

```
            raise ValueError("intended error condition raised")       29
                                                                       30
    def test_3_100_strings(self):                                      31
        for num in range(1000):                                        32
            self.assertEqual("String eins" * 100, "String eins" * 100) 33
                                                                       34
    def test_4_1000_strings(self):                                     35
        for num in range(1000):                                        36
            self.assertEqual("String eins" * 1000, "String eins" * 1000) 37
                                                                       38
    def test_5_10000_strings(self):                                    39
        for num in range(1000):                                        40
            self.assertEqual("String eins" * 10000, "String eins" * 10000) 41
                                                                       42
    @unittest.skip                                                     43
    def test_6_100000_strings(self):                                   44
        for num in range(1000):                                        45
            self.assertEqual("String eins" * 100000, "String eins" * 100000) 46
                                                                       47
                                                                       48
class TestEqualNumTimes(unittest.TestCase):                            49
                                                                       50
    def setUp(self):                                                   51
        pass                                                           52
                                                                       53
    def tearDown(self):                                                54
        pass                                                           55
                                                                       56
    def test_0_1_time(self):                                           57
        self.assertEqual(1, 1)                                         58
                                                                       59
    def test_0_10_time(self):                                          60
        for num in range(10):                                          61
            self.assertEqual(1, 1)                                     62
                                                                       63
    def test_2_100_times(self):                                        64
        for num in range(100):                                         65
            self.assertEqual(1, 1)                                     66
                                                                       67
    def test_3_1000_times(self):                                       68
        for num in range(1000):                                        69
            self.assertEqual(1, 1)                                     70
                                                                       71
    def test_4_10000_times(self):                                      72
        for num in range(10000):                                       73
            self.assertEqual(1, 1)                                     74
                                                                       75
    def test_4_10000_times_failure(self):                              76
        for num in range(10000):                                       77
            self.assertEqual(1, 1)                                     78
        self.fail("intentionally fails")                               79
                                                                       80
    def test_5_100000_times(self):                                     81
        for num in range(100000):                                      82
            self.assertEqual(1, 1)                                     83
                                                                       84
    def test_6_1000000_times(self):                                    85
        for num in range(1000000):                                     86
```

```
        self.assertEqual(1, 1)                                              87
                                                                            88
    @unittest.skip                                                          89
    def test_7_10000000_times(self):                                        90
        for num in range(10000000):                                         91
            self.assertEqual(1, 1)                                          92
                                                                            93
def main(out=sys.stderr, verbosity=2):                                      94
    loader = unittest.TestLoader()                                          95
    suite = loader.loadTestsFromModule(sys.modules[__name__])               96
    unittest.TextTestRunner(out, verbosity=verbosity).run(suite)            97
                                                                            98
                                                                            99
if __name__ == "__main__":                                                  100
    main()                                                                  101
```

Abb. 4.14: Testfälle für das Timer-Plugin

4.3.2 Plugin Integration in nosetests

Wie wird das neue Plugin in das Kommando nosetests eingebaut? Dazu wird zuerst eine Datei setup.py angelegt.

```
import sys                                                                  1
from setuptools import setup                                                2
                                                                            3
setup(                                                                      4
    name="timer-report-nose-plugin",                                        5
    version="0.1",                                                          6
    author='Mahmoud Abdelkader, Johannes Hubertz',                          7
    author_email='',                                                        8
    description="Generate Report on test times",                            9
    license="dual: MIT license, BSD license",                               10
    py_modules=["timer_plugin"],                                            11
    entry_points = {                                                        12
        'nose.plugins': [                                                    13
            'timer_plugin = timer_plugin:TestTimer'                         14
        ]                                                                   15
    }                                                                       16
)                                                                           17
```

Abb. 4.15: Einbau in nosetests mit setup.py

Damit kann die Installation in der Werkbank einfach wie gewohnt erfolgen:

```
(wb) $ python setup.py install                                             1
running install                                                            2
running bdist_egg                                                          3
running egg_info                                                           4
creating timer_report_nose_plugin.egg-info                                 5
writing dependency_links to timer_report_nose_plugin.egg-info/dependency_links.  6
                  txt
writing entry points to timer_report_nose_plugin.egg-info/entry_points.txt 7
```

```
writing timer_report_nose_plugin.egg-info/PKG-INFO              8
writing top-level names to timer_report_nose_plugin.egg-info/top_level.txt   9
writing manifest file 'timer_report_nose_plugin.egg-info/SOURCES.txt'   10
reading manifest file 'timer_report_nose_plugin.egg-info/SOURCES.txt'   11
writing manifest file 'timer_report_nose_plugin.egg-info/SOURCES.txt'   12
installing library code to build/bdist.linux-x86_64/egg          13
running install_lib                                              14
running build_py                                                 15
creating build                                                   16
creating build/lib                                               17
copying timer_plugin.py -> build/lib                             18
creating build/bdist.linux-x86_64                                19
creating build/bdist.linux-x86_64/egg                            20
copying build/lib/timer_plugin.py -> build/bdist.linux-x86_64/egg   21
byte-compiling build/bdist.linux-x86_64/egg/timer_plugin.py to timer_plugin.   22
               cpython-34.pyc
creating build/bdist.linux-x86_64/egg/EGG-INFO                   23
copying timer_report_nose_plugin.egg-info/PKG-INFO -> build/bdist.linux-x86_64/   24
               egg/EGG-INFO
copying timer_report_nose_plugin.egg-info/SOURCES.txt -> build/bdist.linux-    25
               x86_64/egg/EGG-INFO
copying timer_report_nose_plugin.egg-info/dependency_links.txt -> build/bdist   26
               linux-x86_64/egg/EGG-INFO
copying timer_report_nose_plugin.egg-info/entry_points.txt -> build/bdist.linux   27
               -x86_64/egg/EGG-INFO
copying timer_report_nose_plugin.egg-info/top_level.txt -> build/bdist.linux-   28
               x86_64/egg/EGG-INFO
zip_safe flag not set; analyzing archive contents...            29
creating dist                                                    30
creating 'dist/timer_report_nose_plugin-0.1-py3.4.egg' and adding 'build/bdist   31
               linux-x86_64/egg' to it
removing 'build/bdist.linux-x86_64/egg' (and everything under it)   32
Processing timer_report_nose_plugin-0.1-py3.4.egg               33
Copying timer_report_nose_plugin-0.1-py3.4.egg to /home/hans/pb/wb/lib/python3   34
               .4/site-packages
Adding timer-report-nose-plugin 0.1 to easy-install.pth file    35
                                                                36
Installed /home/hans/pb/wb/lib/python3.4/site-packages/timer_report_nose_plugin   37
               -0.1-py3.4.egg
Processing dependencies for timer-report-nose-plugin==0.1       38
Finished processing dependencies for timer-report-nose-plugin==0.1   39
(wb) $                                                          40
```

Abb. 4.16: Einbringen des Timer-Plugins in nosetests

Mit nosetests --help sind die neuen Optionen nun sichtbar.

...

```
--with-test-timer      Enable plugin TestTimer: Messen und Anzeigen von    1
                       Testlaufzeiten in Millisekunden [NOSE_WITH_TEST_TIMER]   2
--test-timer-sorted    Nach Zeiten sortierte Ergebnisse                    3
--test-timer-top       Nur die 5 langsamsten Tests im Report               4
--test-timer-file=TIMER_REPORT_FILE                                        5
                       Dateiname der test-timer Ergebnisse, ansonsten: stdout   6
```

...

Abb. 4.17: Neue Kommandozeilenoptionen in nosetests

4.3.3 Nur ein getestetes Plugin ist ein gutes Plugin

Selbstverständlich möchte niemand ein Plugin einsetzen, welches ungetestet daherkommt. Also wird auch das Plugin auf Fehler getestet, die nicht mit fehlerhaften Testfällen zu verwechseln sind. Natürlich kann man versuchen, mit Unittests die einzelnen Funktionen des Plugins möglichst umfassend zu prüfen, ein besseres Rezept für die Vorgehensweise auch im Zusammenspiel mit nosetests findet sich im Netz.[2]

```
# -*- coding: utf-8 -*-                                              1
                                                                     2
import sys                                                           3
import unittest                                                      4
from timer_plugin import TestTimer                                   5
from nose.plugins import Plugin, PluginTester                        6
                                                                     7
                                                                     8
class TestTimerPlugin(PluginTester, unittest.TestCase):             9
    """Das Rezept zu diesem Plugin-Tester findet sich unter:        10
    http://nose.readthedocs.org/en/latest/plugins/testing.html"""   11
                                                                     12
    activate = '--with-test-timer'                                  13
    plugins = [TestTimer()]                                         14
    args = ['--test-timer-sorted']                                 15
                                                                     16
    def test_timerplugin_output(self):                             17
        # self.fail("fff")                                         18
        # raise ValueError("by intention")                        19
        pass                                                       20
                                                                     21
    def makeSuite(self):                                           22
        class TC(unittest.TestCase):                               23
                                                                     24
            def runTestOK(self):                                   25
                pass                                               26
                                                                     27
            def runTestFail(self):                                 28
                self.fail("intentionally fails")                  29
                                                                     30
            def runTestError(self):                                31
                raise ValueError("ValueError intentionally raised")  32
                                                                     33
        return [TC('runTestOK'), TC('runTestFail'), TC('runTestError')]  34
                                                                     35
res = unittest.TestResult()                                        36
case = TestTimerPlugin('test_timerplugin_output')                  37
_ = case(res)                                                       38
                                                                     39
print("")                                                          40
print("*" * 50)                                                    41
if len(res.failures):                                              42
    print("Fehlerbehaftet: TestTimer Plugin")                     43
    for line in res.failures:                                     44
                                                                     46
```

---

[2]http://nose.readthedocs.org/en/latest/plugins/testing.html

```
        print(line)                                                    45
    sys.exit(1)                                                        47
if len(res.errors):                                                    48
    print("Ausnahmen beim Test des TestTimer Plugin")                  49
    for line in res.errors:                                            50
        print(line)                                                    51
    sys.exit(2)                                                        52
if res.wasSuccessful():                                                53
    print("Alle Fehler-Zähler erfolgreich getestet: TestTimer Plugin")54
    sys.exit(0)                                                        55
```

Abb. 4.18: Timer-Plugin Testmodul `test_plugin.py`

Das Testmodul zeigt zur Laufzeit die folgenden unspektakulären Meldungen.

```
(wb) $ python test_plugin.py                                            1
        Laufzeit  Testfall                                              2
        0.362 ms  runTestOK (__main__.TC)                               3
        0.629 ms  runTestError (__main__.TC)                            4
        0.679 ms  runTestFail (__main__.TC)                             5
                                                                        6
Minimal:            0.362 ms                                            7
Mittelwert:         0.556 ms                                            8
Maximal:            0.679 ms                                            9
Summe:              1.669 ms                                           10
                                                                       11
Errors:             1                                                  12
Failures:           1                                                  13
Successes:          1                                                  14
Total:              3                                                  15
                                                                       16
***************************************************                    17
Alle Fehler-Zähler erfolgreich getestet: TestTimer Plugin              18
(wb) $                                                                 19
```

Abb. 4.19: Korrekte Zähler im Timer-Plugin Testmodul `test_plugin.py`

Da das Plugin auf diese Weise seine Tauglichkeit nachweisen kann, darf es auch benutzt werden.

4.4 Interview: Stefan Hagen

Stefan Hagen ist in einem Softwarehaus als Leiter der Abteilung für Qualitätssicherung angestellt. Die Produktentwicklung erfolgt in C++, seine Abteilung erarbeitet mit Python die meisten Tests, um die Produktqualität sicherzustellen. Er war so nett, meine Fragen zu beantworten.

Wie bist Du zu Python gekommen?

Mein erstes Transaktionsportal für Weltraummessdaten habe ich 1995 mit einer Mischung verschiedener Sprachen realisiert. Python war das Rückgrat. Es war Liebe auf das erste Wort ... also mitunter unsachlich, aber was nicht passt, wird passend gemacht.

Zen of Python: Welche Zeile ist Dir die wichtigste und warum?

„Explicit is better than implicit." Weil es der Anfang aller Kommunikation ist und ohne dies Unklarheit herrscht ... und Dunkelheit.

Entwickelst Du mit Test-Driven Development und warum?
Oder warum nicht?

Ja und um „es" besser von Anfang an zu verstehen, was da entsteht.

Was sind Deiner Meinung nach für Einsteiger die meistverbreitetsten Fallgruben von Python?

Das „Batteries included" eher immer ein Wunsch denn ein Versprechen war, das Unicodezeitalter mit all seinen Tücken und Möglichkeiten, Python 2 versus Python 3 und das (meistens) nicht über Typen nachdenken müssen hilft zwar, die Sprachkrise der Lernenden zu mildern, kann aber dauerhafte „Wanderfallgruben" erzeugen, wenn versäumt wird, sich die tatsächlichen Datentypen bewusst vorzustellen, welche „vorkommen" werden.

Gibt es Problemfelder, in denen sich Python gänzlich ungeeignet erweist?

Sicher! Welche Sprache spricht man/Maschine überall? ... und Sprachen sind alleine für die Kommunikation geeignet und nicht als Selbstzweck. Test allerdings ist ein Metathema, also ein eigener Bereich, der Überlapp mit jeweils den verschiedensten anderen Bereichen hat, so dass auf meiner Erfahrung basierend Python immer gut genug passt. Ein Gegenbeispiel wäre Unittests in einem Java-Entwicklungsumfeld, wo durchgängig JUnit verwendet wird.

Ist Python auch für große Softwareprojekte nützlich?

Klar. Die Sprache an sich skaliert trotz ‚duck typing' sehr gut, wenn die Sprecher es auch tun.

Ist TDD die richtige Vorgehensweise? Auch für große Entwicklerteams?

Eine Gute. Es hängt für mich nicht von der Teamgröße ab, sondern vom Umsetzungsthema, den Vorerfahrungen und dem umgebenden Prozess: Wenn in kurzen Zyklen überwiegend alles neu gebaut wird, ist evtl. die Umsetzung selbst der Test (in frühen Phasen/Zyklen) der die Entwicklung treibt.

5 pytest

Lösungen sind der
Aufrechterhaltung eines
Problems abträglich

(Bodo Rulfs)

Unittests waren stets etwas mühsam zu schreiben, daher wurde pytest mit dem neuen Feature *test discovery* entwickelt. Daraus wurde 2005 Nose geforkt, es unterstützte Plugins und entwickelte sich rasant, ab etwa 2007 mit dem Feature *easy to install*. Mit ähnlichen Eigenschaften ist pytest zwischen 2009 und 2011 ungefähr gleich weit entwickelt, seit 2008 unterstützt es Plugins, die Fixtures sind besser parametrierbar und beide haben ein gutes Plugin-Ökosystem.

Als Hilfsmittel, um Tests zu evaluieren, setzt sich pytest langsam aber sicher durch, für neue Projekte kann man getrost pytest bevorzugen. Eine Vielzahl verfügbarer Plugins sind auf PyPi zu finden. Für zahlreiche Beispiele geht der Dank an Holger Krekel, er hat maßgeblich zur Entwicklung von pytest[1] beigetragen. Sowohl die dazugehörige Dokumentation als auch seine Webseite[2] sind voller nützlicher Hinweise.

Das Python-Modul heißt pytest, als Kommandozeilenwerkzeug wird es stets als py.test aufgerufen.

5.1 Hilfestellung

Die umfangreiche Schnellhilfe ist wie bei Nose zunächst verwirrend, bieten doch die verschiedenen Schalter und Optionen dem Anfänger kaum überschaubar viele Möglichkeiten an. Dem geübten Anwender sind sie willkommene Gedankenstütze und zeigen in Kürze die gesuchten Optionen:

---

[1] http://pytest.org/
[2] http://www.merlinux.de

```
$ py.test -h
usage: py.test [options] [file_or_dir] [file_or_dir] [...]

positional arguments:
  file_or_dir

general:
  -k EXPRESSION         only run tests which match the given substring
                        expression. An expression is a python evaluatable
                        expression where all names are substring-matched
                        against test names and their parent classes. Example:
                        -k 'test_method or test other' matches all test
                        functions and classes whose name contains
                        'test_method' or 'test_other'. Additionally keywords
                        are matched to classes and functions containing extra
                        names in their 'extra_keyword_matches' set, as well as
                        functions which have names assigned directly to them.
  -m MARKEXPR           only run tests matching given mark expression.
                        example: -m 'mark1 and not mark2'.
  --markers             show markers (builtin, plugin and per-project ones).
  -x, --exitfirst       exit instantly on first error or failed test.
  --maxfail=num         exit after first num failures or errors.
  --strict              run pytest in strict mode, warnings become errors.
  -c file               load configuration from 'file' instead of trying to
                        locate one of the implicit configuration files.
  --fixtures, --funcargs
                        show available fixtures, sorted by plugin appearance
  --pdb                 start the interactive Python debugger on errors.
  --capture=method      per-test capturing method: one of fd|sys|no.
  -s                    shortcut for --capture=no.
  --runxfail            run tests even if they are marked xfail

reporting:
  -v, --verbose         increase verbosity.
  -q, --quiet           decrease verbosity.
  -r chars              show extra test summary info as specified by chars
                        (f)ailed, (E)error, (s)skipped, (x)failed, (X)passed
                        (w)warnings.
  -l, --showlocals      show locals in tracebacks (disabled by default).
  --report=opts         (deprecated, use -r)
  --tb=style            traceback print mode (auto/long/short/line/native/no).
  --full-trace          don't cut any tracebacks (default is to cut).
  --color=color         color terminal output (yes/no/auto).
  --durations=N         show N slowest setup/test durations (N=0 for all).
  --pastebin=mode       send failed|all info to bpaste.net pastebin service.
  --junit-xml=path      create junit-xml style report file at given path.
  --junit-prefix=str    prepend prefix to classnames in junit-xml output
  --result-log=path     path for machine-readable result log.

collection:
  --collect-only        only collect tests, don't execute them.
  --pyargs              try to interpret all arguments as python packages.
  --ignore=path         ignore path during collection (multi-allowed).
  --confcutdir=dir      only load conftest.py's relative to specified dir.
  --doctest-modules     run doctests in all .py modules
  --doctest-glob=pat    doctests file matching pattern, default: test*.txt
  --doctest-ignore-import-errors
                        ignore doctest ImportErrors
```

```
test session debugging and configuration:
  --basetemp=dir          base temporary directory for this test run.
  --version               display pytest lib version and import information.
  -h, --help              show help message and configuration info
  -p name                 early-load given plugin (multi-allowed). To avoid
                          loading of plugins, use the 'no:' prefix, e.g.
                          'no:doctest'.
  --trace-config          trace considerations of conftest.py files.
  --debug                 store internal tracing debug information in
                          'pytestdebug.log'.
  --assert=MODE           control assertion debugging tools. 'plain' performs no
                          assertion debugging. 'reinterp' reinterprets assert
                          statements after they failed to provide assertion
                          expression information. 'rewrite' (the default)
                          rewrites assert statements in test modules on import
                          to provide assert expression information.
  --no-assert             DEPRECATED equivalent to --assert=plain
  --no-magic              DEPRECATED equivalent to --assert=plain
  --genscript=path        create standalone pytest script at given target path.

coverage reporting with distributed testing support:
  --cov=path              measure coverage for filesystem path (multi-allowed)
  --cov-report=type       type of report to generate: term, term-missing,
                          annotate, html, xml (multi-allowed)
  --cov-config=path       config file for coverage, default: .coveragerc
  --no-cov-on-fail        do not report coverage if test run fails, default:
                          False
...
```

Abb. 5.1: Hilfestellung: py.test

Die Liste zeigt noch weitere Zeilen. Wurde es in Nose noch in Form eines Plugins realisiert, Testlaufzeiten zu messen, ist dies in py.test direkt implementiert. Wenn das Python-Modul coverage installiert ist, wird es ohne weitere Umstände von py.test genutzt und als vorhandenes Plugin angezeigt, die Ausgaben als Webseite in HTML sehen daher gleich aus wie die mit Nose erzeugten. Angestossen wird das Modul mit der Kommandozeilenoption --cov beim Aufruf von pytest.

Zu den Interna sind einige Informationen auf der Kommandozeile mit pydoc abzurufen. Die Objektstruktur ist dort gut für den Gebrauch in eigenen Programmen dokumentiert:

```
(wb) $ pydoc py.test
Help on module pytest in py:

NAME
    pytest - pytest: unit and functional testing with Python.

FILE
    /usr/lib/python2.7/dist-packages/pytest.py
```

```
SUBMODULES
    collect

FUNCTIONS
    deprecated_call(func, *args, **kwargs)
        assert that calling ''func(*args, **kwargs)''
        triggers a DeprecationWarning.

    exit(msg)
        exit testing process as if KeyboardInterrupt was triggered.

    fail(msg='', pytrace=True)
        explicitely fail an currently-executing test with the given Message.

        :arg pytrace: if false the msg represents the full failure information
                      and no python traceback will be reported.

    fixture(scope='function', params=None, autouse=False, ids=None)
        (return a) decorator to mark a fixture factory function.

        This decorator can be used (with or or without parameters) to define
        a fixture function.  The name of the fixture function can later be
        referenced to cause its invocation ahead of running tests: test
        modules or classes can use the pytest.mark.usefixtures(fixturename)
        marker.  Test functions can directly use fixture names as input
        arguments in which case the fixture instance returned from the fixture
        function will be injected.
...
```

Abb. 5.2: Interne Dokumentation: `pydoc pytest`

5.2 Konfiguration

Das Hauptprogramm `py.test` bietet mehrere Möglichkeiten der Konfiguration, die wiederum den Ablauf maßgeblich beeinflussen. Über Kommandozeilenoptionen kann direkt auf Plugins, Geschwätzigkeit und Entstörung Einfluss genommen werden. Eine lokale Einstellungsdatei im `ini`-Stil ist dazu ebenso vorgesehen.

```
(wb) $ cat pytest.ini
[pytest]
addopts = -v -x
(wb) hans@jhc ~/py   $
```

Abb. 5.3: Einstellungssache: `pytest.ini`

Zu jeder Test-Suite mit einem oder mehreren Python-Modulen kann eine Datei `conftest.py` existieren, diese kann eigene Erweiterungen oder Besonderheiten für mehrere Testmodule bereitstellen. Dies sind Markierungen (mark) und Testvorrichtungen (fixtures), die auch in den Testmodulen lokal definiert werden können. Alle Funktionen in der conftest.py können direkt genutzt werden, in Testmodulen befindliche Funktionen müssen in anderen Modulen explizit importiert werden.

5.2.1 Markierungen

Wie der Name schon vermuten lässt, dienen sie der Kennzeichnung einzelner Testfälle oder ganzer Module. Diese kann dann als Kriterium zur Gruppierung auszuführender Testfälle oder zu deren Ausschluss genutzt werden. Auch weitergehende Funktionalität lässt sich mit Markierungen (marker) realisieren.

Eigene Markierungen

Sie sind für Testfälle als Dekorator einfach zu nutzen. Neben wenigen vordefinierten sind eigene Markierungen an jeder beliebigen Stelle zu definieren. Dies kann im Testmodul geschehen oder auch in einer Datei namens conftest.py, falls die Markierung modulübergreifend genutzt werden soll. Im Namensraum pytest.mark können eigene Markierungen durch das Schreiben als Dekorator hinzugefügt werden. Hierbei können die vordefinierten Markierungen nicht überschrieben werden. Beispielhaft sind in test_marker.py zwei verschiedene angegeben, um schnelle oder langsame Testläufe gezielt auswählen zu können. Dies wird anschließend gezeigt:

```
import pytest                                              1
                                                           2
                                                           3
@pytest.mark.quick                                         4
def test_quick_and_dirty():                                5
    pass                                                   6
                                                           7
                                                           8
def test_normal_speed():                                   9
    pass                                                  10
                                                          11
                                                          12
@pytest.mark.longrunner                                   13
def test_run_very_long_and_detailed():                    14
    pass                                                  15
```

Abb. 5.4: Definition und Setzen eigener Markierungen

```
(wb) $ py.test test_marker.py  -v -m 'quick'
=========================== test session starts ===========================
```

```
platform linux -- Python 3.4.3 -- py-1.4.30 -- pytest-2.7.3 -- /home/hans/wb/
                            bin/python
rootdir: /home/hans/py, inifile:
plugins: cov
collected 3 items

test_marker.py::test_quick_and_dirty PASSED

==================== 2 tests deselected by "-m 'quick'" ====================
================== 1 passed, 2 deselected in 0.00 seconds ==================
(wb) $
```

Abb. 5.5: Testlauf mit Markierung: Nur der schnelle Test

Auf einfachste Weise kann das Gegenteil bewirkt werden:

```
(wb) $ py.test test_marker.py  -v -m 'not quick'
========================= test session starts =========================
platform linux -- Python 3.4.3 -- py-1.4.30 -- pytest-2.7.3 -- /home/hans/wb/
                            bin/python
rootdir: /home/hans/py, inifile:
plugins: cov
collected 3 items

test_marker.py::test_normal_speed PASSED
test_marker.py::test_run_very_long_and_detailed PASSED

================== 1 tests deselected by "-m 'not quick'" ==================
================== 2 passed, 1 deselected in 0.01 seconds ==================
(wb) $
```

Abb. 5.6: Testlauf mit Markierung: Der schnelle Test diesmal nicht

Deutlich wird angezeigt, wie ausgewählt wurde und wie viele Testfälle daher nicht zur Ausführung kamen. Selbstverständlich lassen sich die Kriterien nicht nur mit ,not' negieren, sondern auch mit logischem ,und' sowie logischem ,oder' verknüpfen. Mit dem Testlauf kann so sehr einfach selektiert werden:

```
(wb) $ py.test test_marker.py  -v -m 'not quick and not longrunner'
========================= test session starts =========================
platform linux -- Python 3.4.3 -- py-1.4.30 -- pytest-2.7.3 -- /home/hans/wb/
                            bin/python
rootdir: /home/hans/py, inifile:
plugins: cov
collected 3 items

test_marker.py::test_normal_speed PASSED

======= 2 tests deselected by "-m 'not quick and not longrunner'" ========
================== 1 passed, 2 deselected in 0.00 seconds ==================
(wb) $
```

Abb. 5.7: Testlauf: Kombination von Markern

Die Markierungen sind voneinander unabhängig, so dass auch mehrere gleichzeitig bei einem Testfall eingesetzt werden können. Damit lässt sich flexibel steuern, zum Beispiel welche Tests plattformabhängig ausgeführt oder ausgelassen werden sollen.

Vordefinierte Markierungen

Einige Markierungen sind in pytest für verschiedene Standardanwendungen bereits vordefiniert. Deren Namen sind auf der Kommandozeile einfach abzurufen mit der Eingabe von `py.test --markers`, es erscheint eine Auflistung:

- `@pytest.mark.skipif(condition)` Den Test auslassen, wenn die übergebene Bedingung `condition` erfüllt ist. Die Bedingung kann ein Funktionsaufruf oder Vergleich sein.
- `@pytest.mark.xfail(condition, reason=None, run=True, raises=None)` Der Test wird mit einem erwarteten Fehler markiert, ein Grund kann mit `reason` übergeben werden, eine erwartete Ausnahme mit `raises`. Falls eine andere Ausnahme auftritt, wird ein Fehler berichtet. Falls `run` als `False` übergeben wird, findet dieser Test nicht statt.
- `@pytest.mark.parameterize(argnames, argvalues)` Die Argumente `argnames` werden im Test mit den Werten aus der Liste `argvalues` ersetzt.
- `@pytest.mark.usefixtures(fixturename1, fixturename2, ...)` Der Testfall benötigt die genannten Testvorrichtungen.
- `@pytest.mark.tryfirst` Eine Markierung für einen Einhängepunkt (hook) für den Plugin-Mechanismus, diesen Test so früh wie möglich oder als ersten Test auszuführen.
- `@pytest.mark.trylast` Eine Markierung für einen Einhängepunkt (hook) für den Plugin-Mechanismus, diesen Test so spät wie möglich oder als letzten Test auszuführen.

Abb. 5.8: Vordefinierte Markierungen für Testfälle: `py.test --markers`

Tests bedingt auslassen

Sowohl eigene als auch vordefinierte Markierungen können durch Kürzel auf Modul-Ebene mit eigenen Namen ersetzt werden, wie es in der folgenden Datei `test_skipif.py` gezeigt ist:

```
import sys                                                           1
import pytest                                                        2
                                                                    3
skipif = pytest.mark.skipif                                         4
                                                                    5
                                                                    6
@skipif(sys.version_info < (3, 5), reason="requires python3.5")      7
def test_skip_if_less_35():                                         8
    assert True                                                     9
```

```
                                                                10
                                                                11
@skipif(sys.version_info < (3, 4), reason="requires python3.4")  12
def test_skip_if_less_34():                                      13
    assert True                                                  14
```

Abb. 5.9: Dekorator im Einsatz: `@pytest.mark.skipif`

Ein Testlauf mit Python 3.4 zeigt die Wirkung:

```
(wb) $ py.test test_skipif.py -v
========================== test session starts ============================
platform linux -- Python 3.4.3 -- py-1.4.30 -- pytest-2.7.2 -- /home/hans/wb/
                          bin/python
rootdir: /home/hans/py, inifile:
plugins: cov
collected 2 items

test_skipif.py::test_skip_if_less_35 SKIPPED
test_skipif.py::test_skip_if_less_34 PASSED

=================== 1 passed, 1 skipped in 0.01 seconds ===================
(wb) $
```

Abb. 5.10: Test unter Umständen ausführen: Nur wenn es passt

Auch ein Testmodul mit allen Testfällen kann man mit `skipif` auslassen, dazu reicht die Definition auf der Modul-Ebene aus:

```
pytestmark = pytest.mark.skipif(sys.version_info < (3, 5),           1
                        reason="requires python3.5")                 2
```

Abb. 5.11: Markierungen auf der Ebene eines Testmoduls

Im Testlauf werden damit alle im Modul enthaltenen Testfälle mit s bzw. SKIPPED berichtet.

Fehler als erwartetes Testergebnis

Falls ein Test erwartungsgemäß fehlschlägt, leistet die Markierung `xfail` gute Dienste: Der Dekorator bewirkt, dass er im Bericht nicht als Fehler, sondern als `xfailed` gezählt wird. In `test_xfail.py` sind die Beispiele. Der `skipif`-Dekorator dient hier nur als Beweis dafür, dass Testmodule auch gegenseitig in Beziehung zu setzen sind:

```
import sys                          1
import pytest                       2
from test_skipif import skipif      3
                                    4
condition = True                    5
```

```
xfail = pytest.mark.xfail                                          6
                                                                   7
                                                                   8
@xfail                                                             9
def test_always_failed():                                         10
    assert False                                                  11
                                                                  12
                                                                  13
@skipif("condition == True")                                      14
@xfail                                                            15
def test_fails_seldom():                                          16
    assert True                                                   17
                                                                  18
                                                                  19
@xfail                                                            20
def test_fails_to_fail():                                         21
    assert True                                                   22
```

Abb. 5.12: Dekoratoren im Einsatz: `@skipif`, `@xfail`

Der Testlauf zeigt die verschiedenen Berichtsarten. Zunächst die Ausgabe in der Kurzform:

```
(wb) $ py.test test_xfails.py
========================= test session starts =========================
platform linux -- Python 3.4.3 -- py-1.4.30 -- pytest-2.7.2
rootdir: /home/hans/py, inifile:
plugins: cov
collected 3 items

test_xfails.py xsX

============= 1 skipped, 1 xfailed, 1 xpassed in 0.01 seconds =============
(wb) $
```

Abb. 5.13: Testergebnisse `test_xfail.py`

Die geschwätzige Form zeigt die Wirkung deutlicher an, da pro Testfall eine Zeile anstelle eines Buchstabens berichtet wird:

```
(wb) $ py.test test_xfails.py -v
========================= test session starts =========================
platform linux -- Python 3.4.3 -- py-1.4.30 -- pytest-2.7.2 -- /home/hans/wb/
                        bin/python
rootdir: /home/hans/py, inifile:
plugins: cov
collected 3 items


test_xfails.py::test_always_failed xfail
test_xfails.py::test_fails_seldom SKIPPED
test_xfails.py::test_fails_to_fail XPASS

============= 1 skipped, 1 xfailed, 1 xpassed in 0.01 seconds =============
(wb) $
```

Abb. 5.14: Ergebnisse xfail und XPASS wie erwartet

Hierin zeigt x bzw. xfail das Fehlschlagen des Testfalls an, welches erwartet wurde und insofern kein fehlerhafter Testfall war, sondern erfolgreich verlaufen ist. Der ausgelassene Testfall wird mit s oder SKIPPED angezeigt. Ein mit Fehler erwarteter Testfall, der nicht fehlschlägt, wird deutlich mit X bzw. XPASS berichtet.

Parametrierung erzeugt Serien von Testfällen

Will man mehrere Tests mit allen Elementen aus Listen oder mit Folgen von Zahlen starten, reicht ebenfalls ein Dekorator zur Konstruktion aus. Will man zwei derartige Parameter übergeben, sind zwei Dekoratoren nötig:

```
import pytest                               1
                                            2
params = pytest.mark.parametrize            3
                                            4
                                            5
@params("y", [0, 1])                        6
@params("x", [0, 1, 2])                     7
def test_vergleich_x_y(x, y):               8
    assert x >= y                           9
```

Abb. 5.15: Zwei Dekoratoren für zwei Variablen @params

Die Wahl der Vergleichsoperation lässt vermuten, dass nicht alle Tests gelingen:

```
(wb) $ py.test test_expectation_m.py -v
========================= test session starts =========================
platform linux -- Python 3.4.3 -- py-1.4.30 -- pytest-2.7.3 -- /home/hans/wb/
                          bin/python
rootdir: /home/hans/py, inifile:
plugins: csv, cov
collected 6 items

test_expectation_m.py::test_vergleich_x_y[0-0] PASSED
test_expectation_m.py::test_vergleich_x_y[0-1] FAILED
test_expectation_m.py::test_vergleich_x_y[1-0] PASSED
test_expectation_m.py::test_vergleich_x_y[1-1] PASSED
test_expectation_m.py::test_vergleich_x_y[2-0] PASSED
test_expectation_m.py::test_vergleich_x_y[2-1] PASSED

============================== FAILURES ==============================
_____ test_vergleich_x_y[0-1] _____

x = 0, y = 1

    @params("y", [0, 1])
    @params("x", [0, 1, 2])
    def test_vergleich_x_y(x, y):
>       assert x >= y
```

```
E       assert 0 >= 1

test_expectation_m.py:10: AssertionError
==================== 1 failed, 5 passed in 0.02 seconds ====================
(wb) $
```

Abb. 5.16: Testlauf durch alle Permutationen mit @params

Die aktuellen Werte sind im Fehlerbericht vor dem Auszug aus dem Listing angezeigt.

Ein weiteres Beispiel sei erlaubt, darin wird aus dem bereits gezeigten test_xfail.py das dort definierte xfail importiert und sodann als Dekorator zusätzlich zur Parametrierung genutzt:

```
import pytest                                                        1
from test_xfails import xfail                                       2
                                                                    3
                                                                    4
@pytest.mark.parametrize("input,expected", [                        5
    ("3*7+2", 23),                                                  6
    ("6*7", 42),                                                    7
    xfail(("6*7", 43)),                                             8
    xfail(("6*7", 42)),                                             9
])                                                                  10
def test_eval(input, expected):                                     11
    assert eval(input) == expected                                  12
                                                                    13
                                                                    14
@xfail                                                              15
@pytest.mark.parametrize("input,expected", [                        16
    ([-1, 0, 1, 2, 3, 4], 9),                                       17
])                                                                  18
def test_sum_up(input, expected):                                   19
    sum = 0                                                         20
    for item in input:                                              21
        sum += item                                                 22
    assert sum == expected                                          23
```

Abb. 5.17: Parametrierung mit erwartetem Fehlschlagen

Der Testlauf zeigt die erwarteten Ergebnisse:

```
(wb) $ py.test test_expectation_x.py -v
========================== test session starts ===========================
platform linux -- Python 3.4.3 -- py-1.4.30 -- pytest-2.7.3 -- /home/hans/wb/
                        bin/python
rootdir: /home/hans/py, inifile:
plugins: csv, cov
collected 5 items

test_expectation_x.py::test_eval[03*7+2-23] PASSED
test_expectation_x.py::test_eval[16*7-42] PASSED
test_expectation_x.py::test_eval[26*7-43] xfail
test_expectation_x.py::test_eval[36*7-42] XPASS
```

```
test_expectation_x.py::test_sum_up[input0-9] XPASS

============= 2 passed, 1 xfailed, 2 xpassed in 0.01 seconds =============
(wb) $
```

Abb. 5.18: Testergebnisse mit Parametern und Fehlschlagen wie erwartet

Viele weitere nützliche Beispiele zu Markierungen sind in der Dokumentation zu py.test zu finden. So macht Testen Freude.

5.2.2 Testvorrichtungen

Testvorrichtungen (fixtures) lassen sich mit py.test ebenfalls einfach realisieren. Eine Möglichkeit dazu bietet die Datei conftest.py. Einstellungen zum Testlauf lassen sich darin verändern oder mit geeigneten Fehlwerten vorbesetzen. Zunächst sei ein Beispiel gezeigt, mit dem auf der Kommandozeile dem Testlauf ein Parameter übergeben werden kann, der den Testfall in beliebiger Weise beeinflussen kann. Wie der Wert in einem Testfall genutzt werden kann, folgt anschliessend:

```
# content of conftest.py                                              1
                                                                      2
import pytest                                                         3
                                                                      4
                                                                      5
def pytest_addoption(parser):                                        6
    parser.addoption("--meinwert", type="int",                      7
                     help="Mein Wert (Ganze Zahl erforderlich)")    8
                                                                      9
                                                                      10
@pytest.fixture                                                      11
def meinwert(request):                                              12
    """runtime value for usage in test_functions"""                13
    return request.config.option.meinwert                          14
```

Abb. 5.19: Testfixture mit meinwert in conftest.py

Zuerst wird die Hilfestellung von py.test um einen Eintrag erweitert, der die Nutzung kurz, aber prägnant erklärt. Durch pytest vorgegeben ist der Funktionsname pytest_addoption(parser), damit wird die Funktion in das aufrufende Programm eingebunden. Als @pytest.fixture wird die Funktion als Dekorator nutzbar, der aus dem request-Objekt den durch die Konfiguration gewonnenen Wert extrahiert.

Ist conftest.py am Ort des Geschehens, zeigt py.test das in seiner Hilfestellung an:

```
(wb) $ py.test -h
...
custom options:
  --meinwert=MEINWERT    Mein Wert (Ganze Zahl erforderlich)
...
(wb) $
```

Abb. 5.20: Hilfestellung nun mit --meinwert=MEINWERT

Ein Testfall kann den in der Kommandozeile übergebenen Wert nutzen:

```
#!/usr/bin/env python                                               1
                                                                    2
                                                                    3
def test_runtime_value(meinwert):                                   4
    wert = int(meinwert)                                            5
    assert meinwert == 4711                                         6
```

Abb. 5.21: Verwendung von MEINWERT im Testfall

Stimmt der übergebene Wert mit dem erwarteten Wert im Testlauf überein,
zeigt der Testfall den Erfolg an:

```
(wb) $ py.test --meinwert=4711 runtime.py -v
========================== test session starts ==========================
platform linux -- Python 3.4.2 -- py-1.4.30 -- pytest-2.7.2 -- /home/hans/pb/wb
                      /bin/python3.4
rootdir: /home/hans/py, inifile:
plugins: cov
collected 1 items

runtime.py::test_runtime_value PASSED

========================= 1 passed in 0.02 seconds =========================
(wb) $
```

Abb. 5.22: Verwendung von MEINWERT mit richtigem Wert im Testlauf

Ein Gegenbeispiel mit einem anderen als dem erwarteten Wert zeigt, dass
der Wert aus der Kommandozeile im Test korrekt ausgewertet wird:

```
(wb) $ py.test --meinwert=23 runtime.py -v
========================== test session starts ==========================
platform linux -- Python 3.4.3 -- py-1.4.30 -- pytest-2.7.2 -- /home/hans/wb/
                      bin/python
rootdir: /home/hans/py, inifile:
plugins: cov
collected 1 items

runtime.py::test_runtime_value FAILED

================================ FAILURES ================================
_____ test_runtime_value _____

meinwert = 23
```

```
    def test_runtime_value(meinwert):
>       assert meinwert == 4711
E       assert 23 == 4711

runtime.py:8: AssertionError
========================= 1 failed in 0.02 seconds =========================
(wb) $
```

Abb. 5.23: Verwendung von MEINWERT mit falschem Wert im Testlauf

Eine Prüfung des Datentyps findet bereits vor der Ausführung des Tests anhand der dazugehörigen Angabe in pytest_addoption statt:

```
(wb) $ py.test  --meinwert="abc" runtime.py -v
usage: py.test [options] [file_or_dir] [file_or_dir] [...]
py.test: error: argument --meinwert: invalid int value: 'abc'
(wb) $ e
```

Abb. 5.24: Argumentprüfung: Datentyp wie vereinbart?

Tipp: Die Datei conftest.py wird in jedem Modul gesucht und ausgewertet. Wenn sie nicht vorhanden ist, weil zum Beispiel nicht ein Modul sondern nur eine Datei mit py.test getestet wird, auch im Suchpfad. Daher ist es stets eine gute Idee, dort wo die Tests sind, auch eine __init__.py zu haben, um diese Suche nicht zu einem Glücksspiel werden zu lassen:

```
(wb) $ ls -l vergleich/
insgesamt 8
-rw-r--r-- 1 hans hans 845 Jul 16 23:18 conftest.py
-rw-r--r-- 1 hans hans   0 Jul 16 23:03 __init__.py
-rw-r--r-- 1 hans hans 322 Jul 16 23:19 test_vergleich.py
(wb) $
```

Abb. 5.25: Kennzeichnung des Python-Moduls durch __init__.py

Es gibt eine simple Methode, alle im aktuellen Pfad gefundenen Testvorrichtungen aufzulisten:

```
(wb) $ py.test --fixtures
========================= test session starts =========================
platform linux -- Python 3.4.3 -- py-1.4.30 -- pytest-2.7.3
rootdir: /home/hans/py, inifile:
plugins: cov
collected 84 items
capsys
    enables capturing of writes to sys.stdout/sys.stderr and makes
    captured output available via ''capsys.readouterr()'' method calls
    which return a ''(out, err)'' tuple.
capfd
    enables capturing of writes to file descriptors 1 and 2 and makes
    captured output available via ''capfd.readouterr()'' method calls
    which return a ''(out, err)'' tuple.
```

```
monkeypatch
    The returned ''monkeypatch'' funcarg provides these
    helper methods to modify objects, dictionaries or os.environ::

    monkeypatch.setattr(obj, name, value, raising=True)
    monkeypatch.delattr(obj, name, raising=True)
    monkeypatch.setitem(mapping, name, value)
    monkeypatch.delitem(obj, name, raising=True)
    monkeypatch.setenv(name, value, prepend=False)
    monkeypatch.delenv(name, value, raising=True)
    monkeypatch.syspath_prepend(path)
    monkeypatch.chdir(path)

    All modifications will be undone after the requesting
    test function has finished. The ''raising''
    parameter determines if a KeyError or AttributeError
    will be raised if the set/deletion operation has no target.
pytestconfig
    the pytest config object with access to command line opts.
recwarn
    Return a WarningsRecorder instance that provides these methods:

    * ''pop(category=None)'': return last warning matching the category.
    * ''clear()'': clear list of warnings

    See http://docs.python.org/library/warnings.html for information
    on warning categories.
tmpdir
    return a temporary directory path object
    which is unique to each test function invocation,
    created as a sub directory of the base temporary
    directory.  The returned object is a 'py.path.local'_
    path object.

--------------- fixtures defined from pytest_cov.plugin ----------------
cov
    A pytest funcarg that provides access to the underlying coverage
    object.

-------------------- fixtures defined from conftest --------------------
meinwert
    runtime value for usage in test_functions

============================ in 0.12 seconds ============================
(wb) $
```

Abb. 5.26: Fixtures auflisten mit py.test

Dies zeigt nicht nur die Menge der Testvorrichtungen, sondern ebenfalls, welche Parameter beim Aufruf benötigt werden und aus welchen Quellen sie dem Testlauf zur Verfügung gestellt werden. Bis einschließlich tmpdir handelt es sich um pytest-interne Vorrichtungen. Das Fixture cov stammt aus dem installierten Plugin pytest-cov, aus der im Dateibaum gefundenen conftest.py ist das bereits bekannte Fixture meinwert genannt.

py.test reference

Die oben definierte Funktion `pytest_addoption(parser)` ist nur ein Beispiel von vielen. Mit `conftest.py` lassen sich Funktionen in `py.test` verändern oder überladen. In der *py.test hook reference*[3] befindet sich eine vollständige Liste der Möglichkeiten in verschiedenen Abschnitten, beginnend mit Initialisierungs-, Kommandozeilen- und Konfigurationseinhängepunkten. Jeweils die vordefinierten Namen und die notwendigen Parameter der Funktionen werden beschrieben. Ein Abschnitt zu generischen Laufzeiteinhängepunkten folgt, darin wird `pytest_runtest_setup(item)` für Dinge vor dem Testfall, `pytest_runtest_call(item)` für den Aufruf, und `pytest_runtest_teardown(item)` fürs Aufräumen danach benannt. Der abschließende Bericht wird mit `pytest_runtest_makereport(item, call)` erzeugt. Alle diese Funktionen sind mit einem Verweis auf den Quelltext versehen, der zu den enthaltenen Docstrings führt. Für ein tieferes Verständnis der bereitgestellten Funktionalität wird auf den Quellcode von `py.test` verwiesen. Die aktuelle Entwicklung findet im Team auf github [HKp15b] öffentlich und nachvollziehbar statt.

Abschnitte zur Testsammelphase, Berichterstellung und Entstörung folgen in der *py.test hook reference*. Extern nutzbare Einhängepunkte zu definieren wird mit der Methode `pytest_addhooks(pluginmanager)` beschrieben, auch ein Verweis auf ein Beispiel ist angegeben. Die Verkettung mit externen, sog. 3rd-Party Plugins, ist ebenso beschrieben und eine Referenz zu allen an den Einhängepunkten beteiligten Objekten schließt die Seite ab.

5.3 Testbeispiele

Um Tests auszuführen, funktioniert `py.test` ohne die sonst obligaten Unittests, da es bereits mit dem reservierten Python-Begriff `assert` eine Testfunktion ausführt. Ein einfaches Testmodul `pytst.py` kann so aussehen:

```
# Beispiel Test                                              1
                                                             2
def test_something():                                        3
    x = 3                                                    4
    assert x == 4                                            5
                                                             6
class TestSomething(self):                                   7
    def test_some_value(self):                               8
                                                            10
```

---

[3]http://pytest.org/2.2.4/plugins.html#py-test-hook-reference

```
x = 1
assert x == 2
```
9
11

Abb. 5.27: Erste Tests für py.test

Beide Tests werden beim Aufruf von py.test im aktuellen Verzeichnis gefunden und ausgeführt:

```
(wb) $ py.test pytst.py
========================= test session starts =========================
platform linux -- Python 3.4.2 -- py-1.4.30 -- pytest-2.7.2
rootdir: /home/hans/Arch/2015/01/15/py, inifile:
collected 2 items

pytst.py FF

============================== FAILURES ===============================
_____ test_something _____

    def test_something():
        x = 3
>       assert x == 4
E       assert 3 == 4

pytst.py:6: AssertionError
_____ TestSomething.test_some_value _____

self = <pytst.TestSomething object at 0x7f9ef87a6630>

    def test_some_value(self):
        x = 1
>       assert x == 2
E       assert 1 == 2

pytst.py:12: AssertionError
========================= 2 failed in 0.04 seconds ====================
(wb) $
```

Abb. 5.28: Einfache Testfälle mit assert

Die Ergebnisse sind klar strukturiert, ein zusätzlicher Kommandozeilenschalter '-x' bricht die Ausführung unmittelbar nach dem ersten Fehler ab. Pro fehlerhaftem Test wird der entsprechende Code und unmittelbar danach die fehlerhafte Assertion ausgegeben, so dass auf einen Blick klar ist, was genau schief gelaufen ist. Ein zusätzliches Kommandozeilenargument '-v' führt zur Ausgabe der Testnamen.

Die Entwickler legen sehr großen Wert auf aussagekräftige Berichte, auch bei Vergleichen mit langen Strings werden nur die Unterschiede herausgestellt, ein intelligenter Mechanismus kürzt die gleichen Anteile von Ergebnis und Erwartung so ab, dass der Testbericht gut lesbar bleibt.

5.3.1 Aussagekräftige Fehlermeldungen

Um die Ergebnisse insbesondere im Fehlerfall besser lesen zu können, kann jedem `assert` eine sprechende Meldung zugeordnet werden, die schon erwähnte `conftest.py` dient dazu mit einem Hook, dessen Namen und Parameter wie bei allen anderen Einhängepunkten auch fest vorgegeben sind:

```
# content of conftest.py                                          1
                                                                  2
import pytest                                                     3
                                                                  4
                                                                  5
def pytest_assertrepr_compare(op, left, right):                  6
    """mein Vergleich für int, float und str"""                  7
    if (type(left) != type(right)):                              8
        return ['unvergleichbar: ' +                             9
                '{0} unvergleichbar mit {1}'.format(left, right)] 10
    if (isinstance(left, int)                                    11
            and isinstance(right, int)                           12
            and op == "=="):                                     13
        return ['Integervergleich: ' +                          14
                '{0} != {1}'.format(left, right)]                15
    if (isinstance(left, float)                                  16
            and isinstance(right, float)                         17
            and op == "=="):                                     18
        return ['Floatvergleich: ' +                            19
                '{0} != {1}'.format(left, right)]                20
    if (isinstance(left, str)                                    21
            and isinstance(right, str)                           22
            and op == "=="):                                     23
        return ['Stringvergleich: ' +                           24
                '{0} != {1}'.format(left, right)]                25
```

Abb. 5.29: Beispiel: `conftest.py`

Mehrere Testfälle befinden sich in der Datei `test_vergleich.py` im Verzeichnis `vergleich/`. Sie sollen die oben definierten Vergleichsoperationen nutzen und sich durch die Berichte zu erkennen geben.

```
#!/usr/bin/env python                                             1
# -*- coding: utf-8 -*-                                           2
                                                                  3
                                                                  4
def test_int():                                                  5
    assert 4 == 5                                                6
                                                                  7
                                                                  8
def test_float():                                                9
    assert 4.0 == 5.0                                           10
                                                                 11
                                                                 12
def test_strings():                                             13
    assert "anton" == "berta"                                   14
                                                                 15
```

```
def test_unvergleich():
    assert "4" == 4.0
```
16
17
18

Abb. 5.30: Beispiel mit Fehlern: test_vergleich.py

Der Testlauf produziert den folgenden Bericht:

```
(wb) $ py.test vergleich/
=========================== test session starts ===========================
platform linux -- Python 3.4.2 -- py-1.4.30 -- pytest-2.7.2 -- /home/hans/pb/wb
                            /bin/python3.4
rootdir: /home/hans/py, inifile: pytest.ini
collected 4 items

vergleich/test_vergleich.py::test_int FAILED
vergleich/test_vergleich.py::test_float FAILED
vergleich/test_vergleich.py::test_strings FAILED
vergleich/test_vergleich.py::test_unvergleich FAILED

================================= FAILURES =================================
_____ test_int _____

    def test_int():
>       assert 4 == 5
E       assert Intgervergleich: 4 != 5

vergleich/test_vergleich.py:6: AssertionError
_____ test_float _____

    def test_float():
>       assert 4.0 == 5.0
E       assert Floatvergleich: 4.0 != 5.0

vergleich/test_vergleich.py:10: AssertionError
_____ test_strings _____

    def test_strings():
>       assert "anton" == "berta"
E       assert Stringvergleich: anton != berta

vergleich/test_vergleich.py:14: AssertionError
_____ test_unvergleich _____

    def test_unvergleich():
>       assert "4" == 4.0
E       assert unvergleichbar: 4 unvergleichbar mit 4.0

vergleich/test_vergleich.py:18: AssertionError
========================= 4 failed in 0.07 seconds =========================
(wb) $
```

Abb. 5.31: Beispiel mit Fehlern: Testlauf

Derartige Fixtures, die in die Vergleichsoperationen eingreifen, zeigen eindrucksvoll, wie gut py.test für eigene Szenarien anpassbar ist.

5.3.2 Ausnahmebehandlung

py.test kann mit Ausnahmen auf verschiedene Arten umgehen. Zwei Beispiele in exceptions/test_exceptions.py zeigen, wie:

```
#!/usr/bin/env python                                              1
                                                                   2
import pytest                                                       3
                                                                   4
SOME_CONDITION = False                                             5
                                                                   6
                                                                   7
def fak(zahl):                                                     8
    if SOME_CONDITION and zahl == 1:                               9
        return 1                                                  10
    return zahl * fak(zahl - 1)                                   11
                                                                  12
                                                                  13
def test_fehlzugriff():                                           14
    liste = []                                                    15
    with pytest.raises(IndexError):                               16
        a = liste[1]                                              17
                                                                  18
                                                                  19
def test_rekursionstiefe():                                       20
    with pytest.raises(RuntimeError) as runtime_error:            21
        fak(2)                                                    22
    assert 'maximum recursion' in str(runtime_error)             23
```

Abb. 5.32: Beispiel mit Ausnahmen: test_exceptions.py

Ein Testlauf gelingt, da die Abbruchbedingung in der Rekursion nie zutrifft und somit die vermutete Ausnahme stattfindet. Ob es sich um die erwartete Ausnahme handelt oder eine andere, wird durch die (teilweise) Prüfung des Inhaltes der Fehlermeldung mittels des Kontextmanagers sichergestellt.

```
$ py.test exceptions/
========================== test session starts ==========================
platform linux -- Python 3.4.2 -- py-1.4.30 -- pytest-2.7.2 -- /home/hans/pb/wb
                        /bin/python3.4
rootdir: /home/hans/py, inifile: pytest.ini
collected 2 items

exceptions/test_exceptions.py::test_fehlzugriff PASSED
exceptions/test_exceptions.py::test_rekursionstiefe PASSED

========================== 2 passed in 0.03 seconds =========================
(wb) $
```

Abb. 5.33: Beispiel mit Ausnahmen: Testlauf ohne Fehler

Der Gegenbeweis ist einfach, die Variable SOME_CONDITION wird auf True gesetzt, wodurch die Ausnahme nicht mehr stattfinden darf. Der Testlauf zeigt einen Fehler.

```
$ py.test exceptions/
=========================== test session starts ===========================
platform linux -- Python 3.4.2 -- py-1.4.30 -- pytest-2.7.2 -- /home/hans/pb/wb
                               /bin/python3.4
rootdir: /home/hans/py, inifile: pytest.ini
collected 2 items

exceptions/test_exceptions.py::test_fehlzugriff PASSED
exceptions/test_exceptions.py::test_rekursionstiefe FAILED

=============================== FAILURES ===============================
_____ test_rekursionstiefe _____

    def test_rekursionstiefe():
        with pytest.raises(RuntimeError) as runtime_error:
>           fak(2)
E           Failed: DID NOT RAISE

exceptions/test_exceptions.py:23: Failed
=================== 1 failed, 1 passed in 0.04 seconds ===================
(wb) $
```

Abb. 5.34: Beispiel mit Ausnahmen: Testlauf mit Fehler

Und noch zwei Beispiele für Testvorrichtungen folgen, zunächst eine zum Starten und Beenden des Firefox-Webbrowsers in der gleichen Datei mit den Testfällen. Es wird gezielt im Titel je einer Webseite nach typischen Begriffen darin gesucht:

```
#!/usr/bin/env python                                                    1
                                                                         2
"""Check mit selenium webdriver, ob Internet verfügbar ist"""            3
                                                                         4
import pytest                                                            5
from selenium.webdriver import Firefox                                   6
                                                                         7
                                                                         8
@pytest.fixture                                                          9
def webdriver(request):                                                 10
    """webdriver definition with firefox browser"""                     11
    browser = Firefox()                                                 12
    request.addfinalizer(browser.quit)                                  13
    return browser                                                      14
                                                                        15
                                                                        16
def test_google_de(webdriver):                                          17
    """Google.de mit https"""                                           18
    webdriver.get('https://google.de/')                                19
    assert 'Google' in webdriver.title                                 20
                                                                        21
                                                                        22
def test_pytest_org(webdriver):                                         23
    """pytest.org mit http abfragen"""                                  24
    webdriver.get('http://pytest.org/')                                25
    assert 'helps you write better programs' in webdriver.title        26
```

Abb. 5.35: Fixture: selenium.webdriver mit Firefox als Browser

Der Testlauf öffnet den Firefox Browser, darin wird kurz die abgefragte Seite dargestellt und der Browser sofort wieder geschlossen. Die Ergebnisse stimmen mit den Erwartungen überein, dies kann sich bei Änderungen durch die Betreiber der Webseiten natürlich ändern:

```
(wb) $ py.test -v test_webdriver.py
========================= test session starts =========================
platform linux -- Python 3.4.3 -- py-1.4.30 -- pytest-2.7.3 -- /home/hans/wb/
                            bin/python
rootdir: /home/hans/py, inifile:
plugins: cov
collected 2 items

test_webdriver.py::test_google_de PASSED
test_webdriver.py::test_pytest_org PASSED

======================= 2 passed in 6.78 seconds =======================
(wb) $
```

Abb. 5.36: Testfall mit Internet und Firefox als Browser via selenium

Sollte das Internet einmal während eines Testlaufs nicht erreichbar sein, ist mit deutlichen Fehlermeldungen zu rechnen. Der Browser öffnet sich, meldet den Fehler und wird schnell wieder geschlossen. Im Report ist der Fehlschlag dennoch nachzulesen:

```
(wb) $ py.test -v test_webdriver.py
========================= test session starts =========================
platform linux -- Python 3.4.3 -- py-1.4.30 -- pytest-2.7.3 -- /home/hans/wb/
                            bin/python
rootdir: /home/hans/py, inifile:
plugins: cov
collected 2 items

test_webdriver.py::test_google_de FAILED
test_webdriver.py::test_pytest_org FAILED

=============================== FAILURES ===============================
_____ test_google_de _____

webdriver = <selenium.webdriver.firefox.webdriver.WebDriver (session="58d4cf2c-
                f9e9-407a-963f-2775b546f1ae")>

    def test_google_de(webdriver):
        """Google.de mit https"""
        webdriver.get('https://google.de/')
>       assert 'Google' in webdriver.title
E       assert 'Google' in 'Problem loading page'
E        +  where 'Problem loading page' = <selenium.webdriver.firefox.
                webdriver.WebDriver (session="58d4cf2c-f9e9-407a-963f
                -2775b546f1ae")>.title

test_webdriver.py:20: AssertionError
_____ test_pytest_org _____
```

```
webdriver = <selenium.webdriver.firefox.webdriver.WebDriver (session="cab95615
                -4ca0-445d-9eb4-2679b3cf8e95")>

    def test_pytest_org(webdriver):
        """pytest.org mit http abfragen"""
        webdriver.get('http://pytest.org/')
>       assert 'helps you write better programs' in webdriver.title
E       assert 'helps you write better programs' in 'Problem loading page'
E        + where 'Problem loading page' = <selenium.webdriver.firefox.
                webdriver.WebDriver (session="cab95615-4ca0-445d-9eb4
                -2679b3cf8e95")>.title

test_webdriver.py:26: AssertionError
========================= 2 failed in 4.71 seconds =========================
(wb) $
```

Abb. 5.37: Testlauf ohne Internet und mit Firefox als Browser via selenium

Die Fernsteuerung des Webbrowsers kann mit der gleichen Testvorrichtung noch etwas detaillierter gezeigt werden. In test_websearch.py können Zeichenketten und spezielle Sonderzeichen simuliert in zuvor gesuchte Eingabefelder eingegeben werden und vorgegebene Erwartungen mit der Antwort auf die Abfrage verglichen werden. Das verwendete Fixture wird aus dem vorigen Testfall importiert:

```
"""Test www.python.org auf Suchfunktionalität"""                              1
                                                                              2
import pytest                                                                  3
from selenium.webdriver import Firefox                                         4
from selenium.webdriver.common.keys import Keys                               5
from test_webdriver import driver                                             6
                                                                              7
                                                                              8
def test_websearch(driver):                                                   9
    """Suche nach Python Konferenzen auf www.python.org"""                   10
    driver.get('http://www.python.org/')                                     11
    assert 'Python' in driver.title                                          12
                                                                             13
    elem = driver.find_element_by_id('id-search-field')                      14
    elem.send_keys('pycon')                                                  15
    elem.send_keys(Keys.RETURN)                                              16
    assert "No results found." not in driver.page_source                    17
                                                                             18
    expectations = ["PyCon Australia", "PyCon Ireland",                      19
                    "PyCon UK", "PyCon Italia", "PyCon Uruguay",             20
                    ]                                                        21
    for expectation in expectations:                                        22
        assert expectation in str(driver.page_source)                       23
```

Abb. 5.38: Eingabe in ein Webformular mit selenium

Während des Testlaufs öffnet sich ein Firefoxfenster, die python.org Webseite erscheint und nach der Eingabe von 'pycon' und 'Return' werden die Ergebnisse dargestellt und das Browserfenster sofort geschlossen. Dies geschieht meist so schnell, das kaum etwas zu erkennen ist. Dennoch ist der Testfall korrekt durchgeführt worden:

```
(wb) $ py.test test_websearch.py -v
========================= test session starts ==========================
platform linux -- Python 3.4.3 -- py-1.4.30 -- pytest-2.7.3 -- /home/hans/wb/
                          bin/python
rootdir: /home/hans/py, inifile:
plugins: csv, cov
collected 1 items

test_websearch.py::test_websearch PASSED

========================= 1 passed in 5.54 seconds =========================
(wb) $
```

Abb. 5.39: Testlauf mit Eingabe im Webformular mit Ergebnisvergleich

Alle in der Liste formulierten Erwartungen sind in der Antwort des Servers gefunden worden. Mit den Methoden find_element_by_XYZ und send_keys sind Werkzeuge gegeben, in Webformularen beliebige Dinge zu tun. Die Dokumentation zu selenium ist entsprechend umfangreich.

5.3.3 py.test mit unittests

Auch bereits vorhandene Testfälle mit unittests sind mit py.test ausführbar, das heißt Tests, die ursprünglich eigenständig oder mit Nose ausgeführt werden sollten, können mit pytest ebenso ablaufen:

```
(wb) $ cd foo                                                            1
(wb) $ py.test tests/test_add.py -v                                      2
========================= test session starts ==========================  3
platform linux -- Python 3.4.3 -- py-1.4.30 -- pytest-2.7.3 -- /home/hans/wb/ 4
                          bin/python
rootdir: /home/hans/py/foo/tests, inifile:                               5
plugins: csv, cov                                                        6
collected 6 items                                                        7
                                                                         8
tests/test_add.py::Test_demo_add::test_1_calculations_add_ok PASSED      9
tests/test_add.py::Test_demo_add::test_2_calculations_neg_ok PASSED      10
tests/test_add.py::Test_demo_add::test_3_calculations_negative PASSED    11
tests/test_add.py::Test_demo_add::test_4_calculations_zero PASSED        12
tests/test_add.py::Test_demo_add::test_5_calculations_zero_zero PASSED   13
tests/test_add.py::Test_demo_add::test_6_calculations_one_float PASSED   14
                                                                         15
========================= 6 passed in 0.03 seconds =========================  16
(wb) $                                                                   17
```

Abb. 5.40: Testlauf mit unittests

Die Laufzeiten einzelner Tests lassen sich ebenfalls ermitteln, der Parameter --durations=N gibt für $N = 0$ alle, für $N = 5$ die fünf langsamsten Tests
und deren Laufzeiten aus:

```
(wb) $ py.test test_timer1.py -v --durations=5                               1
========================= test session starts =========================     2
platform linux -- Python 3.4.2 -- py-1.4.30 -- pytest-2.7.2                  3
rootdir: /home/hans/pb/plugins/timer, inifile:                              4
plugins: cov                                                                5
collected 14 items                                                          6
                                                                            7
test_timer1.py ...........F..                                               8
                                                                            9
=============================== FAILURES ===============================     10
_____ TestEqualNumTimes1.test_5_100000_times _____  11
                                                                            12
self = <test_timer1.TestEqualNumTimes1 testMethod=test_5_100000_times>      13
                                                                            14
    def test_5_100000_times(self):                                          15
        for num in range(100000):                                           16
            self.assertEqual(1, 1)                                          17
>           raise ValueError("error condition raised by intention")         18
E           ValueError: error condition raised by intention                 19
                                                                            20
test_timer1.py:69: ValueError                                               21
========================= slowest 5 test durations =========================  22
0.13s call     test_timer1.py::TestStringCompareTimes1::test_5_10000_strings  23
0.03s call     test_timer1.py::TestEqualNumTimes1::test_4_10000_times       24
0.02s call     test_timer1.py::TestStringCompareTimes1::test_4_1000_strings  25
0.01s call     test_timer1.py::TestStringCompareTimes1::test_3_100_strings   26
0.01s call     test_timer1.py::TestStringCompareTimes1::test_2_10_strings    27
================== 1 failed, 13 passed in 0.28 seconds ==================    28
(wb) $                                                                      29
```

Abb. 5.41: Testlauf mit unittests und Laufzeiten

5.4 Plugins

Um ein Plugin für py.test zu schreiben, sollte man die Dokumentation kennen und die Quellen vorhandener Plugins studiert haben. Der vielleicht einfachste Weg beginnt dann mit dem Rumpf, der leicht aus einem vorhandenen zu extrahieren ist. Die Namen der notwendigen Funktionen im Plugin
einschließlich ihrer Parameter sind vorgegeben. Ein Plugin, welches als zusätzliche Ausgabe eine Datei report.csv aus den Testnamen, Laufzeiten
und Ergebnissen erzeugt, kann nützlich sein. Vielleicht möchte man nicht
mit einem bereits vorhandenen Plugin dessen junit-xml-Ausgaben weiterverarbeiten.

5.4.1 Plugin Beispiel: Bericht als csv-Datei erzeugen

Die Idee klingt einfach, die Realisierung ist es auch. Nachfolgend wird in verschiedenen Abschnitten der Quelltext für ein Plugin mit Erläuterungen beschrieben. Die Dokumentation zu Plugins in py.test ist umfangreich und vermutlich vollständig.[4]

Der Code wird nun in mehreren Teilen vorgestellt und kommentiert:

```
"""py.test plugin to create report as csv file
copyright (c) 2015 Johannes Hubertz"""

import datetime
import os
import time
from collections import OrderedDict
from csv import Dictwriter
```

Abb. 5.42: Plugin pytest_csv, plugin.py Teil 1

Dem Docstring und den Imports folgt mit pytest_addhooks() eine Funktion, die als Hook das Plugin dem Pluginmanager in pytest bekanntmacht:

```
def pytest_addhooks(pluginmanager):
    """py.test needs to know about me"""
    from pytest_csv import newhooks
    pluginmanager.addhooks(newhooks)


def pytest_addoption(parser):
    """py.test command line option to enable a csv report,
    if found as given option, enables the csv report"""
    group = parser.getgroup('terminal reporting')
    group.addoption('--csv', action='store', dest='csvpath',
                    metavar='path', default=None,
                    help='create report as csv file at given path.')
    group.addoption('--csv_summary', action="store_true",
                    help='show summary after result lines.')
```

Abb. 5.43: Plugin pytest_csv, plugin.py Teil 2

Zur Laufzeit wird mit pytest_addoption() der Kommandozeilenparser und die Hilfestellung ergänzt, gleichzeitig werden Variablennamen und Fehlwerte eingestellt. Die Art und Weise, derartige Optionen hinzuzufügen ist fast beliebig, nur Kollisionen mit bereits vorhandenen sollten vermieden werden. Die Leerzeilen sind PEP 8 geschuldet und werden hier zwischen den Abschnitten nicht dargestellt.

---

[4]pytest.org/latest/plugins.html#working-with-plugins-and-conftest-files

```
def pytest_configure(config):                                        29
    """py.test our configuration at runtime"""                       30
    csvpath = config.option.csvpath                                  31
    csvsumm = config.option.csvsumm                                  32
    # prevent opening csvpath on slave nodes (xdist)                 34
    if csvpath and not hasattr(config, 'slaveinput'):                35
        environment = config.hook.pytest_csv_environment(config=config)  36
        config._csv = CSVReport(csvpath, csvsumm, environment)       37
        config.pluginmanager.register(config._csv)                   38
                                                                     39
                                                                     40
def pytest_unconfigure(config):                                      41
    """py.test unconfiguration after test run"""                     42
    csv = getattr(config, '_csv', None)                              43
    if csv:                                                          44
        del config._csv                                              45
        config.pluginmanager.unregister(csv)                         46
```

Abb. 5.44: Plugin pytest_csv, plugin.py Teil 3

Die Funktion pytest_configure() dient während des Starts dem Bereitstellen der Konfiguration, das heißt den übergebenen Parametern. Nach dem das Einlesen aller Konfigurations- und conftest.py-Dateien abgeschlossen ist, kann auf die Werte zugegriffen werden. pytest_unconfigure() wird nach dem Beenden des letzten Tests aufgerufen.

Die Funktionalität des Plugins ist in der Klasse CSVReport realisiert:

```
class CSVReport(object):                                             48
    """CSVReport samples informations about the tests run by py.test   49
    and creates a csv file after last test is finished"""            50
                                                                     51
    def __init__(self, csv_file, csv_verb, environment=None):        52
        """initialize filename, samples and counters"""              53
        csv_file = os.path.expanduser(os.path.expandvars(csv_file))  54
        self.csv_file = os.path.abspath(csv_file)                    55
        self.csv_verb = csv_verb                                     56
        self.environment = environment or []                         57
        self.errors = self.failed = 0                                58
        self.passed = self.skipped = 0                               59
        self.xfailed = self.xpassed = 0                              60
        self.numtests = 0                                            61
        self.tests_start_time = None                                 62
        self.test_results = []                                       63
```

Abb. 5.45: Plugin pytest_csv, plugin.py Teil 4

Die Initialisierung erfolgt mit dem Dateinamen des Reports, alle internen Variablen werden anschließend definiert und vorbesetzt. Die ausschließlich intern genutzte Methode _appendrow() folgt:

```
def _appendrow(self, result, report):                               65
    """save test result and duration in samples"""                  66
```

```
    self.numtests += 1                                         67
    test_time = getattr(report, 'duration', 0.0)  # seconds    68
    res = OrderedDict()                                        69
    res['Testname'] = report.nodeid                            70
    res['Dauer (Sekunden)'] = "%8.6f" % (test_time)            71
    res['Ergebnis'] = str(result)                              72
    if report.longrepr:                                        73
        res['Einzelheiten'] = str(report.longrepr)            74
    else:                                                      75
        res['Einzelheiten'] = "None"                           76
    self.test_results.append(res)                              77
```

Abb. 5.46: Plugin pytest_csv, `plugin.py` Teil 5

Sie wird nach jedem Testfall durch eine der vier nachfolgenden genutzt, um das Ergebnis als ein `dictionary`-Objekt in der Liste `self.test_results` abzulegen:

```
def append_pass(self, report):                                79
    """add a test with success"""                             80
    self.passed += 1                                          81
    self._appendrow('Passed', report)                         82
                                                               83
def append_failure(self, report):                             84
    """add a test with failure"""                             85
    if hasattr(report, "wasxfail"):                           86
        self._appendrow('XPassed', report)                    87
        self.xpassed += 1                                     88
    else:                                                      89
        self._appendrow('Failed', report)                     90
        self.failed += 1                                      91
                                                               92
def append_error(self, report):                               93
    """add a test with error"""                               94
    self._appendrow('Error', report)                          95
    self.errors += 1                                          96
                                                               97
def append_skipped(self, report):                             98
    """add a test which xfailed or skipped"""                 99
    if hasattr(report, "wasxfail"):                           100
        self._appendrow('XFailed', report)                    101
        self.xfailed += 1                                     102
    else:                                                      103
        self._appendrow('Skipped', report)                    104
        self.skipped += 1                                     105
```

Abb. 5.47: Plugin pytest_csv, `plugin.py` Teil 6

Die bis hierhin erwähnten Methoden nutzt `pytest_runtest_logreport()` in einer Fallunterscheidung. Bei Erfolg für den Lauf bei `call`, bei Nichterfolg beim `setup` oder beim `teardown`. Soll ein Testfall ausfallen, wird dies ebenfalls mit einem Eintrag festgehalten:

```
      def pytest_runtest_logreport(self, report):                          107
          """keep track of tests as the are done"""                        108
          if report.passed:                                                109
              if report.when == 'call':                                    110
                  self.append_pass(report)                                 111
          elif report.failed:                                              112
              if report.when != "call":                                    113
                  self.append_error(report)                                114
              else:                                                        115
                  self.append_failure(report)                             116
          elif report.skipped:                                             117
              self.append_skipped(report)                                  118
                                                                           119
      def pytest_sessionstart(self, session):                              120
          """track time before first test starts"""                       121
          self.tests_start_time = time.time()                              122
```

Abb. 5.48: Plugin pytest_csv, `plugin.py` Teil 7

Vor dem ersten Testfall wird in der Methode `pytest_sessionstart()` die aktuelle Zeit gespeichert, um nach dem letzten Testfall die Laufzeit ausrechnen zu können:

```
      def pytest_sessionfinish(self):                                      124
          """track time after last test finished, statistics              125
          write the csv report file from the samples"""                    126
          tests_time_delta = "%8.3f" % (time.time() - self.tests_start_time)  127
          if not os.path.exists(os.path.dirname(self.csv_file)):           128
              os.makedirs(os.path.dirname(self.csv_file))                  129
          with open(self.csv_file, 'w', newline='') as csvfile:            130
              fieldnames = ['Testname', 'Dauer (Sekunden)', 'Ergebnis',    131
                            'Einzelheiten']                                132
              writer = DictWriter(csvfile, fieldnames=fieldnames)          133
              writer.writeheader()                                         134
                                                                           135
              writer.writerows(self.test_results)                          136
                                                                           137
              if not self.csv_verb:                                        138
                  return                                                   139
                                                                           140
              writer.writerow(dict())                                      141
              writer.writerow({'Testname': 'Ausnahmen:',                   142
                              'Dauer (Sekunden)': self.errors})            143
              writer.writerow({'Testname': 'Fehler:',                      144
                              'Dauer (Sekunden)': self.failed + self.xfailed})  145
              writer.writerow({'Testname': 'Erfolge:',                     146
                              'Dauer (Sekunden)': self.passed + self.xpassed})  147
              writer.writerow({'Testname': 'Zusammen:',                    148
                              'Dauer (Sekunden)': self.numtests})          149
              writer.writerow({'Testname': 'Laufzeit:',                    150
                              'Dauer (Sekunden)': tests_time_delta})       151
              writer.writerow({'Testname': 'Fertigstellung:',             152
                              'Dauer (Sekunden)': datetime.datetime.now()})  153
```

Abb. 5.49: Plugin pytest_csv, `plugin.py` Teil 8

In pytest_sessionfinish() wird mit einem Kontextmanager die Ausgabedatei geöffnet, geschrieben und geschlossen. Nach dem Testlauf wird der Name der erzeugten Datei angezeigt, pytest_terminal_summary() erzeugt die Zeile in der Konsole:

```
def pytest_terminal_summary(self, terminalreporter):          155
    """keep user informed where to find the csv report"""     156
    terminalreporter.write_sep('-', 'generated csv file: %s' % (   157
        self.csv_file))                                       158
                                                              159
```

Abb. 5.50: Plugin pytest_csv, plugin.py Teil 9

pytest_csv_environment(config) wird durch pytest_addhooks im Plugin-Manager registriert:

```
"""py.test hook for plugin registration"""                    1
                                                              2
                                                              3
def pytest_csv_environment(config):                           4
    """return dict representation of environment for csv report"""   5
```

Abb. 5.51: Plugin pytest_csv, newhooks.py

Damit ist nun der Quelltext des Plugins komplett.

5.4.2 Plugin Integration in py.test

Um das neue Plugin in py.test nutzen zu können, muss es zuerst mit einem setup.py in der Python-Laufzeitumgebung installiert werden:

```
from setuptools import setup                                  1
                                                              2
setup(                                                        3
    name='pytest-csv',                                        4
    version='0.0.1',                                          5
    description='pytest plugin for generating csv reports',   6
    long_description=open('README.rst').read(),               7
    author='Johannes Hubertz',                                8
    author_email='jh@example.com',                            9
    packages=['pytest_csv'],                                  10
    entry_points={'pytest11': ['csv = pytest_csv.plugin']},   11
    install_requires=['pytest>=2.3'],                         12
    license='GNU General Public License 3.0 or newer (GPLv3+)',   13
    keywords='py.test pytest csv report',                     14
    classifiers=[                                             15
        'Development Status :: 2 - Pre Alpha',                16
        'Intended Audience :: Developers',                    17
        'License :: OSI Approved :: ' +                       18
            'GNU General Public License v3 or later (GPLv3+)',   19
        'Operating System :: POSIX',                          20
```

```
        'Operating System :: Microsoft :: Windows',         21
        'Operating System :: MacOS :: MacOS X',              22
        'Topic :: Software Development :: Quality Assurance', 23
        'Topic :: Software Development :: Testing',          24
        'Topic :: Utilities',                                25
        'Programming Language :: Python',                    26
        'Programming Language :: Python :: 2.7',             27
        'Programming Language :: Python :: 3',               28
        'Programming Language :: Python :: 3.4']             29
)                                                            30
```

Abb. 5.52: Setup fürs Plugin

Die Installation geht wie gewohnt einfach vonstatten:

```
(wb) $ python setup.py install
running install
running bdist_egg
running egg_info
...
Processing pytest_csv-0.0.1-py3.4.egg
Copying pytest_csv-0.0.1-py3.4.egg to /home/hans/wb/lib/python3.4/site-packages
Adding pytest-csv 0.0.1 to easy-install.pth file

Installed /home/hans/wb/lib/python3.4/site-packages/pytest_csv-0.0.1-py3.4.egg
Processing dependencies for pytest-csv==0.0.1
Searching for pytest==2.7.2
Best match: pytest 2.7.2
pytest 2.7.2 is already the active version in easy-install.pth
Installing py.test script to /home/hans/wb/bin
Installing py.test-3.4 script to /home/hans/wb/bin

Using /usr/lib/python3/dist-packages
Searching for py==1.4.30
Best match: py 1.4.30
py 1.4.30 is already the active version in easy-install.pth

Using /usr/lib/python3/dist-packages
Finished processing dependencies for pytest-csv==0.0.1
(wb) $
```

Abb. 5.53: Installation des Plugins

Nach der gelungenen Installation ist die Hilfestellung von py.test um die des Plugins erweitert:

```
(wb) $ py.test -h | grep csv
  --csv=path              create report as csv file at given path.
  --csv_summary           show summary after result-lines
(wb) $
```

Abb. 5.54: Hinweise des Plugins in der py.text Hilfestellung

5.4.3 Nur ein getestetes Plugin ist ein gutes Plugin

Ein Plugin im produktiven Einsatz sollte zuverlässig nur korrekte Ergebnisse liefern. Ergo muss es wie Produktionscode behandelt werden, insbesondere müssen Tests seine Aufgabenerfüllung nachweisen. Mit py.test ist das einfach zu realisieren. Die empfohlene Vorgehensweise zum Bau eines neuen Plugins ist, ein existierendes Plugin zu modifizieren, so dass es die gewünschte Funktion erfüllt. Im vorhergehenden Beispiel diente das auf PyPi befindliche pytest-html als Vorlage, um mit pytest-csv ein Plugin zum Export einer csv-Datei mit den Testergebnissen und Laufzeiten zu erzeugen. Die einzuhängenden Funktionen machen die Sache sehr übersichtlich, die Objektklasse CSVReport ist für die Sammlung, Haltung und Ausgabe der Daten zuständig. Es soll nun gezeigt werden, wie ein Plugin intern funktioniert. Da in der Klasse die für den Bericht wesentlichen Dinge enthalten sind, beschränken sich die Tests auf diese.

Zwei Dinge lassen sich jedoch schwer mit realem Code testen: Datum und Uhrzeit. Daher werden diese mit monkeypatch auf konstante Werte gebracht, so dass während der Tests keine variablen Anteile mehr auftreten. Das Datum wird nur in der Ausgabe verwendet, die Uhrzeit wird ausschließlich in Form von Differenzen verwertet, diese werden bei konstanter Uhrzeit stets zu Null.

Der Testcode wird hier abschnittsweise kommentiert wiedergegeben:

```
import datetime                                              1
import pytest                                                2
from os.path import dirname                                  3
from shutil import rmtree                                    4
from pytest_csv.plugin import CSVReport                      5
                                                             6
FILENAME = "/tmp/tmp/pytest_csv_temporary.txt"              7
FAKE_DATETIME = datetime.datetime(2015, 4, 1, 17, 19, 23)   8
                                                             9
                                                            10
@pytest.fixture(scope="function")                           11
def patch_datetime_now(monkeypatch):                        12
    """testing only with fixed datetime value"""            13
                                                            14
    class mydatetime:                                       15
        @classmethod                                        16
        def now(cls):                                       17
            return FAKE_DATETIME                             18
                                                            19
    monkeypatch.setattr(datetime, 'datetime', mydatetime)   20
                                                            21
                                                            22
```

```
@pytest.fixture(autouse=True)                                      23
def patch_time(monkeypatch):                                       24
    """testing only with fixed time.time() value"""               25
                                                                   26
    monkeypatch.setattr("time.time", lambda: 4711.23)             27
                                                                   28
                                                                   29
def teardown_function(function):                                   30
    """always clean up after each test"""                         31
                                                                   32
    rmtree(dirname(FILENAME))                                      33
```

Abb. 5.55: `test_plugin.py` Teil 1

Im ersten Patch wird ein `datetime`-Objekt zurückgegeben, welches den konstanten Wert aus `FAKE_DATETIME` liefert. Dieser wird im schließenden Teil des Reports benötigt, für den Vergleich im Test darf er sich also nicht ändern. Beim zweiten Patch reicht es aus, ein `float` zurückzuliefern, was noch einfacher konstruiert ist. Der Wert spielt keine Rolle, da im Plugin ausschließlich die Differenz zweier Aufrufe gebildet werden. Deren Konstanz ist zum Testen erforderlich. Mit stets dem gleichen Wert ist dieses Ziel schon erreicht. Die Funktion `teardown_function` wird nach jedem Testfall ausgeführt, sie bewirkt eine saubere Separation der Tests untereinander, da nach jedem Testfall sauber aufgeräumt wird.

```
class FakeReport(object):                                          36
    """fake a pytest report object just for testing"""            37
    def __init__(self, nodeid, result, duration, extras=None, xfail=None,   38
                 skipped=False, when="call"):                      39
        self.nodeid = nodeid                                       40
        self.result = result                                       41
        self.duration = duration                                  42
        self.longrepr = extras                                     43
        if xfail:                                                  44
            self.wasxfail = True                                  45
        self.when = when                                           46
        self.skipped = skipped                                     47
        self.result = True                                         48
        self.passed = False                                        49
        self.xpassed = False                                       50
        self.failed = False                                        51
        self.xfailed = False                                       52
        self.errors = False                                        53
        if result == "Passed":                                     54
            self.passed = True                                     55
        if result == "Failed":                                     56
            self.failed = True                                     57
        if result == "Error":                                      58
            self.errors = True                                     59
        self.test_results = []                                     60
```

Abb. 5.56: `test_plugin.py` Teil 2

Am Einhängepunkt `pytest_runtest_logreport(report)` wird das Plugin mit Testergebnissen versorgt. Während des Tests des Plugins wird für das `report`-Objekt ein Ersatz benötigt, die Klasse `FakeReport` bildet diesen in einfacher Weise ab. Bei der Instantiierung werden die Ergebnisse des vorgetäuschten Testfalls eingestellt. Den Vorbereitungen des Tests für das Plugin folgt der erste Testfall mit der csv-Ausgabe eines erfolgreichen Testfalls ohne „Summary". Der erwartete Inhalt der csv-Datei ist jeweils in der Variablen `expected` abgelegt.

```
def test_no_summary(patch_datetime_now):                                 63
    """a passed test, no summary, check the resulting report"""          64
    test_rep = CSVReport(FILENAME, "False", [])                          65
    session = None                                                       66
    test_rep.pytest_sessionstart(session)                                67
    test_rep.append_pass(FakeReport("test_no_summary", "Passed", 0.0))   68
    test_rep.pytest_sessionfinish()                                      69
    expected = """Testname,Dauer (Sekunden),Ergebnis,Einzelheiten       70
test_no_summary,0.000000,Passed,None                                     71
"""                                                                      72
    csv_report = open(FILENAME, 'r').read()                              73
    assert csv_report == expected                                        74
```

Abb. 5.57: `test_plugin.py` Teil 3

Die nächsten drei Testfälle behandeln je einen erfolgreichen, einen fehlerhaften und einen abgebrochenen Report mit der Zusammenfassungsansicht im CSV.

```
def test_one_passed(patch_datetime_now):                                 77
    """a passed test with summary, check the resulting report"""         78
    test_rep = CSVReport(FILENAME, "True", [])                           79
    session = None                                                       80
    test_rep.pytest_sessionstart(session)                                81
    test_rep.append_pass(FakeReport("test_one_passed", "Passed", 0.0))   82
    test_rep.pytest_sessionfinish()                                      83
    expected = """Testname,Dauer (Sekunden),Ergebnis,Einzelheiten       84
test_one_passed,0.000000,Passed,None                                     85
,,,                                                                      86
Ausnahmen:,0,,                                                           87
Fehler:,0,,                                                              88
Erfolge:,1,,                                                             89
Zusammen:,1,,                                                            90
Laufzeit:,   0.000,,                                                     91
Fertigstellung:,2015-04-01 17:19:23,,                                   92
"""                                                                      93
    csv_report = open(FILENAME, 'r').read()                              94

def test_one_failure(patch_datetime_now):                                97
    """a failed test with summary, check the resulting report"""         98
    test_rep = CSVReport(FILENAME, "True", [])                           99
    session = None                                                       100
    test_rep.pytest_sessionstart(session)                                101
    test_rep.append_failure(FakeReport("test_one_failure", "Failed", 0.0)) 102
```

```
    test_rep.pytest_sessionfinish()                                        103
    expected = """Testname,Dauer (Sekunden),Ergebnis,Einzelheiten          104
test_one_failure,0.000000,Failed,None                                      105
,,,                                                                        106
Ausnahmen:,0,,                                                             107
Fehler:,1,,                                                                108
Erfolge:,0,,                                                               109
Zusammen:,1,,                                                              110
Laufzeit:,    0.000,,                                                      111
Fertigstellung:,2015-04-01 17:19:23,,                                     112
"""                                                                        113
    csv_report = open(FILENAME, 'r').read()                                114
    assert csv_report == expected                                          115
                                                                           116
                                                                           117
def test_one_error(patch_datetime_now):                                    118
    """a test with error, with summary, check the resulting report"""      119
    test_rep = CSVReport(FILENAME, "True", [])                             120
    session = None                                                         121
    test_rep.pytest_sessionstart(session)                                  122
    test_rep.append_error(FakeReport("test_one_error", "Error", 0.0, "Extras"))  123
    test_rep.pytest_sessionfinish()                                        124
    expected = """Testname,Dauer (Sekunden),Ergebnis,Einzelheiten          125
test_one_error,0.000000,Error,Extras                                       126
,,,                                                                        127
Ausnahmen:,1,,                                                             128
Fehler:,0,,                                                                129
Erfolge:,0,,                                                               130
Zusammen:,1,,                                                              131
Laufzeit:,    0.000,,                                                      132
Fertigstellung:,2015-04-01 17:19:23,,                                     133
"""                                                                        134
    csv_report = open(FILENAME, 'r').read()                                135
    assert csv_report == expected                                          136
```

Abb. 5.58: `test_plugin.py` Teil 4

Ein Testfall mit drei simulierten unterschiedlichen Testfallen (Erfolg, Misserfolg und Ausnahme) schließt sich an, um auch die Summenbildung der Anzahl Testfälle und die Einhaltung der Reihenfolge zu testen:

```
def test_three_tests(patch_datetime_now):                                  139
    """three tests with summary, check the resulting report"""             140
    test_rep = CSVReport(FILENAME, "True", [])                             141
    session = None                                                         142
    test_rep.pytest_sessionstart(session)                                  143
    test_rep.append_pass(FakeReport("test_three_1", "Passed", 0.0))        144
    test_rep.append_failure(FakeReport("test_three_2", "Failed", 0.0))     145
    test_rep.append_error(FakeReport("test_three_3", "Error", 0.0, "Extras"))  146
    test_rep.pytest_sessionfinish()                                        147
    expected = """Testname,Dauer (Sekunden),Ergebnis,Einzelheiten          148
test_three_1,0.000000,Passed,None                                          149
test_three_2,0.000000,Failed,None                                          150
test_three_3,0.000000,Error,Extras                                         151
,,,                                                                        152
Ausnahmen:,1,,                                                             153
```

```
Fehler:,1,,                                                        154
Erfolge:,1,,                                                       155
Zusammen:,3,,                                                      156
Laufzeit:,   0.000,,                                              157
Fertigstellung:,2015-04-01 17:19:23,,                            158
"""                                                               159
    csv_report = open(FILENAME, 'r').read()                       160
    assert csv_report == expected                                 161
```

Abb. 5.59: `test_plugin.py` Teil 5

Bisher waren es einfache Tests mit simulierten Testfällen, die nicht mit Dekoratoren geschmückt sind. Es folgen nun Testfälle, in denen aufgrund von Dekoratoren xfail und skipped innerhalb des Plugins unterschiedlich reagiert wird. Dies ist abhängig davon, ob es beim setUp, call oder tearDown des evaluiert wird:

```
def test_report_X_P_call(patch_datetime_now):                     164
    """test xfail(ignored) passed, summary, check the resulting report"""  165
    test_rep = CSVReport(FILENAME, "True", [])                    166
    session = None                                                167
    fake = FakeReport("test_report_X_P_call", "Passed", 0.0, xfail=True,  168
                      when="call")                                169
    test_rep.pytest_sessionstart(session)                        170
    test_rep.pytest_runtest_logreport(fake)                       171
    test_rep.pytest_sessionfinish()                               172
    expected = """Testname,Dauer (Sekunden),Ergebnis,Einzelheiten  173
test_report_X_P_call,0.000000,Passed,None                         174
,,,                                                               175
Ausnahmen:,0,,                                                    176
Fehler:,0,,                                                       177
Erfolge:,1,,                                                      178
Zusammen:,1,,                                                     179
Laufzeit:,   0.000,,                                             180
Fertigstellung:,2015-04-01 17:19:23,,                            181
"""                                                               182
    csv_report = open(FILENAME, 'r').read()                       183
    assert csv_report == expected                                 184
                                                                  185
                                                                  186
def test_report_X_P_tearDown(patch_datetime_now):                187
    """test xfail failed=>error, summary, check the resulting report"""  188
    test_rep = CSVReport(FILENAME, "True", [])                    189
    session = None                                                190
    fake = FakeReport("test_report_X_P_tearDown", "Failed", 0.0, xfail=True,  191
                      when="tearDown")                            192
    test_rep.pytest_sessionstart(session)                        193
    test_rep.pytest_runtest_logreport(fake)                       194
    test_rep.pytest_sessionfinish()                               195
    expected = """Testname,Dauer (Sekunden),Ergebnis,Einzelheiten  196
test_report_X_P_tearDown,0.000000,Error,None                      197
,,,                                                               198
Ausnahmen:,1,,                                                    199
Fehler:,0,,                                                       200
Erfolge:,0,,                                                      201
```

```
Zusammen:,1,,                                                            202
Laufzeit:,    0.000,,                                                    203
Fertigstellung:,2015-04-01 17:19:23,,                                   204
"""                                                                      205
    csv_report = open(FILENAME, 'r').read()                             206
    assert csv_report == expected                                       207
                                                                         208
                                                                         209
def test_report_S_P_call(patch_datetime_now):                           210
    """skipped test summary, check the resulting report"""              211
    test_rep = CSVReport(FILENAME, "True", [])                          212
    session = None                                                       213
    fake = FakeReport("test_report_S_P_call", "Skipped", 0.0, xfail=None, 214
                      skipped=True, when="call")                        215
    test_rep.pytest_sessionstart(session)                               216
    test_rep.pytest_runtest_logreport(fake)                             217
    test_rep.pytest_sessionfinish()                                     218
    expected = """Testname,Dauer (Sekunden),Ergebnis,Einzelheiten       219
test_report_S_P_call,0.000000,Skipped,None                              220
,,,                                                                      221
Ausnahmen:,0,,                                                          222
Fehler:,0,,                                                             223
Erfolge:,0,,                                                            224
Zusammen:,1,,                                                            225
Laufzeit:,    0.000,,                                                    226
Fertigstellung:,2015-04-01 17:19:23,,                                   227
"""                                                                      228
    csv_report = open(FILENAME, 'r').read()                             229
    assert csv_report == expected                                       230
```

Abb. 5.60: `test_plugin.py` Teil 6

Dies sind zwei gelungene Testfälle mit xfail beim call und tearDown und einer mit dem Skip-Dekorator beim call. Simulierte misslungene Testfälle schließen sich an:

```
def test_report_X_F_call(patch_datetime_now):                           233
    """xfail test, ignored on call"""                                   234
    test_rep = CSVReport(FILENAME, "True", [])                          235
    session = None                                                       236
    fake = FakeReport("test_report_X_F_call", "XFailure", 0.0, xfail=True, 237
                      skipped=False, when="call")                       238
    test_rep.pytest_sessionstart(session)                               239
    test_rep.pytest_runtest_logreport(fake)                             240
    test_rep.pytest_sessionfinish()                                     241
    expected = """Testname,Dauer (Sekunden),Ergebnis,Einzelheiten       242
,,,                                                                      243
Ausnahmen:,0,,                                                          244
Fehler:,0,,                                                             245
Erfolge:,0,,                                                            246
Zusammen:,0,,                                                           247
Laufzeit:,    0.000,,                                                    248
Fertigstellung:,2015-04-01 17:19:23,,                                   249
"""                                                                      250
    csv_report = open(FILENAME, 'r').read()                             251
    assert csv_report == expected                                       252
```

153

```
                                                                        253
                                                                        254
def test_report_X_F_tearDown(patch_datetime_now):                       255
    """xfailed test, error on tearDown"""                               256
    test_rep = CSVReport(FILENAME, "True", [])                          257
    session = None                                                      258
    fake = FakeReport("test_report_X_F_tearDown", "Failed", 0.0, xfail=True,  259
                      skipped=None, when="tearDown")                     260
    test_rep.pytest_sessionstart(session)                               261
    test_rep.pytest_runtest_logreport(fake)                             262
    test_rep.pytest_sessionfinish()                                     263
    expected = """Testname,Dauer (Sekunden),Ergebnis,Einzelheiten       264
test_report_X_F_tearDown,0.000000,Error,None                            265
,,,                                                                     266
Ausnahmen:,1,,                                                          267
Fehler:,0,,                                                             268
Erfolge:,0,,                                                            269
Zusammen:,1,,                                                           270
Laufzeit:,   0.000,,                                                    271
Fertigstellung:,2015-04-01 17:19:23,,                                   272
"""                                                                     273
    csv_report = open(FILENAME, 'r').read()                             274
    assert csv_report == expected                                       275
                                                                        276
                                                                        277
def test_report_S_F_call(patch_datetime_now):                           278
    """skipped xfailed test, ignored on call"""                         279
    test_rep = CSVReport(FILENAME, "True", [])                          280
    session = None                                                      281
    fake = FakeReport("test_report_S_F_call", "Failed", 0.0, xfail=True,  282
                      skipped=True, when="call")                        283
    test_rep.pytest_sessionstart(session)                               284
    test_rep.pytest_runtest_logreport(fake)                             285
    test_rep.pytest_sessionfinish()                                     286
    expected = """Testname,Dauer (Sekunden),Ergebnis,Einzelheiten       287
test_report_S_F_call,0.000000,XPassed,None                              288
,,,                                                                     289
Ausnahmen:,0,,                                                          290
Fehler:,0,,                                                             291
Erfolge:,1,,                                                            292
Zusammen:,1,,                                                           293
Laufzeit:,   0.000,,                                                    294
Fertigstellung:,2015-04-01 17:19:23,,                                   295
"""                                                                     296
    csv_report = open(FILENAME, 'r').read()                             297
    assert csv_report == expected                                       298
```

Abb. 5.61: `test_plugin.py` Teil 7

Zwei misslungene Testfälle mit xfail beim call und tearDown sowie ein weiterer mit dem Skip-Dekorator beim call folgten. Ein weiterer, mißlungener Testfall mit simuliertem Skip beim tearDown schließt die Plugin-Testfälle für die Klasse CSVReport ab:

```
def test_report_XSF_call(patch_datetime_now):                           301
    """skipped xfailed test, XFailed on call"""                         302
```

```
    test_rep = CSVReport(FILENAME, "True", [])                          303
    session = None                                                      304
    fake = FakeReport("test_report_XSF_call", "passed", 0.0, xfail=True, 305
                      skipped=True, when="call")                        306
    test_rep.pytest_sessionstart(session)                              307
    test_rep.pytest_runtest_logreport(fake)                            308
    test_rep.pytest_sessionfinish()                                    309
    expected = """Testname,Dauer (Sekunden),Ergebnis,Einzelheiten      310
test_report_XSF_call,0.000000,XFailed,None                             311
,,,                                                                    312
Ausnahmen:,0,,                                                         313
Fehler:,1,,                                                            314
Erfolge:,0,,                                                           315
Zusammen:,1,,                                                          316
Laufzeit:,    0.000,,                                                  317
Fertigstellung:,2015-04-01 17:19:23,,                                  318
"""                                                                    319
    csv_report = open(FILENAME, 'r').read()                            320
    assert csv_report == expected                                      321
```

Abb. 5.62: `test_plugin.py` Teil 8

Der Testlauf zeigt die Erfolge aller Testfälle mit einer Testabdeckung von 84 Prozent der Datei plugin.py, die Klasse CSVReport ist somit in allen Methoden getestet:

```
(wb) $ py.test -p no:csv test_plugin.py -vx --cov=pytest_csv/plugin.py --cov-
                report=term-missing
========================== test session starts ==========================
platform linux -- Python 3.4.3 -- py-1.4.30 -- pytest-2.7.3 -- /home/hans/wb/
                bin/python
rootdir: /home/hans/py/plugin/pytest_csv, inifile:
plugins: cov
collected 12 items

test_plugin.py::test_no_summary PASSED
test_plugin.py::test_one_passed PASSED
test_plugin.py::test_one_failure PASSED
test_plugin.py::test_one_error PASSED
test_plugin.py::test_three_tests PASSED
test_plugin.py::test_report_X_P_call PASSED
test_plugin.py::test_report_X_P_tearDown PASSED
test_plugin.py::test_report_S_P_call PASSED
test_plugin.py::test_report_X_F_call PASSED
test_plugin.py::test_report_X_F_tearDown PASSED
test_plugin.py::test_report_S_F_call PASSED
test_plugin.py::test_report_XSF_call PASSED
------------ coverage: platform linux, python 3.4.3-final-0 ------------
Name               Stmts  Miss  Cover  Missing
-----------------------------------------------------------------------
pytest_csv/plugin    98    16   84%   14-15, 21-25, 31-37, 42-45, 157

======================= 12 passed in 0.05 seconds =======================
(wb) $
```

Abb. 5.63: Erfolgreicher Testlauf des `test_plugin.py`

Damit hat das Plugin den Status erreicht, nutzbar zu sein. Insbesondere sollte mit diesen Tests spätere Änderungen schnell Kollateralschäden anzeigen.

5.4.4 Die Benutzung des neuen Plugins

Für einen Testlauf wird aus der Datei `test_timer.py` eine kürzere Datei `test_times.py` erzeugt. Alle Bezüge zum unittest-Modul (import und Vererbung) werden entfernt und so bleibt nur das für `py.test` Notwendige übrig. Der Testfall, der fehlschlagen soll, wird als solcher mit `xfail` markiert:

```
#!/usr/bin/env python                                              1
                                                                   2
                                                                   3
def test_0_1_time():                                               4
    assert 1 == 1                                                  5
                                                                   6
                                                                   7
def test_0_10_time():                                              8
    for num in range(10):                                          9
        assert 1 == 1                                             10
                                                                  11
                                                                  12
def test_2_100_times():                                           13
    for num in range(100):                                        14
        assert 1 == 1                                             15
                                                                  16
                                                                  17
def test_3_1000_times():                                          18
    for num in range(1000):                                       19
        assert 1 == 1                                             20
                                                                  21
                                                                  22
def test_4_10000_times():                                         23
    for num in range(10000):                                      24
        assert 1 == 1                                             25
                                                                  26
                                                                  27
@pytest.mark.xfail                                                28
def test_4_10000_fails():                                         29
    for num in range(10000):                                      30
        assert 1 == 1                                             31
    assert "intentionally" == "fails"                             32
                                                                  33
                                                                  34
def test_5_100000_times():                                        35
    for num in range(100000):                                     36
        assert 1 == 1                                             37
                                                                  38
                                                                  39
```

```
def test_6_1000000_times():                                          40
    for num in range(1000000):                                       41
        assert 1 == 1                                                42
                                                                     43
                                                                     44
def test_7_10000000_times():                                         45
    for num in range(10000000):                                      46
        assert 1 == 1                                                47
```

Abb. 5.64: Plugin Test mit `test_timer.py`

Der Testlauf zeigt keine Besonderheiten:

```
(wb) $ py.test test_times.py -v
========================= test session starts =========================
platform linux -- Python 3.4.3 -- py-1.4.30 -- pytest-2.7.3 -- /home/hans/wb/
                          bin/python
rootdir: /home/hans/py/pyt, inifile:
plugins: csv, cov
collected 9 items

test_times.py::test_0_1_time PASSED
test_times.py::test_0_10_time PASSED
test_times.py::test_2_100_times PASSED
test_times.py::test_3_1000_times PASSED
test_times.py::test_4_10000_times PASSED
test_times.py::test_4_10000_fails xfail
test_times.py::test_5_100000_times PASSED
test_times.py::test_6_1000000_times PASSED
test_times.py::test_7_10000000_times PASSED

================== 8 passed, 1 xfailed in 0.85 seconds ==================
(wb) $
```

Abb. 5.65: Plugin Testlauf mit erwartetem Fehler

Die installierten Plugins csv und cov werden angezeigt, dann steht einer
Nutzung auch nichts mehr im Wege; also lässt sich mit dem Plugin der
Bericht als csv-Datei schreiben:

```
(wb) $ py.test test_times.py -v --csv=report.csv --csv_summary
========================= test session starts =========================
platform linux -- Python 3.4.3 -- py-1.4.30 -- pytest-2.7.3 -- /home/hans/wb/
                          bin/python
rootdir: /home/hans/py/pyt, inifile:
plugins: csv, cov
collected 9 items

test_times.py::test_0_1_time PASSED
test_times.py::test_0_10_time PASSED
test_times.py::test_2_100_times PASSED
test_times.py::test_3_1000_times PASSED
test_times.py::test_4_10000_times PASSED
test_times.py::test_4_10000_fails xfail
test_times.py::test_5_100000_times PASSED
test_times.py::test_6_1000000_times PASSED
```

```
test_times.py::test_7_10000000_times PASSED

------------ generated csv file: /home/hans/py/pyt/report.csv ------------
==================== 8 passed, 1 xfailed in 0.80 seconds ====================
(wb) $
```

Abb. 5.66: Erzeugung eines csv-Berichtes mit dem Plugin

Die Erzeugung der Datei wird mit einer Zeile berichtet, `report.csv` kann nun vorgezeigt werden:

```
(wb) $ cat report.csv
Testname,Dauer (Sekunden),Ergebnis,Einzelheiten
test_times.py::test_0_1_time,0.000104,Passed,None
test_times.py::test_0_10_time,0.000062,Passed,None
test_times.py::test_2_100_times,0.000068,Passed,None
test_times.py::test_3_1000_times,0.000134,Passed,None
test_times.py::test_4_10000_times,0.000777,Passed,None
test_times.py::test_4_10000_fails,0.003119,XFailed,"@pytest.mark.xfail
    def test_4_10000_fails():
        for num in range(10000):
            assert 1 == 1
>           assert ""intentionally"" == ""fails""
E           assert 'intentionally' == 'fails'
E             - intentionally
E             + fails

test_times.py:35: AssertionError"
test_times.py::test_5_100000_times,0.007248,Passed,None
test_times.py::test_6_1000000_times,0.071376,Passed,None
test_times.py::test_7_10000000_times,0.709849,Passed,None
,,,
Ausnahmen:,0,,
Fehler:,1,,
Erfolge:,8,,
Zusammen:,9,,
Laufzeit:,   0.807,,
Fertigstellung:,2015-10-26 11:02:24.393077,,
(wb) $
```

Abb. 5.67: Der erzeugte csv-Bericht

Die Datei `report.csv` lässt sich direkt in LibreOffice[5] importieren. Damit kann der Bericht beliebig weiterverarbeitet werden.

---

[5]https://de.libreoffice.org/

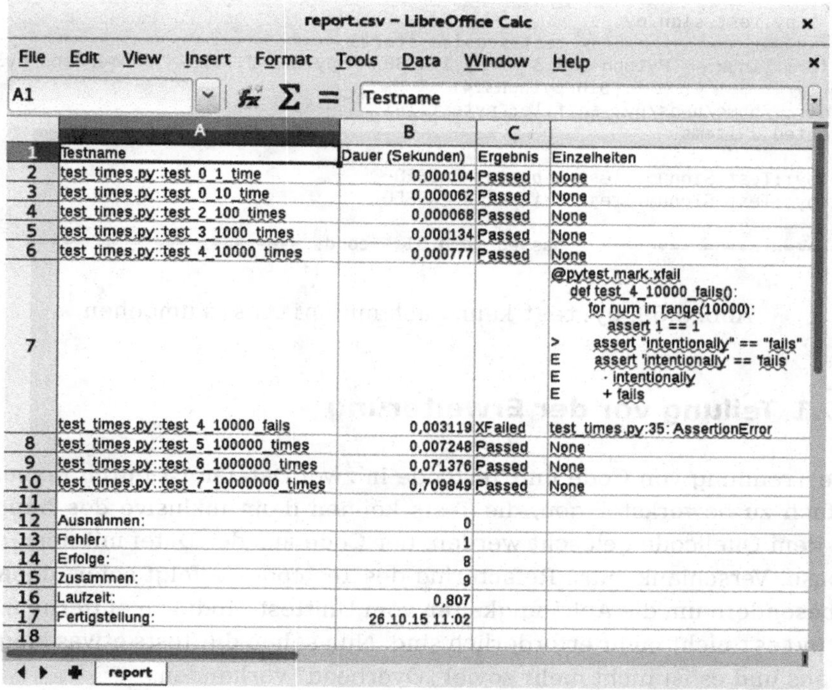

Abb. 5.68: Importierter Testlauf-Bericht in LibreOffice calc

Der Import in LibreOffice ist einfach zu bewerkstelligen, das Speichern als calc-Datei ebenfalls. Eine derartige Datei könnte mit OpenPyXL[6] auch direkt im Plugin erzeugt werden, falls erwünscht auch unter Zuhilfenahme einer Vorlage. Hier ist Experimentierfreude gefragt, die Entwicklung des Plugins zur Erzeugung von Reports im csv-Format kann jedenfalls als erfolgreich abgeschlossen betrachtet werden.

5.5 Fingerübung II: sign(x), csign(z)

Die bereits bei den Unittests vorgestellte Funktion $sign(x)$ lässt sich selbstverständlich auch mit py.test testen. Ein Testlauf mit dem unveränderten Code-Beispiel gelingt sofort:

---

[6]https://pypi.python.org/pypi/openpyxl/2.3.0-b1

```
(wb) $ py.test sign.py -v
========================== test session starts ==========================
platform linux -- Python 3.4.3 -- py-1.4.30 -- pytest-2.7.2 -- /home/hans/py3/
                            bin/python3.4
rootdir: /home/hans/py, inifile: pytest.ini
collected 2 items

sign.py::Test_Signum::test_1_basics PASSED
sign.py::Test_Signum::test_2_invalid PASSED

========================= 2 passed in 0.01 seconds =========================
(wb) $
```

Abb. 5.69: py.test kann auch mit unittests umgehen

5.5.1 Teilung vor der Erweiterung

Eine Trennung von Code und Testcode in zwei Dateien ist durch Kopieren
einfach zu bewerkstelligen, die Tests können dann inklusive des Imports
aus dem Quellcode gelöscht werden, der Code aus der Datei mit den Tests
ebenso. Verschlankendes Refactoring des Testcodes erfolgt sofort danach,
insbesondere um die Abhängigkeiten vom Unittest-Modul zu entfernen, die
mit pytest nicht mehr erforderlich sind. Nun sehen die Tests etwas eleganter
aus und es ist nicht mehr soviel „Overhead" vorhanden.

```
#!/usr/bin/env python                                                    1
                                                                         2
                                                                         3
import pytest                                                            4
from sign import sign, SignumFehler                                      5
                                                                         6
                                                                         7
def test_sign_valid_integer_input():                                     8
    assert 1 == sign(1)                                                  9
    assert 0 == sign(0)                                                 10
    assert -1 == sign(-1)                                               11
                                                                        12
                                                                        13
def test_sign_valid_float_input():                                      14
    assert 1 == sign(1.1)                                               15
    assert 0 == sign(0.0)                                               16
    assert -1 == sign(-0.1)                                             17
                                                                        18
                                                                        19
def test_sign_invalid_input():                                          20
    with pytest.raises(SignumFehler) as runtime_error:                  21
        assert sign('a')                                                22
    assert "SignumFehler" == runtime_error.typename                     23
    expected = "sign(x) nur für integer oder float definiert"           24
    assert str(runtime_error.value) == expected                         25
```

Abb. 5.70: Testfälle in test_sign.py für sign(x) mit py.test

Die Trennung in Tests für ganze Zahlen und reelle Zahlen dient nur der Klarheit und ist aus keinem wichtigen Grund notwendig. Die fehlerhafte Eingabe wirft eine Ausnahme, die entstandene Fehlermeldung wird mittels des Kontextmanagers inhaltlich und auf Einhaltung des Typs überprüft: Das Ausnahme-Objekt `runtime_error` stellt Informationen zur Verfügung, die mit der Erwartung verglichen werden. Der Testlauf mit `py.test` zeigt im Ergebnis keine Änderung, alle Tests gelingen wie erwartet:

```
(wb) $ py.test -v
========================= test session starts =========================
platform linux -- Python 3.4.3 -- py-1.4.30 -- pytest-2.7.2 -- /home/hans/wb/
                            bin/python3.4
rootdir: /home/hans/py, inifile: pytest.ini
collected 3 items

test_sign.py::test_sign_valid_integer_input PASSED
test_sign.py::test_sign_valid_float_input PASSED
test_sign.py::test_sign_invalid_input PASSED

========================= 3 passed in 0.01 seconds =========================
(wb) $
```

Abb. 5.71: Der Testlauf bleibt nach Refactoring erfolgreich

5.5.2 Signum für komplexe Zahlen

Neben der Funktion $sign(x)$ existiert eine weitere Definition für komplexe Zahlen. Diese Verwandte der Funktion $sign(x)$ ist als $csign(z)$ mit der komplexen Zahl $z = \Re(z) + i \cdot \Im(z)$ wie folgt definiert:

$$
csign(z) = \begin{cases} 1 & \text{für } \Re(z) > 0 \\ -1 & \text{für } \Re(z) < 0 \\ sign(\Im(z)) & \text{für } \Re(z) = 0 \end{cases}
$$

Abb. 5.72: Definition: `csign(z)`

Dies soll nun mit `py.test` entwickelt werden, der neue Code soll in der Datei `sign.py` angehängt werden. Zuerst werden die erforderlichen Tests gemäß der Definition geschrieben und hinter den Tests für die schon fertige Funktion in `test_sign.py` abgelegt. Danach sind ungültige Eingaben ebenfalls zu überprüfen.

```
import pytest                                                        5
from sign import sign, csign, SignumFehler                          6

...
```

```
def test_csign_valid_inputs():                                    28
    assert 1 == csign(complex(1.2, 23))                           29
```

Abb. 5.73: Erster Testfall für `csign(z)`

Da noch nichts implementiert ist, verwundert der erste Testlauf nicht:

```
(wb) $ py.test
=========================== test session starts ===========================
platform linux -- Python 3.4.3 -- py-1.4.30 -- pytest-2.7.2
rootdir: /home/hans/py, inifile: pytest.ini
collected 0 items / 1 errors

================================= ERRORS =================================
_____ ERROR collecting pytest-sign/test_sign.py _____
test_sign.py:5: in <module>
    from sign import sign, csign, SignumFehler
E   ImportError: cannot import name 'csign'
======================== 1 error in 0.01 seconds ========================
(wb) $
```

Abb. 5.74: Erster Testlauf ohne Implementierung geht nicht gut aus

Dem wird zunächst mit einer noch unfertigen Definition `def csign(z)` ab-
geholfen. Die Erwartungen zu möglichen Eingabewerten werden im Kopf
der Funktion in Form eines Docstrings beschrieben, die Überlegungen zur
Äquivalenzklassenbildung sollten zu diesem Zeitpunkt abgeschlossen sein
und einfließen. Das 'Zen of Python' gilt auch für Docstrings, also auch die
zweite Zeile: 'explicit is better than implicit':

```
def csign(z):                                                     39
    """Def: csign(z), z ist komplexe Zahl,                        40
        returns   1        if Re(z) > 0                           41
        returns  -1        if Re(z) < 0                           42
        returns sign(Im(z)) if Re(z) = 0                          43
        wirft SignumFehler bei nicht komplexer Eingabe, auch      44
        davon abgeleitete Klassen sind keine komplexen Zahlen     45
    """                                                           46
    pass                                                          47
```

Abb. 5.75: Implementierungsstart mit `pass`

Damit verschwindet der Importfehler. Der beim Testlauf verwendete Kommandozeilenschalter mit dem Muster `-k csign` führt in `py.test` dazu, nur
die passenden Tests auszuführen, der Test gelingt jedoch aufgrund der ru-
dimentären Implementierung noch nicht:

```
(wb) $ py.test -v -k csign
=========================== test session starts ===========================
platform linux -- Python 3.4.3 -- py-1.4.30 -- pytest-2.7.2
rootdir: /home/hans/py, inifile: pytest.ini
collected 4 items
```

```
test_sign.py F

================================ FAILURES ================================
_____ test_csign_valid_inputs _____

    def test_csign_valid_inputs():
>       assert 1 == csign(complex(1.2, 23))
E       assert 1 == None
E        +  where None = csign((1.2+23j))
E        +    where (1.2+23j) = complex(1.2, 23)

test_sign.py:27: AssertionError
==================== 3 tests deselected by '-kcsign' ====================
==================== 1 failed, 3 deselected in 0.02 seconds ==============
(wb) $
```

Abb. 5.76: Testlauf zeigt, dass noch None geliefert wird

Von den derzeit vorhandenen vier Tests kommen durch die explizite Auswahl '-k csign' drei nicht zur Ausführung, der verbleibende schlägt erwartungsgemäß fehl.

5.5.3 Der erste Testfall

Eine Implementierung könnte so beginnen:

```
def csign(c):                                                          39
    """Def: csign(z), z ist komplexe Zahl,                             40
       returns  1        if Re(z) > 0                                   41
       returns -1        if Re(z) < 0                                   42
       returns sign(Im(z) if Re(z) = 0                                  43
       wirft SignumFehler bei nicht komplexer Eingabe, auch            44
       davon abgeleitete Klassen sind keine komplexen Zahlen           45
    """                                                                46
    if type(z) == complex:                                             47
        re = z.real                                                    48
        im = z.imag                                                    49
        if re == 0:                                                    50
            return sign(im)                                            51
        else:                                                          52
            return sign(re)                                            53
```

Abb. 5.77: Implementierung für komplexe Zahlen

Damit gelingt der neue Testfall und alle anderen möglichen Werte, die zu einem gültigen Ergebnis führen sollen, müssen in den Testfall aufgenommen werden. Der Docstring dient als Gedankenstütze, Ganz- und Fließkommazahlen sind zu testen. Die Erfahrung des Testers lehrt die Unterscheidung. Doctests können später ergänzt werden, um die Sache rund zu machen:

163

```
def test_csign_valid_inputs():                                          28
    assert 1 == csign(complex(1.2, 23))                                 29
    assert 1 == csign(complex(0, 23))                                   30
    assert -1 == csign(complex(-0.2, 23))                               31
    assert -1 == csign(complex(0, -23))                                 32
    assert 0 == csign(complex(0, 0))                                    33
```

Abb. 5.78: Fallunterscheidung verschiedener komplexer Zahlen

Das Testergebnis bleibt erfolgreich:

```
(wb) $ py.test test_sign.py -k csign -v
========================= test session starts =========================
platform linux -- Python 3.4.3 -- py-1.4.30 -- pytest-2.7.2 -- /home/hans/wb/
                        bin/python3.4
rootdir: /home/hans/py, inifile: pytest.ini
collected 4 items

test_sign.py::test_csign_valid_inputs PASSED

==================== 3 tests deselected by '-kcsign' ====================
=================== 1 passed, 3 deselected in 0.01 seconds ===================
(wb) $
```

Abb. 5.79: Erfolgreicher Testlauf mit gültigen Eingabewerten

5.5.4 Ungültige Eingabewerte

Ungültige Eingabewerte sind noch nicht getestet, daher ist ein weiterer Testfall zu entwickeln. Aufgrund der strikten Forderung in der Definition und im Docstring reicht ein Wert aus, der nicht vom Typ complex ist. Hier kommt wieder der Kontextmanager zur Geltung:

```
def test_csign_invalid_input():                                         36
    with pytest.raises(SignumFehler) as runtime_error:                  37
        assert csign('b')                                               38
    assert "SignumFehler" == runtime_error.typename                     39
    expected = "csign(z) akzeptiert nur komplexe Zahlen"                40
    assert str(runtime_error.value) == expected                         41
```

Abb. 5.80: Ungültige Eingabewerte für csign(z)

Der Testlauf zeigt wenig Erfolg, None ist keine Ausnahme:

```
(wb) $ py.test test_sign.py -k csign
========================= test session starts =========================
platform linux -- Python 3.4.3 -- py-1.4.30 -- pytest-2.7.2
rootdir: /home/hans/py, inifile: pytest.ini
collected 5 items

test_sign.py .F

============================== FAILURES ==============================
```

```
----------------------------- test_csign_invalid_input -----------------------------
      def test_csign_invalid_input():
          with pytest.raises(SignumFehler) as runtime_error:
>             assert csign('b')
E             assert None
E              +  where None = csign('b')

test_sign.py:36: AssertionError
==================== 3 tests deselected by '-kcsign' ====================
============ 1 failed, 1 passed, 3 deselected in 0.01 seconds ============
```

Abb. 5.81: Testlauf mit Fehler: Ausnahme wird nicht erzeugt

In der Implementierung wurde zwar auf den Typ complex geprüft, jedoch bisher keinerlei Code für andere Typen geschrieben. Somit ist der letzte Testlauf erklärt. Es ergibt sich die nachfolgende Änderung, ausserdem werden nun die Doctests hinzugefügt, die für denjenigen wichtig sind, der nicht über den Testcode verfügt. Bei einer Paketerstellung zur Verteilung der Software muss der Testcode nicht ins gleiche Paket, die getrennte Paketierung kann sinnvoll sein.

```
def csign(z):                                                        39
    """Def: csign(z), z ist komplexe Zahl,                           40
       returns   1       if Re(z) > 0                                 41
       returns  -1       if Re(z) < 0                                 42
       returns sign(Im(z) if Re(z) = 0                                43
       wirft SignumFehler bei nicht komplexer Eingabe, auch          44
       davon abgeleitete Klassen sind keine komplexen Zahlen         45
    >>> csign(complex(19, 19))                                       46
    1                                                                47
    >>> csign(complex(0, 19))                                        48
    1                                                                49
    >>> csign(complex(-7, 19))                                       50
    -1                                                               51
    >>> csign(complex(0, -3))                                        52
    -1                                                               53
    >>> csign(complex(0, 0))                                         54
    0                                                                55
    >>> csign('abc')                                                 56
    Traceback (most recent call last):                               57
    sign.SignumFehler: csign(z) akzeptiert nur komplexe Zahlen       58
    """                                                              59
    if type(z) == complex:                                           60
        re = z.real                                                  61
        im = z.imag                                                  62
        if re == 0:                                                  63
            return sign(im)                                          64
        else:                                                        65
            return sign(re)                                          66
    else:                                                            67
        raise SignumFehler(                                          68
            "csign(z) akzeptiert nur komplexe Zahlen")               69
```

Abb. 5.82: Eine Ausnahme erzeugen, Doctests komplettiert

165

Der Testlauf muss die Korrektheit zeigen:

```
(wb) $ py.test test_sign.py -v
========================= test session starts =========================
platform linux -- Python 3.4.3 -- py-1.4.30 -- pytest-2.7.2 -- /home/hans/wb/
                        bin/python3.4
rootdir: /home/hans/py, inifile: pytest.ini
collected 5 items

test_sign.py::test_sign_valid_integer_input PASSED
test_sign.py::test_sign_valid_float_input PASSED
test_sign.py::test_sign_invalid_input PASSED
test_sign.py::test_csign_valid_inputs PASSED
test_sign.py::test_csign_invalid_input PASSED

========================= 5 passed in 0.01 seconds =========================
(wb) $
```

Abb. 5.83: Testlauf gelingt mit py.test für csign(z)

5.5.5 Doctests mit py.test

Die herkömmliche Art, Doctests auszuführen, ist schon gezeigt worden, jedoch noch nicht mit dieser Version von sign.py:

```
(wb) $ python -m doctest sign.py -v
Trying:
    csign(complex(19, 19))
Expecting:
    1
ok
Trying:
    csign(complex(0, 19))
Expecting:
    1
ok
Trying:
    csign(complex(-7, 19))
Expecting:
    -1
ok
Trying:
    csign(complex(0, -3))
Expecting:
    -1
ok
Trying:
    csign(complex(0, 0))
Expecting:
    0
ok
Trying:
    csign('abc')
Expecting:
    Traceback (most recent call last):
```

```
        sign.SignumFehler: csign(z) akzeptiert nur komplexe Zahlen
ok
Trying:
    sign(1)
Expecting:
    1
ok
Trying:
    sign(0)
Expecting:
    0
ok
Trying:
    sign(-1)
Expecting:
    -1
ok
Trying:
    sign('abc')
Expecting:
    Traceback (most recent call last):
    sign.SignumFehler: sign(x) nur für integer oder float definiert
ok
2 items had no tests:
    sign
    sign.SignumFehler
2 items passed all tests:
    6 tests in sign.csign
    4 tests in sign.sign
10 tests in 4 items.
10 passed and 0 failed.
Test passed.
(wb) $
```

Abb. 5.84: Alle Doctests erfolgreich ausgeführt

Die Doctests gelingen wie erwartet. Mit py.test ist deren Testlauf auch
einfach durch den passenden Aufruf möglich:

```
(wb) $ py.test --doctest-module -v sign.py
========================= test session starts ==========================
platform linux -- Python 3.4.3 -- py-1.4.30 -- pytest-2.7.2 -- /home/hans/wb/
                        bin/python
rootdir: /home/hans/py/pytest-sign, inifile:
plugins: csv, cov
collected 2 items

sign.py::sign.csign PASSED
sign.py::sign.sign PASSED

======================= 2 passed in 0.03 seconds =======================
(wb) $
```

Abb. 5.85: Testlauf der Doctests mit py.test

Selbstverständlich können auch alle Tests in einem Testlauf ausgeführt werden:

```
(wb) $ py.test --doctest-module -v sign.py test_sign.py
========================== test session starts ==========================
platform linux -- Python 3.4.3 -- py-1.4.30 -- pytest-2.7.3 -- /home/hans/wb/
                          bin/python
rootdir: /home/hans/py/pytest-sign, inifile:
plugins: csv, cov
collected 7 items

sign.py::sign.csign PASSED
sign.py::sign.sign PASSED
test_sign.py::test_sign_valid_integer_input PASSED
test_sign.py::test_sign_valid_float_input PASSED
test_sign.py::test_sign_invalid_input PASSED
test_sign.py::test_csign_valid_inputs PASSED
test_sign.py::test_csign_invalid_input PASSED

======================== 7 passed in 0.03 seconds ========================
(wb) $
```

Abb. 5.86: Testlauf mit allen Tests mit py.test

Alle Tests sind bestanden! Ob der Code gut ist, entscheidet sich aber nicht nur an diesem Kriterium. Die korrekte Funktion eines Stücks Code ist eigentlich selbstverständlich. Die Schönheit bzw. Lesbarkeit des Codes ist bisher nicht beachtet worden. PEP8-Konformität kann als Minimum erwartet werden, um Kollegen das Lesen nicht unnötig zu erschweren. pylint könnte zusätzlich zum Zuge kommen, es prüft und bewertet nach weit mehr Kriterien. Und schließlich wären auch Perfomanztests mit daraus resultierenden Codeänderungen eine Option für weitere Verbessrungen ...

Der Erfolg muss noch ins ins Repository eingecheckt werden, dann darf sich der Entwickler zurücklehnen und sein Werk betrachten.

5.6 Interview: Holger Krekel

Holger Krekel hat seit 2001 an vielen Python-Projekten maßgeblich mitgewirkt, unter anderem dem JIT-compiler PyPy, den Testwerkzeugen pytest und tox sowie dem privaten PyPI-packaging server „devpi". Bereits seit 2004 betreibt er die merlinux GmbH, die Python-Trainings, Auftragsprojekte und EU-Forschungsprojekte durchführt. Neben seinen Tätigkeiten mit Python ist Holger an dezentralen Technologien interessiert und hat unter anderem auf der EuroPython 2013 und 2015 Keynotes dazu gehalten und auf vielen kleineren Konferenzen dazu gesprochen. Privat kümmert er sich viel um sein vierjähriges Kind und ist der Meinung, dass angesichts des

Standes der Technik in 2015 eine zwanzig-Stunden Arbeitswoche für alle völlig ausreichend ist.

Wie bist Du zu Python gekommen?

Als ich 2001 einen http proxy programmieren wollte, bin ich von Java zu Jython gekommen und habe darüber Python zu schätzen gelernt.

Zen of Python: Welche Zeile ist Dir die wichtigste und warum?

Namesspaces are a honking great idea, let's do more of those.

Sehe ich als ein fundamentales Konstrukt von Sprachen, die Relation Namen -> Werte, Bedeutung.

Wann hast Du mit Test-Driven Development begonnen und warum?

Ca. 2002 wurde mir klar, dass größere Python apps Tests brauchen, weil der Compiler nicht so viel abfangen kann, so dass leicht Tippfehler entstehen oder sich einschleichen. Danach habe ich angefangen, systematisch Tests zu schreiben, zunächst im Zope, später im PyPy Kontext. Und eben „pytest" und spätere andere testing tools mitentwickelt, um mehr „fun" ins Testen zu bringen.

Was sind Deiner Meinung nach für Einsteiger die meistverbreitetsten Fallgruben von Python?

Mutable Keyword arguments, der Umgang mit Iterators.

Gibt es Problemfelder, in denen sich Python gänzlich ungeeignet erweist?

Systemprogrammierung wie zum Beispiel Hardwaretreiber sind sicherlich keine Stärke von Python. Entwicklung von Web-Apps auch nicht (Clientseitig).

Ist Python auch für große Softwareprojekte nützlich?

Klar, ich kenne viele erfolgreiche große Projekte und habe auch an einigen selbst mitgewirkt.

Ist TDD die richtige Vorgehensweise? Auch für große Entwicklerteams?

Test-Driven Development finde ich eine nützliche Technik, die viele Vorteile bringt. Beim explorativen Programmieren, wo die Problem/Lösungslage noch nicht klar ist, setze ich es allerdings oft nicht ein.

6 tox

Erfahrung ist wie eine
Laterne im Rücken; sie
beleuchtet stets nur das
Stück Weg, das wir bereits
hinter uns haben.

(Konfuzius)

Als universelles Hilfsmittel, um andere Hilfsmittel wie `pep8`, `pyflakes` und Tests mit verschiedenen Python-Versionen wiederholbar ablaufen zu lassen, hat sich `tox` [HKao15] bestens bewährt. Es wird mit Kommandozeilenoptionen und einer Datei `tox.ini` gesteuert.

6.1 Einstellungen

Alle Voreinstellungen werden in der ini-Datei vorgenommen, diese kann mit dem beiliegenden Kommando `tox-quickstart` sehr schnell erstellt werden.

Beliebig viele Umgebungen zur Ausführung von Tests sind möglich, aufgrund der langen Historie der Sprache sind ältere Python-Versionen immer noch produktiv und müssen verfügbar bleiben: py24, py25, py26, py27, py30 py31, py32, py33, py34, jython, pypy und pypy3. Zur Ausführung derartiger Tests müssen die Python-Versionen natürlich vorhanden sein, tox ruft lediglich das erwünschte ausführbare Programm auf. Die verschiedenen Python-Versionen bereitzustellen liegt in der Verantwortung des Anwenders bzw. Systemverwalters.

Die Gründe dafür sind vielfältig, viele Python-Programme haben eine lange Lebensdauer und nicht immer ist das letzte Python-Release in der Produktion aktiv. Doch gerade da müssen die Tests auf alle Fälle auch funktionieren, um ihren Hauptzweck erfüllen zu können: Verlässlichkeit. Die basiert ja gerade nicht nur auf den zu testenden produktiven Python-Modulen, sondern ebenso auf der Verfügbarkeit der Testwerkzeuge und der darunterliegenden Infrastruktur, wie beispielsweise dem Python-Interpreter.

Für jede Umgebung baut `tox` ein `virtualenv`. Eine Möglichkeit, beliebige externe Programme per Whitelisting zu nutzen, existiert ebenfalls.

```
...
whitelist_externals = make
...
```
Abb. 6.1: Plattformabhängigkeit in Einstellungen

Falls Programme genutzt werden, die nicht in den Einstellungen erwähnt sind, meldet sich `tox` mit entsprechenden Fehlermeldungen. Um plattformabhängig zwischen Darwin und Linux verschiedene Tests ausführen zu können, dient die Direktive `platform = darwin | linux`.

Python-Module sind oft abhängig von anderen Python-Modulen, in `tox.ini` können mit `deps = -rrequirements.txt` derartige Voraussetzungen hinterlegt werden. Diese werden dann in das durch `tox` erstellte `virtualenv` mit `pip` installiert. Für jede Sektion `[testenv:xyz]` der `tox.ini` wird eine eigene virtuelle Umgebung erstellt und nach dem Test aufbewahrt. Ändert sich die `tox.ini`, wird mit dem nächsten Testlauf nachinstalliert. Soll etwas wegfallen, empfiehlt sich als einfache „saubere" Lösung, die entsprechende Umgebung manuell zu löschen und mit dem nächsten `tox`-Lauf diese neu aufzubauen. Alternativ kann natürlich manuell die virtuelle Umgebung mit `source .../bin/activate` aktiviert werden, um dann mit `pip uninstall` die unerwünschten Komponenten zu entfernen. Meist wird aber die einfache Lösung auch die schnellere sein.

6.2 Ein Beispiel

Als Beispiel dient das Projekt `iptables-converter`, die kompletten Quelltexte einschließlich der dazugehörigen Dokumentation und Tests sowie der zum Debian Paketbau benötigten Dinge sind im Git-Repository[1] zu finden. Darin wird Tox mit dieser Datei initialisiert:

```
# Tox (http://tox.testrun.org/) is a tool for running tests
# in multiple virtualenvs. This configuration file will run the
```

---

[1]https://github.com/sl0/conv

```
# and then run "tox" from this directory.

[tox]
envlist = py27, pep8, docs

[testenv]
commands = /usr/bin/nosetests

[testenv:py26]
basepython =
    python2.6
commands =
    python setup.py clean
    python setup.py build
    /usr/bin/nosetests -v iptables_converter_tests.py

[testenv:py27]
basepython =
    python2.7
commands =
    python setup.py clean
    python setup.py build
    /usr/bin/nosetests -v iptables_converter_tests.py

[testenv:py34]
basepython =
    python3.4
deps =
    mock
commands =
    /usr/bin/2to3 --add-suffix='3' -n -w ./iptables_converter.py
    /usr/bin/python3.4 setup.py clean
    /usr/bin/python3.4 setup.py build
    /usr/bin/nosetests3 -v iptables_converter_tests.py

# python3.3 unavailable for now
#[testenv:py33]
#basepython =
#    python3.3
#commands =
#    /usr/bin/2to3 --add-suffix='3' -n -w iptables_converter.py
#    /usr/bin/python3.3 setup.py clean
#    /usr/bin/python3.3 setup.py build
#    /usr/bin/nosetests3 iptables_converter_tests.py

[testenv:pep8]
commands = /usr/bin/pep8 --show-pep8 --show-source iptables_converter.py

[testenv:docs]
basepython =
    python2.7
changedir = docs/source
deps =
    sphinx
    mock
    py
commands = sphinx-build -W -b html -d {envtmpdir}/doctrees . {envtmpdir}/html
```

Abb. 6.2: Quelltext zum Debian-Paket iptables-converter: tox.ini

Die erste Sektion [tox] zeigt mit der Variablen envlist die Namen derjenigen folgenden Sektionen an, die beim Aufruf ohne besondere Kommandozeilenargumente automatisch auszuführen sind. Das sind hier die Sektionen [py27], [pep8] und [docs]. In der Sektion [testenv] werden auszuführende Programme angegeben, die ohne volle Pfadangabe in allen anderen Sektionen benutzt werden können. Die weiteren Sektionen können sich auf die in der ersten genannten beziehen, müssen aber nicht. Insbesondere ist im iptables-converter Paket aufgrund der Änderungen von *Debian squeeze* über *Debian wheezy* nach *Debian jessie* nun die Sektion zu Python 3.3 auskommentiert, da in *Debian jessie* dieses nicht mehr verfügbar ist. Stattdessen ist nun Python 3.4 vorhanden. Um ein automatisches Testen während des Laufs von git-buildpackage[2] in den unterschiedlichen Debian-Versionen zu gewährleisten, wurde in der ersten Sektion auf Python 3 ganz verzichtet. Auch git-buildpackage ist in Python geschrieben, um direkt aus dem git-Repository Debian-Pakete zu bauen, es ist gut getestet und bewährt. In *Debian jessie* hat sich im Paket Sphinx die Vorgabe html_theme von ursprünglich default zu classic geändert, daher scheitert dieser Testlauf und ist nicht in der Liste der automatisch genutzten.

6.3 Ein Testlauf

Der Aufruf ist denkbar einfach, die Ausgabe stockt ab und an zur Erstellung der jeweiligen virtuellen Umgebungen. Bei jedem weiteren Aufruf wird auf die bereits vorhandenen virtuellen Umgebungen (virtualenv) zurückgegriffen. Die virtuellen Umgebungen werden je in einem eigenen Unterverzeichnis abgelegt, zum Beispiel in .tox/py27. Nachdem dieses angelegt ist, wird zuerst eine zip-Datei mit den vorhandenen Quellen darin abgelegt. Daran anschließend wird aus dem Quelltext setup.py genutzt, um das Paket zu bauen und zu installieren. Ist dies gelungen, werden die konfigurierten Tests, hier mit nose, ausgeführt:

```
$ time tox
GLOB sdist-make: /home/hans/devel/conv/setup.py
py27 create: /home/hans/devel/conv/.tox/py27
py27 inst: /home/hans/devel/conv/.tox/dist/iptables-converter-0.9.8.zip
py27 runtests: PYTHONHASHSEED='4294271436'
py27 runtests: commands[0] | python setup.py clean
running clean
py27 runtests: commands[1] | python setup.py build
running build
```

---

[2]http://honk.sigxcpu.org/projects/git-buildpackage/manual-html/gbp.html

```
running build_py
creating build
creating build/lib.linux-x86_64-2.7
copying iptables_converter.py -> build/lib.linux-x86_64-2.7
copying ip6tables_converter.py -> build/lib.linux-x86_64-2.7
py27 runtests: commands[2] | /usr/bin/nosetests -v iptables_converter_tests.py
pep8 create: /home/hans/devel/conv/.tox/pep8
pep8 inst: /home/hans/devel/conv/.tox/dist/iptables-converter-0.9.8.zip
pep8 runtests: PYTHONHASHSEED='4294271436'
pep8 runtests: commands[0] | /usr/bin/pep8 --show-pep8 --show-source
                          iptables_converter.py
docs create: /home/hans/devel/conv/.tox/docs
docs installdeps: sphinx, mock, py
docs inst: /home/hans/devel/conv/.tox/dist/iptables-converter-0.9.8.zip
docs runtests: PYTHONHASHSEED='4294271436'
docs runtests: commands[0] | sphinx-build -W -b html -d /home/hans/devel/conv/.
                          tox/docs/tmp/doctrees . /home/hans/devel/conv/.tox/docs/
                          tmp/html
Running Sphinx v1.3.1
making output directory...
loading pickled environment... not yet created
building [mo]: targets for 0 po files that are out of date
building [html]: targets for 4 source files that are out of date
updating environment: 4 added, 0 changed, 0 removed
reading sources... [ 25%] converter-tests
reading sources... [ 50%] index
reading sources... [ 75%] iptables-converter
reading sources... [100%] sources

looking for now-outdated files... none found
pickling environment... done
checking consistency... done
preparing documents... done
writing output... [ 25%] converter-tests
writing output... [ 50%] index
writing output... [ 75%] iptables-converter
writing output... [100%] sources

generating indices... genindex py-modindex
writing additional pages... search
copying static files... done
copying extra files... done
dumping search index in English (code: en) ... done
dumping object inventory... done
build succeeded.
_____ summary
    _____
  py27: commands succeeded
  pep8: commands succeeded
  docs: commands succeeded
  congratulations :)

real    1m6.863s
user    0m39.732s
sys 0m6.492s
$
```

Abb. 6.3: Ein erster Testlauf mit tox

Wie schon erwähnt, muss der zweite Lauf nicht die Abhängigkeiten aus dem Netz ziehen und benötigt daher deutlich weniger Zeit. Dies kommt der Gebrauchshäufigkeit zugute: Tests, die schnell ablaufen, werden öfter ausgeführt:

```
$ time tox
GLOB sdist-make: /home/hans/devel/conv/setup.py
...
build succeeded.
_____ summary _____

  py27: commands succeeded
  pep8: commands succeeded
  docs: commands succeeded
  congratulations :)

real    0m17.054s
user    0m15.256s
sys 0m1.712s
$
```

Abb. 6.4: Zweiter Testlauf rennt schneller

Auch ein Lauf mit einer einzelnen Testumgebung kann auf der Kommandozeile angestoßen werden, die Umgebung für Python 3.4 nutzt das Werkzeug 2to3, um aus den Quellen für Python 2.7 die für 3.4 automatisch zu erzeugen. Dies wird beim Ablauf deutlich:

```
$ tox -e py34
GLOB sdist-make: /home/hans/devel/conv/setup.py
py34 inst-nodeps: /home/hans/devel/conv/.tox/dist/iptables-converter-0.9.8.zip
py34 runtests: PYTHONHASHSEED='3797269688'
py34 runtests: commands[0] | /usr/bin/2to3 --add-suffix=3 -n -w ./
                            iptables_converter.py
--- ./iptables_converter.py     (original)
+++ ./iptables_converter.py     (refactored)
@@ -95,7 +95,7 @@
                return
        if "-N" in action:
            new_chain_name = liste.pop(1)
-           existing = self.data.keys()
+           existing = list(self.data.keys())
            if new_chain_name in existing:
                msg = "Chain %s already exists" % (new_chain_name)
                raise ValueError(msg)
@@ -104,7 +104,7 @@
                return
        if "-I" in action:  # or "-A" in action:
            chain_name = liste[1]
-           existing = self.data.keys()
+           existing = list(self.data.keys())
            if chain_name not in existing:
                msg = "invalid chain name: %s" % (chain_name)
                raise ValueError(msg)
@@ -118,7 +118,7 @@
```

```
                    return
            if "-A" in action:  # or "-I" in action:
                chain_name = liste[1]
-               existing = self.data.keys()
+               existing = list(self.data.keys())
                if chain_name not in existing:
                    msg = "invalid chain name: %s" % (chain_name)
                    raise ValueError(msg)
@@ -176,11 +176,11 @@
            for key in ["raw", "nat", "mangle", "filter"]:
                len = self.data[key].length
                if len > -1:
-                   print("*%s" % (self.data[key].name))
-                   for chain in self.data[key].keys():
+                   print(("*%s" % (self.data[key].name)))
+                   for chain in list(self.data[key].keys()):
                        poli = self.data[key].poli[chain]
-                       print(":%s %s [0:0]" % (chain, poli))
-                   for chain in self.data[key].values():
+                       print((":%s %s [0:0]" % (chain, poli)))
+                   for chain in list(self.data[key].values()):
                        for elem in chain:
                            print(elem)
                    print("COMMIT")
@@ -231,13 +231,13 @@
                        self.put_into_tables(line)
                fil0.close()
            except ValueError as err:
-               print (fname + ": "), err
+               print((fname + ": "), err)
                sys.exit(1)
            except IOError as err:
-               print(fname + ": "), err.strerror
+               print((fname + ": "), err.strerror)
                sys.exit(1)
            if not fname == "reference-one":
-               print("# generated from: %s" % (fname))
+               print(("# generated from: %s" % (fname)))


def main():
py34 runtests: commands[1] | /usr/bin/python3.4 setup.py clean
running clean
py34 runtests: commands[2] | /usr/bin/python3.4 setup.py build
running build
running build_py
py34 runtests: commands[3] | /usr/bin/nosetests3 -v iptables_converter_tests.py
Chain 01: create a Filter group, f.e. filter ... ok
Chain 02: check 3 valid policies, 1 exception ... ok
Chain 03: 3 cases OK, 1 Exception ... ok
Chain 04: flush filter group, 2 rules and an invalid chain ... ok
Chain 05: create a new chain in filtergroup, ... ok
Chain 06: create an exsiting chain should fail ... ok
Chain 07: insert a rule into an empty chain fails ... ok
Chain 08: insert a rule into a non_existing chain fails ... ok
Chain 09: insert a rule into a nonempty chain works at start ... ok
Chain 10: append a rule to a chain ... ok
Chain 11: try to remove a prefined chain ... ok
```

```
Chain 12: try to remove an existing chain ... ok
Chain 13: try an ilegal command ... ok
Tables 01: create a Tables object, check chains ... ok
Tables 02: nat PREROUTING entry ... ok
Tables 03: mangle INPUT entry ... ok
Tables 04: raw OUTPUT entry ... ok
Tables 05: INPUT to not existing chain ... ok
Tables 06: read non existing file ... ok
Tables 07: read empty file (in relation to iptables-commands) ... ok
Tables 08: read default file: reference-one, check chains ... ok
Tables 09: read buggy file with shell variables ... ok
Tables 10: read buggy file with shell functions ... ok

----------------------------------------------------------------------
Ran 23 tests in 0.005s

OK
_____ summary _____
  py34: commands succeeded
  congratulations :)
$
```

Abb. 6.5: Gezielter Testlauf mit einem tox-env

Tox kann auch andere Programme nutzen, um Tests auszuführen. Beispielsweise kann anstelle von nosetests das Kommando py.test ebenfalls Tests mit unterschiedlichen Python-Versionen ausführen. Beide Hilfsmittel funktionieren bestens zusammen.

Gerne schleichen sich bei der Konfiguration und Inbetriebnahme derartiger verschachtelter Testanordnungen Fehler ein, die mit wachsender Komplexität immer schwieriger auszumerzen sind. Dabei kann die Ausgabe der aktuellen vollständigen Konfiguration sehr nützlich sein, so werden zusätzlich auch alle nicht konfigurierten, aber vorhandenen Einstellungen ausgegeben:

```
(wb) $ tox --showconfig | more | head -30
tool-versions: tox-2.1.1 virtualenv-13.1.0
config-file: tox.ini
toxinipath: /home/hans/devel/conv/tox.ini
toxinidir:  /home/hans/devel/conv
toxworkdir: /home/hans/devel/conv/.tox
setupdir:   /home/hans/devel/conv
distshare:  /home/hans/.tox/distshare
skipsdist:

[testenv:py27]
  envdir         = /home/hans/devel/conv/.tox/py27
  envtmpdir      = /home/hans/devel/conv/.tox/py27/tmp
  envlogdir      = /home/hans/devel/conv/.tox/py27/log
  downloadcache  = None
  changedir      = /home/hans/devel/conv
  args_are_paths = True
```

```
skip_install        = False
ignore_errors       = False
recreate            = False
setenv              = {'PYTHONHASHSEED': '3337868506'}
passenv             = set(['LANG', 'PATH', 'TMPDIR', 'PIP_INDEX_URL'])
whitelist_externals = []
platform            = .*
sitepackages        = False
pip_pre             = False
usedevelop          = False
basepython          = python2.7
install_command     = ['pip', 'install', '{opts}', '{packages}']
deps                = []
commands            = [['python', 'setup.py', 'clean'], ['python', 'setup.py', '
                       build'], ['/usr/bin/nosetests', '-v', '
                       iptables_converter_tests.py']]
```

Abb. 6.6: Aktuelle Konfigurationseinstellungen, die ersten 30 Zeilen

Mit tox macht Testen Spaß. Es kann viel zu einer automatisierten Produktion beitragen, die immer öfter in Richtung einer kontinuierlichen Auslieferung von Software, der sog. *Continuous delivery* vorwärts schreitet. Dazu sind noch andere Komponenten notwendig, das automatische Erstellen von installierbaren Python-Paketen oder auch Debian-Paketen ist nicht trivial, das in Java geschriebene *Jenkins ,An extensible open source continuous integration server'*[3] oder das in Python geschriebene *buildbot*[4] können gute Dienste leisten.

6.4 Interview: Bastian Ballmann

Bastian Ballmann hat das Buch „Network Hacks" [Bal12] geschrieben und schreibt über sich: Bei der ETH Zürich bin ich für ein Forschungscluster verantwortlich und benutze Python für die unterschiedlichsten Aufgaben wie Backup / Restore von OpenStack Tenants, automatische Verwaltung von Gitlab, Nagios Plugins, Pcap Differ und anderen Netzwerk Analyse Tools. Ich bin seit 2002 Mitglied beim Chaos Computer Club und halte dort ab und an Vorträge zu Network Hacking Themen. Ansonsten schreibe ich gerne und nicht nur über Computer Themen. Mein Schreibblog findet man unter http://www.bastian-ballmann.de und das Informatikerblog unter http://www.codekid.net

Wie bist Du zu Python gekommen?

---

[3]https://jenkins-ci.org/
[4]http://buildbot.net/

Ich programmiere seit 15 Jahren. Zu Python hab ich allerdings erst recht spät gefunden. Nach 10 Jahren Perl und C und weil Perl 6 nie fertig werden wollte, habe ich mich auf die Suche nach einer neuen Lieblingssprache gemacht. Zuerst bin ich bei Groovy, dann bei Ruby und schließlich bei Python gelandet und dort unter anderem durch den genialen Paketgenerator Scapy kleben geblieben.

Zen of Python: Welche Zeile ist Dir die wichtigste und warum?

Ganz klar: Simple is better than complex.
Ich kann Design Pattern Fetischisten nicht ausstehen.

Wann hast Du mit Test-Driven Development begonnen und warum?

Das muss so im Sommer 2007 gewesen sein. Damals hatte man mich dazu gezwungen für Geld Java zu programmieren und so kam ich mit Agiler Software Entwicklung in Kontakt. Tests habe ich vorher schon in Perl geschrieben und fand die Idee faszinierend, den Test vor dem Code zu schreiben, quasi als „Wetten, dass der Code das kann?"-Spiel, um anschliessend die Wette einzulösen. Es fördert nicht nur den Spaß und das Zufriedenheitsgefühl, sondern auch das Vertrauen in den Code und Mut selbst größere Umbauten vorzunehmen.

Was sind Deiner Meinung nach für Einsteiger die meistverbreitetsten Fallgruben von Python?

Python hat Fallgruben? Höchstens die Einrückungen, damit tun sich einige Leute schwer inklusive mir, ansonsten ist die Sprache eher so simpel und man schreibt den Code wie man spricht (z.B. `if "password" in packet:`). Da denkt man anfangs „Das kann doch nicht so einfach sein!?"

Gibt es Problemfelder, in denen sich Python gänzlich ungeeignet erweist?

Parallele Programmierung ist in anderen Sprachen wie Erlang schöner gelöst und die Handhabung von regulären Ausdrücken finde ich in Perl besser, aber das sind Peantus, eigentlich kann man mit Python alles programmieren.

Ist Python auch für große Softwareprojekte nützlich?

Selbstverständlich wie Open Source Projekte z.B. Django, Flask, OpenStack oder Ansible beweisen.

Ist TDD die richtige Vorgehensweise? Auch für große Entwicklerteams?

Gerade bei großen Entwicklerteams sollte man TDD verwenden, damit sich jeder traut, den Code der anderen Entwickler zu verbessern, aber ich setze TDD auch bei Projekten ein, die ich alleine programmiere.

7 GUI Tests

7.1 PyQt4

Für Python sind mehrere Bibliotheken für die Programmierung graphischer
Benutzerschnittstellen (GUI, graphical user interface) verfügbar. Nicht alle
davon bringen Testwerkzeuge mit, bei PyQt ist mit QtTest passendes Werkzeug dabei. Die Beschränkung auf diese Bibliothek sei erlaubt, im Prinzip
ist die Vorgehensweise auch bei anderen GUIs stets die Gleiche.

7.1.1 Beispiel GUI

In Python 3 ist PyQt in Version 4 und Version 5 verfügbar, der nachfolgende
Beispiel-Code nutzt PyQt4. Das ist zur Zeit noch in vermutlich allen Linux-
Distributionen verfügbar und verfügt bereits über das Modul QTest.

Das einfache Beispiel zeigt ein Fenster fester Größe mit einer Schiebeleiste
zur bequemen Eingabe von Werten mit Anzeige, zwei Knöpfen zum Beenden
der Anwendung beziehungsweise zum Reset des eingestellten Wertes, einer
kleinen Grafik und einem kurzen Text. Die Klasse MeineBeispielKlasse
enthält die ganze Funktionalität, nicht alle Methoden sind zur eigentlichen
Grafik erforderlich. Die Funktion main zeigt eine Instanz dieser Klasse als
Applikation:

```
# -*- coding: utf-8 -*-                                          1
"""Beispiel für GUI Tests mir PyQt4                             2
Wegwerfprogramm zu Demonstrationszwecken                        3
                                                                4
```

```
pep8:  ohne Meldung                                                      5
"""                                                                      6
__author__ = "Johannes Hubertz"                                          7
__version__ = "0.1"                                                      8
__date__ = "2015-03-17"                                                  9
__copyright__ = "2015 Johannes Hubertz"                                 10
                                                                        11
                                                                        12
import sys                                                              13
from PyQt4 import QtGui, QtCore                                         14
                                                                        15
                                                                        16
class MeineBeispielKlasse(QtGui.QWidget):                              17
    """Beispiel fürs Testen"""                                         18
                                                                        19
    def __init__(self):                                               20
        """QtGui.QWidget will initialisiert sein"""                   21
        super(MeineBeispielKlasse, self).__init__()                   22
        self.initUI()                                                 23
                                                                        24
    def initUI(self):                                                 25
        """Die Komponenten des UserInterface (UI) sind hier definiert"""  26
        self.value = 0                                                27
        self.reset_button = QtGui.QPushButton('&Zurücksetzen', self)  28
        self.reset_button.resize(self.reset_button.sizeHint())        29
        self.reset_button.clicked.connect(self.resetValue)            30
        self.reset_button.move(50, 30)                                31
                                                                        32
        self.quit_button = QtGui.QPushButton('&Beenden', self)        33
        self.quit_button.clicked.connect(QtCore.QCoreApplication.     34
                                  instance().quit)                    35
        self.quit_button.resize(self.quit_button.sizeHint())          36
        self.quit_button.move(180, 30)                                37
                                                                        38
        self.label = QtGui.QLabel(self)                               39
        self.label.setText('Aktueller Wert:' + str(self.value))       40
        self.label.setGeometry(100, 80, 180, 30)                      41
                                                                        42
        self.sld = QtGui.QSlider(QtCore.Qt.Horizontal, self)          43
        self.sld.setFocusPolicy(QtCore.Qt.NoFocus)                    44
        self.sld.setGeometry(50, 100, 250, 30)                        45
        self.sld.setTickPosition(QtGui.QSlider.TicksBothSides)        46
        self.sld.setMaximum(100)                                      47
        self.sld.setTickInterval(10)                                  48
        self.sld.setSingleStep(1)                                     49
        self.sld.valueChanged[int].connect(self.changeValue)         50
                                                                        51
        self.pic = QtGui.QLabel(self)                                 52
        self.pic.setGeometry(50, 160, 300, 100)                      53
        pixmap = QtGui.QPixmap('cwfs.png')                            54
        pixmap = pixmap.scaledToHeight(90)                            55
        self.pic.setPixmap(pixmap)                                    56
                                                                        57
        self.copyright = QtGui.QLabel(self)                           58
        self.copyright.setText('(c)' + __copyright__)                 59
        self.copyright.setGeometry(80, 290, 200, 30)                 60
                                                                        61
        self.setGeometry(300, 100, 400, 320)                         62
```

```
    self.setWindowTitle('PyQt4 Beispiel Applikation')          63
    self.show()                                                 64
                                                                65
def changeValue(self, value):                                   66
    if value < 0:                                               67
        value = 0                                               68
    if value == 0:                                              69
        self.label.setText('Aktueller Wert:' + str(value) + ' unten')  70
    elif value > 0 and value <= 33:                             71
        self.label.setText('Aktueller Wert:' + str(value) + ' wenig')  72
    elif value > 33 and value <= 67:                            73
        self.label.setText('Aktueller Wert:' + str(value) + ' mittel') 74
    elif value > 67 and value < 100:                            75
        self.label.setText('Aktueller Wert:' + str(value) + ' hoch')   76
    else:                                                       77
        if value > 101:                                         78
            value = 101                                         79
        self.label.setText('Aktueller Wert:' + str(value) + ' oben')   80
    self.value = value                                          81
                                                                82
def resetValue(self):                                           83
    self.changeValue(0)                                         84
    self.sld.setValue(0)                                        85
                                                                86
def closeEvent(self, event):                                    87
    reply = QtGui.QMessageBox.\                                 88
        question(self, 'Anwendung Beenden',                     89
                "Sind sie sich wirklich sicher?",               90
                QtGui.QMessageBox.Yes |                         91
                QtGui.QMessageBox.No,                           92
                QtGui.QMessageBox.No)                           93
    if reply == QtGui.QMessageBox.Yes:                          94
        event.accept()                                          95
    else:                                                       96
        event.ignore()                                          97
                                                                98
                                                                99
def main():                                                    100
    app = QtGui.QApplication(sys.argv)                         101
    ex = MeineBeispielKlasse()                                 102
    sys.exit(app.exec_())                                      103
                                                               104
                                                               105
if __name__ == '__main__':                                    106
    main()                                                     107
```

Abb. 7.1: Beispiel: GUI Applikation

In der Methode changeValue mixt etwas Berechnung und Anzeige, hier geht es jedoch ausschließlich darum zu zeigen, dass die Sache testbar ist.

7.1.2 GUI Ansicht

Der Aufruf in der Kommandozeile einer graphischen Konsole ist unspekta-
kulär und zeigt die Anwendung wie in Abbildung 7.3 gezeigt:

```
(wb) $ python beispiel.py
(wb) $
```

Abb. 7.2: Start der Applikation

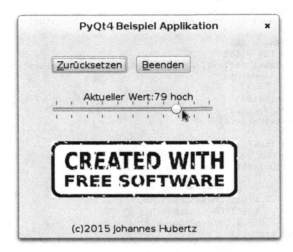

Abb. 7.3: Ansicht: GUI Applikation

Erst wenn die Anwendung durch Mausklick auf den Beenden-Knopf oder
die Tastenkombination ALT+F4 beendet wird, erscheint eine neue Eingabeaufforderung.

7.1.3 GUI Test

Und was ist nun daran wie zu testen? Einiges, wie `test_beispiel.py` zeigt:

```
# -*- coding: utf-8 -*-                                              1
                                                                     2
import sys                                                           3
import unittest                                                      4
from time import sleep                                               5
from PyQt4.QtGui import QApplication                                 6
from PyQt4.QtTest import QTest                                       7
from PyQt4.QtCore import Qt                                          8
from beispiel import BeispielGUI                                     9
```

```
class testBeispielGUI(unittest.TestCase):                              10
    """Tests für BeispielGUI"""                                        11
                                                                       12
                                                                       13
    app = QApplication(sys.argv)                                       14
    form = BeispielGUI()                                               15
                                                                       16
                                                                       17
    def setSliderTo(self, value):                                      18
        self.form.sld.setValue(value)                                  19
                                                                       20
    def test_01_change_value(self):                                    21
        """changeValue > max oder < min"""                            22
        self.form.changeValue(105)                                     23
        self.assertEqual(self.form.value, 100)                         24
        self.form.changeValue(-5)                                      25
        self.assertEqual(self.form.value, 0)                           26
                                                                       27
                                                                       28
    def test_02_valid_values(self):                                    29
        """korrekte Werte einstellbar? changeValue in allen Zweigen!"""
        for wert in [0, 10, 50, 95, 100]:                              30
            self.form.sld.setValue(wert)                               31
            self.assertEqual(self.form.sld.value(), wert)              32
                                                                       33
    def test_03_maxValue(self):                                        34
        """Maximalwert ist 100"""                                     35
        for wert in range(90, 100):                                    36
            self.form.sld.setValue(wert)                               37
            self.assertEqual(self.form.sld.value(), wert)              38
        self.setSliderTo(4711)                                         39
        self.assertEqual(self.form.sld.value(), 100)                   40
                                                                       41
    def test_04_minValue(self):                                        42
        """Minimal ist Null"""                                        43
        for wert in range(100, -1, -1):                                44
            self.form.sld.setValue(wert)                               45
            self.assertEqual(self.form.sld.value(), wert)              46
        self.setSliderTo(-3)                                           47
        self.assertEqual(self.form.sld.value(), 0)                     48
                                                                       49
    def test_05_reset_button(self):                                    50
        """Reset Button Click"""                                      51
        self.form.sld.setValue(23)                                     52
        # self.setSliderTo(23)                                         53
        QTest.mouseClick(self.form.reset_button, Qt.LeftButton)        54
        self.assertEqual(self.form.sld.value(), 0)                     55
```

Abb. 7.4: GUI Tests mit unittest

7.1.4 Testabdeckung

```
(wb) $ nosetests test_beispiel.py --with-coverage --cover-package=beispiel   1
changeValue > max oder < min ... ok                                           2
korrekte Werte einstellbar? ... ok                                            3
Maximalwert ist 100 ... ok                                                    4
Minimal ist Null ... ok                                                       5
```

```
Reset Button Click ... ok                                    6
                                                             7
Name        Stmts   Miss  Cover   Missing                    8
------------------------------------------                   9
beispiel       72      8    89%    88-97, 102-104, 108       10
------------------------------------------                   11
TOTAL          72      8    89%                              12
------------------------------------------                   13
Ran 5 tests in 0.433s                                        14
                                                             15
OK                                                           16
(wb) $                                                       17
```

Abb. 7.5: Testabdeckung nur des eigenen Codes

Hier bleiben noch Wünsche offen, die Funktion closeEvent() und die darin enthaltene MessageBox wie auch die Funktion main() bleiben für weitere Testentwicklungen hier noch ausgespart. Dennoch ist gezeigt, dass auch Programme und Funktionen mit graphischer Oberfläche testbar sind. Für die Entwicklung neuer GUI-Anwendungen kann nur empfohlen werden, ausschließlich solche zu verwenden, die geeignete Testwerkzeuge bereitstellen und möglichst viel Code außerhalb des eigentlichen GUI-Codes separat testbar zu halten.

7.2 Django: Testgetriebene Webentwicklung

Für die wunderbaren Anregungungen zu den Tests mit Django bedanke ich mich bei *Harry W. Percival,* in seinem Buch [Per14] wird ausschließlich dieses Thema umfassend behandelt. Seine nette Art, den Leser zwischenzeitlich in die Irre zu leiten, trägt sehr zum Verständnis bei.

Webanwendungen erfreuen sich seit 1992 wachsender Beliebtheit, sie werden immer komplexer und sind sinnvoll nur mit einer ausreichenden Testabdeckung zu betreiben beziehungsweise weiterzuentwickeln. Da Webauftritte zunehmend umsatzrelevant betrieben werden, wird die Forderung nach Zuverlässigkeit ebenso wie die nach Sicherheit vor Einbrüchen immer wichtiger. Mindestens für einen Neuauftritt oder kompletten Relaunch kommt daher *Test-Driven Development (TDD)* infrage, da es die Zuverlässigkeit der Software erheblich stärkt.

7.2.1 Unittests und Funktionale Tests

Die Vorgehensweise besteht stets aus einer Kombination von Unittests und funktionalen Tests, stets wird zuerst ein Test formuliert und erst danach wird begonnen, den Code zur Erfüllung der Tests zu schreiben. Der Versuch, die Begriffe zu klären, bevor Verwirrung aufkommt, erfolgt hoffentlich nicht zu spät: Funktionale Tests oder Akzeptanz Tests oder Ende-zu-Ende Tests meinen alle das Gleiche, nämlich den Blick von außen auf eine Applikation zu richten, zu beobachten, wie sich diese unter bestimmten Bedingungen verhält, wie Eingaben Reaktionen auslösen, Zeitverhalten und mehr. Dies geschieht stets ohne Berücksichtigung der internen Vorgänge. Sich ausschließlich auf diese externe Sicht zu beschränken, ist jedoch keine gute Idee, erst die Kombination von Unittests und funktionalen Tests sichert den Erfolg. Wenn ein neues Projekt sogleich damit begonnen wird, ist das nicht nachteilig. Nachträglich Tests gleich welcher Art zu schreiben, ist nicht falsch, entspricht aber nicht der Philosophie testgetriebener Entwicklung.

Die Software für den Webserver kann in Python realisiert werden, verschiedene Bausätze stehen zur Verfügung: Flask, Pyramid, Django, Plone und viele andere. Im weiteren Verlauf wird Django das Objekt der Begierde sein. Es ist vollständig in Python implementiert, der Produktivbetrieb kann in Kombination mit Nginx oder Apache als Serversoftware erfolgen. Üblicherweise wird als Interface `wsgi` genutzt. Nur für die Entwicklung bringt Django einen internen Servermechanismus mit, der mittels des Skripts `manage.py` gestartet wird und alle Zugriffe ähnlich wie in einer Server-Logdatei anzeigt.

Für verschiedene Webbrowser (android, chrome, Firefox, Opera, ...) auf diversen Betriebssystemen existiert ein Werkzeug mit dem Namen `selenium`. Sein Zweck ist es, den jeweiligen lokalen Browser fernzusteuern. Ein Browser muss für den Gebrauch installiert sein, da es selbst keinen mitbringt. Abhängig von der Zielgruppe der Anwendung will man unter Umständen mit mehreren Browsern im direkten Vergleich testen.

Natürlich braucht man nicht nur Software zur Entwicklung von Software, sondern auch mindestens eine Idee, was das neue Produkt leisten soll, welche Erfordernisse gegeben sein müssen und welcher Aufwand zur Erreichung des Ziels zu leisten ist.

Hier soll im weiteren Verlauf gezeigt werden, wie eine testgetriebene Entwicklung gestartet werden kann und wie die Unittests mit den funktionalen Tests einerseits und der Anwendung andererseits zusammenspielen. Die Idee für das Projekt ist, eine Weboberfläche zur Verwaltung von Namen und IPv6-Adressen zu bauen. Die Namen können später in Regeln als Quellen und Ziele zur Generierung von Paketfiltern in Firewalls und anderen Systemen genutzt werden. Aus den Regeln sollen dann direkt die Paketfilterkonfiguationen beziehungsweise Systemkommandos für beliebig viele Zielsysteme erzeugt werden. Firefox als Browser reicht hier zur Demonstration aus.

Den Anfang macht das Aufsetzen einer virtuellen Umgebung, wie bereits im Kapitel zur Projektstruktur gezeigt wurde. Diese ist eine gute Voraussetzung, um klar definierte Rahmenbedingungen zu haben. Nur wenige Bibliotheken sind für den Anfang notwendig. Um strukturiertes Vorgehen nicht zu vernachlässigen, wird eine erste Fassung der requirements.txt und der test-requirements.txt im Projektverzeichnis angelegt und sogleich zur Installation der Pakete genutzt. Die Unterscheidung zwischen requirements und test-requirements nutzt insbesondere denjenigen, die das fertige Produkt nur nutzen, nicht aber weiterhin testen oder entwickeln möchten, denn nur dazu sind die Pakete mock und selenium erforderlich:

```
$ pyvenv dj
$ source dj/bin/activate
(dj) $ mkdir -p gui/django
(dj) $ cd gui/django
(dj) $
(dj) $ echo "Django==1.8c2" > requirements.txt
(dj) $
(dj) $ pip install -r requirements.txt
...
(dj) $ echo "mock>=1.0.1" >> test-requirements.txt
(dj) $ echo "selenium>=2.45.0" >> test-requirements.txt
(dj) $
(dj) $ pip install -r test-requirements.txt
...
(dj) $
```

Abb. 7.6: Neues Projekt: Werkbank und Anforderungen für Django

Als Anregung sei noch auf die Dokumentation zu Selenium hingewiesen, sowohl mit dem Befehl pydoc selenium als auch bei Readthedocs[1] findet sich erschöpfend Auskunft.

---

[1] http://selenium-python.readthedocs.org/en/latest/getting-started.html

Ob durch die Installation der Pakete ein funktionsfähiger Arbeitsplatz entstanden ist, zeigt sich erstmalig mit der Datei functional_tests.py durch deren Ausführen:

```
from selenium import webdriver                                       1
                                                                    2
browser = webdriver.Firefox()                                       3
browser.get('http://localhost:8000')                                4
                                                                    5
assert 'Django' in browser.title                                    6
browser.quit()                                                      7
```

Abb. 7.7: Erster Start: Firefox mit einer Erwartung

Doch wider allen Erwartens schlägt dieser Test fehl:

```
(dj) $ python functional_tests.py
Traceback (most recent call last):
  File "functional_tests.py", line 6, in <module>
    assert 'Django' in browser.title
AssertionError
(dj) $
```

Abb. 7.8: Firefox und selenium: Der Titel stimmt nicht

Es wird ein Firefox Browser gestartet, dieser zeigt jedoch nur eine Standardfehlermeldung: *Firefox* kann keine Verbindung zu dem Server unter localhost:8000 aufbauen. Meist läuft der Test so schnell ab, dass keine Zeit bleibt, die Fehlermeldung zu lesen. Die Kommentierung der letzten Zeile [7] in functional_tests.py mag in solchen Fällen der Beschaulichkeit dienen. Der Netzwerkstatus zeigt ebenfalls keine Aktivität im Zusammenhang mit dem TCP-Port 8000, insbesondere kein Lauschen. Es ist zwar das Django Paket installiert, nur aus diesem Grund läuft jedoch kein Webserver. Das soll sich als nächstes ändern.

7.2.2 Django Start

Das zuvor installierte Paket Django ist umfangreich, es enthält mehr als 800 Dateien mit mehr als 116000 Zeilen Quelltext. Unter anderem bringt es den Kommandozeilenbefehl django-admin mit, der nun dazu benutzt wird, die Grundstruktur des neuen Projektes unter dem Namen admgui anzulegen:

```
(dj) $ django-admin startproject admgui                             1
(dj) $                                                              2
```

Abb. 7.9: django-admin startproject admgui

Der Linuxbefehl tree zeigt sodann die entstandene Struktur an:

Alle Einstellungen, zum Beispiel die Zeitzone und die verwendete Sprache, sind in der Datei settings.py mit einem Vorgabewert vorhanden. Da

```
admgui
├── admgui
│   ├── __init__.py
│   ├── settings.py
│   ├── urls.py
│   └── wsgi.py
└── manage.py
```

Abb. 7.10: Der erzeugte Verzeichnisbaum

Django stets mit einer Datenbankinstanz zusammenarbeitet, ist diese ebenfalls dort konfiguriert. Voreingestellt ist sqlite3. Diese wird erst im nächsten Schritt erzeugt, da der Anwender vielleicht andere Präferenzen hat.
Schnittstellen zu PostgreSQL, MySQL, Oracle™ und Sqlite3 stehen zur Verfügung, diese müssen in settings.py eingerichtet werden. Benutzername,
Passwort, Host und eine TCP-Portnummer sind anzugeben, für PostgreSQL
mag es wie folgt aussehen:

```
...                                                             1
DATABASES = {                                                   2
    'default': {                                                3
        'ENGINE': 'django.db.backends.postgresql_psycopg2',     4
        'NAME': 'mydatabase',                                   5
        'USER': 'mydatabaseuser',                               6
        'PASSWORD': 'mypassword',                               7
        'HOST': '127.0.0.1',                                    8
        'PORT': '5432',                                         9
    }                                                          10
}                                                             11
...                                                           12
```

Abb. 7.11: settings.py mit Einstellungen für PostgreSQL

Für die beabsichtigten Demonstrationszwecke reicht das voreingestellte
sqlite3 als Backend aus. Die Spracheinstellung wird vom voreingestellten
Wert en-en auf de-de, die wird Zeitzone auf CET umgestellt. Sodann wird
die Datenbank angelegt:

```
(dj) $ python manage.py  migrate
Operations to perform:
  Synchronize unmigrated apps: staticfiles, messages
  Apply all migrations: auth, sessions, contenttypes, admin
Synchronizing apps without migrations:
  Creating tables...
    Running deferred SQL...
  Installing custom SQL...
Running migrations:
  Rendering model states... DONE
```

```
Applying contenttypes.0001_initial... OK
Applying auth.0001_initial... OK
Applying admin.0001_initial... OK
Applying contenttypes.0002_remove_content_type_name... OK
Applying auth.0002_alter_permission_name_max_length... OK
Applying auth.0003_alter_user_email_max_length... OK
Applying auth.0004_alter_user_username_opts... OK
Applying auth.0005_alter_user_last_login_null... OK
Applying auth.0006_require_contenttypes_0002... OK
Applying sessions.0001_initial... OK
```

Abb. 7.12: Datenbank anlegen mit `manage.py`

Um etwas mit Django und dieser Datenbank zu bewirken, insbesondere auch zur Entwicklung der Datenbankstruktur, wird zusätzlich ein administrativer Benutzer benötigt, der sich später in der Webanwendung für seine besonderen Aufgaben stets mit Namen und Passwort anzumelden hat. Diese Funktion kann im Produktionsbetrieb unter Umständen wegfallen, wenn zum Beispiel keine Benutzerverwaltung erforderlich ist und die Datenbank anderweitig administriert wird. Für die Entstörung während der Entwicklung ist die Rolle sehr hilfreich, daneben können die Bordmittel von `sqlite3` ebenso nützlich sein wie beispielsweise der im Webbrowser Firefox befindliche SQLite-Manager.

```
(dj) $ python manage.py createsuperuser
Username (leave blank to use 'hans'): max
Email address:
Password:
Password (again):
Superuser created successfully.
(dj) $
```

Abb. 7.13: Einen Superuser als Administrator anlegen

Den Namen und das dazugehörige Passwort sollte man sich merken, zur Not kann mit dem gleichen Kommando jederzeit ein weiterer `superuser` angelegt werden. Nun kann mit der lokalen Djangoinstallation gearbeitet werden.

7.2.3 Django Entwicklungsserver

Der Start des Entwicklungsservers erfolgt mit dem Kommando `manage.py runserver`. Das Starten kann verfolgt werden, erst mit der Eingabe von `Control-C` erhält man die Eingabeaufforderung zurück. Dies ist so beabsichtigt. Bei Zugriffen auf den Server sieht man auch, warum:

```
(dj) $ python manage.py runserver
Performing system checks...

System check identified no issues (0 silenced).
March 23, 2015 - 23:44:02
Django version 1.8c1, using settings 'admgui.settings'
Starting development server at http://127.0.0.1:8000/
Quit the server with CONTROL-C.
```

Abb. 7.14: Start des Entwicklungsservers: `manage.py runserver`

Ob nun ein Server läuft, kann in einem anderen Terminal auf dem gleichen Rechner mit dem netstat Kommando angesehen werden. Es zeigt sich eine Aktivität mit dem Port 8000, das heißt der Entwicklungsserver ist bereit, Anfragen entgegen zu nehmen:

```
(dj) $ netstat -an | grep 8000
tcp     0    0 127.0.0.1:8000    0.0.0.0:*       LISTEN
(dj) $
```

Abb. 7.15: Netzwerkkontrolle mit netstat

Deutlich ist zu sehen, dass auf der IP-Adresse 127.0.0.1 der tcp-port 8000 auf eingehende Verbindungswünsche wartet. Somit ist auch klar, dass von außen nicht direkt auf den Entwicklungsserver zugegriffen werden kann.

Ab diesem Zeitpunkt kann mit einem lokalen Browser auf den Webserver zugegriffen werden. Mit dem Browser kann man sich davon überzeugen. Kleine Anmerkung dazu: Auf Debian GNU/Linux heißt der Firefox-Browser Iceweasel.

Per secure shell (ssh) in Verbindung mit Portforwarding kann der Zugriff auch von einem anderen Rechner aus funktionieren, wenn eine eingehende ssh-session erlaubt ist.

Spätestens zu diesem Zeitpunkt sollte ein Versionskontrollsystem in Gang gesetzt werden. Mit git kann das einer Zeile erledigt werden:

```
(dj) $ git init; git add .; git commit -a -m'Initial commit'
(dj) $
```

Abb. 7.17: Versionskontrolle in Gang setzen mit `git init`

Der dritte Aufruf git commit ... checkt alle im Verzeichnis befindlichen Dateien in das lokale Repository ein, somit ist der aktuelle Status mit dem in der globalen git-Konfiguration benannten Urheber[2] [3] und aktuellem Datumsstempel dokumentiert und wiederherstellbar.

---

[2]git config --global user.name "Max Mustermann"
[3]git config --global user.email mm@example.com

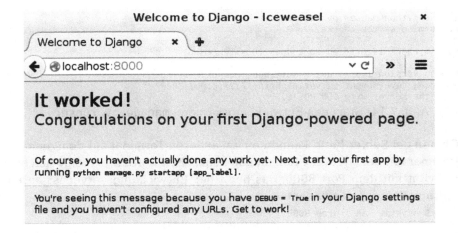

Abb. 7.16: Django Entwicklunsserver

Jeder Schritt in der Entwicklung kann nun nachvollzogen werden, wenn in ausreichend kurzen Abständen das Repository aktualisiert wird. Ein weiterer Vorteil ergibt sich für den Entwickler: Beim Erkennen eines Irrtums kann zu jedem Schritt zurückgekehrt werden und genau an der Stelle erneut mit der Weiterentwicklung aufgesetzt werden. Ebenso kann von diesem Status verzweigt werden, das heißt verschiedene, unabhängige Entwicklungen können hier ihren Anfang nehmen. Jeder Teil kann im eigenen Zweig (branch) gepflegt werden. Das kann später bei Bedarf wieder vereinigt werden.

Ebenso ist es sinnvoll, das Repository nicht nur im lokalen Dateibaum zu haben, sondern mindestens eine Replik außerhalb, am Besten in einem anderen Brandabschnitt, vorzuhalten. Git stellt dazu alle notwendigen Mechanismen via ssh bereit (git remote add ...; git push).

7.2.4 Eine Kurzgeschichte

Der funktionale Test soll die Anwendung von außen prüfen. Die Interna sind nicht wichtig dabei, nur der Blick durch den Browser beziehungsweise durch selenium ist für Erfolg oder Misserfolg maßgeblich. Letztlich ist

196

es die Sicht des Auftraggebers, die nachgebildet wird. Der hat zuvor seine Wünsche geäußert, was in der Anwendung wie funktionieren soll. Inwieweit diese Wünsche oder Forderungen fein detailliert oder eher grob formuliert sind, kann für die Entwicklung nur am Rande wichtig sein, ein Ablauf der Bedienung ist als Plan unerlässlich. Dieser kann als Roman verfasst sein, besser sind vermutlich kurze Stichpunkte zu jedem Schritt in der Anwendung vom Start zu jedem vorgegebenen Ziel. Das ähnelt mehr einer Kurzgeschichte. Den passenden Rahmen dazu liefert die vorhandene Datei functional_test.py, die nun in das Projektverzeichnis verschoben wird.

Die zu schreibenden Kommentare sind nicht nur als Wegweiser für den Entwickler wichtig, sie dokumentieren das geplante Vorgehen auch für andere Leser transparent und sollten mit dem Auftraggeber abgesprochen werden. Von komplizierten Dingen wie zum Beispiel Authentisierung wird hier zugunsten der Vermittlung der Methodik abgesehen, und wer localhost per http erreichen kann, hat schon anderweitig, zum Beispiel durch einen ssh-Schlüssel oder lokales Login, seine Berechtigung ausreichend nachgewiesen. Der erste Entwurf der Kurzgeschichte folgt:

```
# -*- coding: utf-8 -*-                                             1
from selenium import webdriver                                      2
                                                                    3
browser = webdriver.Firefox()                                      4
                                                                    5
# Max Mustermann soll die Definitionen und Regeln für die Paketfilter  6
# verwalten, dazu besucht er den Server auf localhost:8000          7
browser.get('http://localhost:8000/hostnet')                       8
                                                                    9
# Er sieht 'hostnet' im Titel des Browserfensters                  10
assert 'hostnet' in browser.title                                  11
                                                                    12
# Er ist aufgefordert, neue Einträge in 'hostnet' zu machen        13
# Er füllt die drei Felder aus und                                 14
                                                                    15
# sucht dann 'Hinzufügen' und klickt auf den Knopf                 16
                                                                    17
# Nach dem Klick muss der soeben eingegebene Text verschwunden sein 18
                                                                    19
# Diese Kurzgeschichte wird im weiteren Verlauf                    20
# noch variiert und erweitert                                      21
                                                                    22
# Er beschließt, die Arbeit einzustellen und schließt den Browser  23
browser.quit()                                                     24
```

Abb. 7.18: Eine Kurzgeschichte in Kommentaren des funktionalen Tests

Der funktionale Test schlägt fehl:

```
(dj) $ python functional_tests.py
Traceback (most recent call last):
```

```
File "functional_tests.py", line 11, in <module>
    assert 'hostnet' in browser.title
AssertionError
(dj) $
```

Abb. 7.19: Der funktionale Test gelingt nicht auf Anhieb

Der Browser bleibt offen und muss manuell geschlossen werden. Das ist kein Beinbruch.

Schlimmer wäre es, der Test hätte funktioniert und wir blieben über den aktuellen Status im Dunkeln. Also ist das eine gute Nachricht, und sie musste so oder ähnlich erwartet werden. Allerdings ist die Fehlermeldung AssertionError wenig hilfreich bei der Ursachenforschung. Daher ist es nur folgerichtig, den ganzen Test mit dem unittest Modul wartungs- und anwenderfreundlicher zu gestalten. Die Methoden setUp() vor jedem und tearDown() nach jedem Testfall öffnen beziehungsweise schließen den Browser jeweils:

```python
#!/usr/bin/env python                                               1
# -*- coding: utf-8 -*-                                             2
from selenium import webdriver                                      3
import unittest                                                     4
                                                                    5
                                                                    6
class Hostnet_Test(unittest.TestCase):                              7
                                                                    8
    def setUp(self):                                                9
        self.browser = webdriver.Firefox()                         10
                                                                   11
    def tearDown(self):                                            12
        self.browser.quit()                                        13
                                                                   14
    def test_01_hostnet(self):                                     15
        # Max Mustermann soll die Definitionen und Regeln für die  16
        # Paketfilter verwalten, dazu besucht er den neuen Webserver 17
        self.browser.get('http://localhost:8000/hostnet')         18
                                                                   19
        # Er sieht 'hostnet' im Titel des Browserfensters          20
        self.assertIn('hostnet', self.browser.title,              21
                      'Im Titel fehlt: ==> hostnet <==')          22
                                                                   23
        self.fail('Dieser Test ist noch nicht fertig')            24
                                                                   25
        # Er ist aufgefordert, neue Einträge in 'hostnet' zu machen 26
        # Er füllt die drei Felder aus und                         27
                                                                   28
        # sucht dann 'Hinzufügen' und klickt auf den Knopf         29
                                                                   30
        # restliche Kommentare wie oben                            31
                                                                   32
if __name__ == '__main__':                                         33
    unittest.main(warnings='ignore')                              34
```

198

Abb. 7.20: Erster Unittest endet vorläufig mit `self.fail`

Durch den Import des `unittest`-Moduls ergibt sich kein anderer und insbesondere kein fehlerfreier Ablauf, aber eine aussagekräftige und viel besser lesbare Fehlermeldung:

```
(dj) $ python functional_tests.py
F
===============================================================
FAIL: test_01_hostnet (__main__.Hostnet_Test)
---------------------------------------------------------------
Traceback (most recent call last):
  File "functional_tests.py", line 22, in test_01_hostnet
    'hostnet nicht im Browsertitel')
AssertionError: 'hostnet' not found in 'Welcome to Django' : Im Titel fehlt:
                ==> hostnet <==


---------------------------------------------------------------
Ran 1 test in 7.341s

FAILED (failures=1)
(dj) $
```
Abb. 7.21: Fehler im Titel des Browsers

Da Selenium manchmal Schwierigkeiten hat, auf die Antwort vom Webserver zu warten, ist es sinnvoll, ein Maximum für die Wartezeit anzugeben. Die Einstellung erfolgt mit einer Methode des webdriver Objektes. Erst wenn die Applikation aufgrund ihrer Komplexität zu längeren Wartezeiten führen sollte, werden kompliziertere Wartekonstruktionen notwendig:

```
    def setUp(self):                                        9
        self.browser = webdriver.Firefox()                 10
        self.browser.implicitly_wait(3)                    11
```
Abb. 7.22: Testvorbereitung: Einstellung der maximalen Wartezeit

Die beschriebene in Kommentaren gefasste Kurzgeschichte und das Konzept, bestimmte Fehler zu erwarten, haben sich bei TDD als nützlich erwiesen. Ohne Fehler ist eben kein Fortschritt zu machen.

7.2.5 Django Unittests

Die Anwendung wird nun um einen 'App' genannten Anteil erweitert, der die geforderte Funktionalität aufweisen soll:

```
(dj) $ django-admin startapp hostnet                       1
(dj) $                                                      2
```
Abb. 7.23: django-admin startapp hostnet

Das Projektverzeichnis erweitert sich:

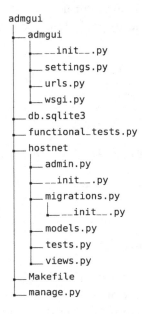

```
admgui
    admgui
        __init__.py
        settings.py
        urls.py
        wsgi.py
    db.sqlite3
    functional_tests.py
    hostnet
        admin.py
        __init__.py
        migrations.py
            __init__.py
        models.py
        tests.py
        views.py
    Makefile
    manage.py
```

Abb. 7.24: django-admin startapp erweitert das Projektverzeichnis

Da der funktionale Test scheitert, muss als Nächstes die Anwendung geändert werden, bis er fehlerfrei funktioniert. Dazu ist Code zu schreiben, mit Unittests sollte nach Möglichkeit davon jede einzelne Zeile getestet werden. Wenn ein Unittest scheitert, ist so wenig wie möglich Code zu schreiben oder zu ändern, bis der Test gelingt. Diese letzten Schritte sind solange zu wiederholen, bis auch der funktionale Test gelingt. Dazu bietet Django eine eigene Testklasse an, die von der Klasse Unittest abgeleitet ist. Eine kleine Vorlage hat das letzte Kommando schon erzeugt; so wird offensichtlich, in welcher Datei die Unittests vorgesehen sind:

```
(dj) $ cat hostnet/tests.py                                        1
from django.test import TestCase                                   2
                                                                   3
# Create your tests here.                                          4
(dj) $                                                             5
```

Abb. 7.25: Django unittests mit Prototyp

Die *Model — View — Controller* - Architektur von Django ist nicht ganz trivial, jedoch sollten mit der vorhandenen Dokumentation[4] keine Fragen offen bleiben. Die Tests werden stets mit dem manage.py ausgeführt. Und so lässt sich ein erster Testfall konstruieren:

```python
#!/usr/bin/env python                                              1
# -*- coding: utf-8 -*-                                            2
                                                                   3
from django.core.urlresolvers import resolve                      4
from django.test import TestCase                                   5
                                                                   6
from hostnet.views import hostnet_page                            7
                                                                   8
                                                                   9
class Hostnet01BasicTest(TestCase):                               10
                                                                  11
    def test_hostnet_url_kommt_aus_hostnet_view(self):           12
        found = resolve('/hostnet')                               13
        self.assertEqual(found.func, hostnet_page)                14
```

Abb. 7.26: Erster Testfall: hostnet_url_kommt_aus_hostnet_view

Da hostnet_page in Zeile 7 importiert werden soll und in views.py noch nicht existiert, kann der Testlauf nur mit einer Fehlermeldung wie beispielsweise einem ImportError schief gehen. Und so geschieht es:

```
(dj) $ python manage.py test
Creating test database for alias 'default'...
E
========================================================================
ERROR: hostnet.tests (unittest.loader.ModuleImportFailure)
------------------------------------------------------------------------
Traceback (most recent call last):
  ...
  ...
ImportError: cannot import name 'hostnet_page'


------------------------------------------------------------------------
Ran 1 test in 0.002s

FAILED (errors=1)
Destroying test database for alias 'default'...
(dj) $
```

Abb. 7.27: Der Test geht erwartungsgemäß nicht gut aus

Wie schön, die bereits vermutete Erwartung hat sich erfüllt. Gelingende Testfälle machen zufrieden, daher wird views.py um eine Zeile erweitert:

---

[4]https://docs.djangoproject.com/en/1.8/

```
from django.shortcuts import render                                    1
                                                                        2
# Create your views here.                                              3
                                                                        4
hostnet_page = None                                                    5
```

Abb. 7.28: Erste Annäherung an die erwünschte Funktionalität

So wird Raum für einen anderen, aussagekräftigeren Fehler mit dem nächsten Testlauf:

```
(dj) $ python manage.py test
Creating test database for alias 'default'...
E
========================================================================
ERROR: test_hostnet_url_kommt_aus_hostnet_view (hostnet.tests.HostnetTest)
------------------------------------------------------------------------
Traceback (most recent call last):
  File "/home/hans/pb/gui/django/admui/hostnet/tests.py", line 11, in
                         test_hostnet_url_kommt_aus_to_hostnet_view
    found = resolve('/hostnet')
  File "/home/hans/pb/dj/lib/python3.4/site-packages/django/core/urlresolvers.
                         py", line 522, in resolve
    return get_resolver(urlconf).resolve(path)
  File "/home/hans/pb/dj/lib/python3.4/site-packages/django/core/urlresolvers.
                         py", line 388, in resolve
    raise Resolver404({'tried': tried, 'path': new_path})
django.core.urlresolvers.Resolver404: {'tried': [ [<RegexURLResolver <
                         RegexURLPattern list> (admin:admin) ^admin/>] ], 'path':
                         'hostnet'}


------------------------------------------------------------------------
Ran 1 test in 0.007s

FAILED (errors=1)
Destroying test database for alias 'default'...
(dj) $
```

Abb. 7.29: Ein hübscher 404, jedoch noch nicht im Browser

Das bedeutet schlicht, dass Django den Pfad zum gegebenen URL nicht finden kann. Und es weist den Weg in die Richtung der Datei admgui/urls.py. Daran ist Hand anzulegen und eine Zeile mit dem Pfad zum hostnet-URL einzutragen. Diese Datei wird hier im fertigen Zustand gezeigt. Der Rest der Datei wurde vom startproject Befehl bereits angelegt:

```
from django.conf.urls import include, url                              1
from django.contrib import admin                                       2
                                                                        3
urlpatterns = [                                                        4
    # Examples:                                                        5
    # url(r'^$', 'admgui.views.home', name='home'),                   6
    # url(r'^blog/', include('blog.urls')),                           7
                                                                        8
```

```
    url(r'^hostnet/', 'hostnet.views.hostnet_page'),          9
    url(r'^admin/', include(admin.site.urls)),                10
]                                                             11
```

Abb. 7.30: Zeile 9 wurde eingefügt in urls.py

Der Test wird erneut aufgerufen, jedoch stellt sich immer noch kein Erfolg ein:

```
(dj) $ python manage.py test
...
...
django.core.exceptions.ViewDoesNotExist: Could not import 'hostnet.views.
                    hostnet_page'. View is not callable.
-------------------------------------------------------------------
Ran 1 test in 0.008s

FAILED (errors=1)
Destroying test database for alias 'default'...
(dj) $
```

Abb. 7.31: Could not import, View is not callable

View is not callable deutet in die Richtung der Datei hostnet/views.py:

```
def hostnet_page():                                           5
    pass                                                      6
```

Abb. 7.32: Änderung: pass statt None in hostnet_page

Nun sollte der Unittest funktionieren:

```
(dj) $ python manage.py test
Creating test database for alias 'default'...
.
-------------------------------------------------------------------
Ran 1 test in 0.006s

OK
Destroying test database for alias 'default'...
(dj) $
```

Abb. 7.33: Der erste Testfall gelingt

Den Erfolg zu geniessen ist stets ein schöner Augenblick. Es ist an der Zeit, die Sache ins Repository einzuchecken.

7.2.6 Unittest für eine View

Der funktionale Test schlägt immer noch fehl, daher geht es mit unittests weiter. Eine View muss geschrieben werden, das heißt zuerst ein Test für deren Richtigkeit. Dazu wird hostnet/tests.py um einen Testfall erweitert:

```
from django.core.urlresolvers import resolve          3
from django.test import TestCase                       4
from django.http import HttpRequest                    5
                                                       6
from hostnet.views import hostnet_page                 7
                                                       8
                                                       9
class Hostnet01BasicTest(TestCase):                    10
                                                       11
    def test_01_hostnet_url_kommt_aus_hostnet_view(self):   12
        found = resolve('/hostnet')                    13
        self.assertEqual(found.func, hostnet_page)     14
                                                       15
    def test_02_hostnet_view_liefert_valides_html(self):    16
        request = HttpRequest()                        17
        response = hostnet_page(request)               18
        self.assertTrue(response.startswith(b'<html>'))    19
        self.assertIn(b'<title>hostnet', response.content)  20
        self.assertTrue(response.content.endswith(b'</html>'))  21
```

Abb. 7.34: Zweiter Testfall mit import HttpRequest

Dieser schlägt erwartungsgemäß fehl, da views.py derzeit noch keinerlei
Code enthält, der valides HTML liefern könnte:

```
(dj) $ python manage.py test
Creating test database for alias 'default'...
.E
========================================================================
ERROR: test_02_hostnet_view_liefert_valides_html (hostnet.tests.HostnetTest)
------------------------------------------------------------------------
Traceback (most recent call last):
  File "/home/hans/pb/gui/django/admgui/hostnet/tests.py", line 18, in
                      test_02_hostnet_view_liefert_valides_html
    response = hostnet_page(request)
TypeError: hostnet_page() takes 0 positional arguments but 1 was given

------------------------------------------------------------------------
Ran 2 tests in 0.008s

FAILED (errors=1)
Destroying test database for alias 'default'...
(dj) $
```

Abb. 7.35: Es wurde kein gültiges HTML geliefert

Eine Korrektur ist an hostnet/views.py anzubringen, damit der TypeError
verschwindet:

```
from django.shortcuts import render                    1
from django.http import HttpResponse                   2
                                                       3
# Create your views here.                              4
                                                       5
def hostnet_page(request):                             6
    return HttpResponse()                              7
```

Abb. 7.36: Die Zeile 7 wurde nochmals geändert

Der TypeError verschwindet. Aber nur, um einer anderen Fehlermeldung
Platz zu machen:

```
(dj) $ python manage.py test
Creating test database for alias 'default'...
...
Traceback (most recent call last):
  File "/home/hans/pb/gui/django/admgui/hostnet/tests.py", line 19, in
                    test_02_hostnet_view_liefert_valides_html
    self.assertTrue(response.content.startswith(b'<html>'))
AssertionError: False is not true
...
```

Abb. 7.37: Die Antwort fängt nicht mit <html> an

Das kann nun einfach abgestellt werden:

```
def hostnet_page(request):                                              6
    return HttpResponse('<html>')                                       7
```

Und wieder eine andere Fehlermeldung beim Test:

```
(dj) $ python manage.py test
Creating test database for alias 'default'...
...
    self.assertIn(b'<title>hostnet', response.content)
AssertionError: b'<title>hostnet' not found in b'<html>'
...
```

Abb. 7.38: Ein korrekter Anfang reicht nicht aus

Der Anfang war richtig, jedoch nicht ausreichend. Vorgreifend werden nun
die beiden noch ausstehenden Assertions in einem Zug erledigt:

```
def hostnet_page(request):                                              6
    return HttpResponse('<html><title>hostnet bearbeiten</title></html>')   7
```

Abb. 7.39: Die ganze Antwort in einer Zeichenkette

Und endlich kommt eine Erfolgsmeldung beim Test:

```
(dj) $ python manage.py test
Creating test database for alias 'default'...
..
----------------------------------------------------------------------
Ran 2 tests in 0.008s

OK
Destroying test database for alias 'default'...
(dj) $
```

Abb. 7.40: Der zweite Testfall gelingt

Das ist ein zweiter Erfolg. Einchecken nicht vergessen! Was macht der funktionale Test?

```
(dj) $ python functional_tests.py
F
=======================================================================
FAIL: test_01_hostnet (__main__.Hostnet_Test)
-----------------------------------------------------------------------
Traceback (most recent call last):
  File "functional_tests.py", line 25, in test_01_hostnet
    self.fail('Dieser Test ist noch nicht fertig')
AssertionError: Dieser Test ist noch nicht fertig

-----------------------------------------------------------------------
Ran 1 test in 7.479s

FAILED (failures=1)
(dj) $
```

Abb. 7.41: Ein vorgesehener Fehlschlag wegen unfertiger Funktion

Also ist das noch nicht gut, aber schon viel besser. Denn es sollte an dieser ja Stelle fehlschlagen, um voreiliger Euphorie vorzubeugen.

7.2.7 View aus der Vorlage

Statischen Inhalt in der Datei views.py abzulegen, ist zwar möglich, aber ganz sicher kein guter Stil. Derartige Dinge sollten separiert in eigenen Dateien vorgehalten werden, um bei Bedarf im Vorübergehen HTML zu erzeugen. Dabei kann der Generator auch noch interpretieren, das heißt die Vorlage um geeignete Inhalte ergänzen oder Platzhalter mit passendem Inhalt ersetzen. Mit Templates in Jinja2-Syntax kann Django beliebige Inhalte generieren. Die Nutzung der Template-Engine ist mit dem django-Mechanismus render aus django.shortcuts sehr einfach zu realisieren. Die Datei hostnet/views.py wird im ersten Schritt dazu folgendermaßen geändert:

```
from django.shortcuts import render                              1
from django.http import HttpResponse                             2
                                                                 3
# Create your views here.                                        4
                                                                 5
def hostnet_page(request):                                       6
    return render(request, 'hostnet.html')                       7
```

Abb. 7.42: Rendern einer Antwort aus einem Jinja2-Template

Dazu wird nun die Vorlage hostnet/templates/hostnet.html benötigt:

```
<html>
  <title>hostnet bearbeiten</title>
</html>
```

Abb. 7.43: Ein sehr schlichtes Template

Die Unittests liefen zuvor ohne Fehlermeldung, nun nicht mehr:

```
(dj) $ python manage.py test
...
django.template.base.TemplateDoesNotExist: hostnet.html

ran 2 tests in 0.012s

FAILED (errors=1)
(dj) $
```

Abb. 7.44: Ein neuer Fehler beim Testlauf

Warum? Die hostnet App ist in der settings.py einzutragen:

```
INSTALLED_APPS = (                              1
    'django.contrib.admin',                     2
    'django.contrib.auth',                      3
    'django.contrib.contenttypes',              4
    'django.contrib.sessions',                  5
    'django.contrib.messages',                  6
    'django.contrib.staticfiles',               7
    'hostnet',                                  8
)                                               9
```

Abb. 7.45: Zeile 8 eingefügt in die Datei settings.py

Damit sieht der Unittest schon besser aus:

```
...
Traceback (most recent call last):
  File "/home/hans/pb/gui/django/admgui/hostnet/tests.py", line 21, in
                        test_02_hostnet_view_liefert_valides_html
    self.assertTrue(response.content.endswith(b'</html>'))
AssertionError: False is not true
...
```

Abb. 7.46: Noch ist nicht alles richtig

Der erste Vergleich auf den Beginn der Serverantwort gelingt offenbar. Im Titel muss der verglichene Begriff hostnet enthalten sein, sonst hätte das assertIn nicht funktioniert. Wenn man sich das Template genau ansieht, kommt die Idee auf, dass der Test zurecht fehlschlägt, denn die Datei endet mit einem Linefeed (hex 0a) hinter dem schließenden HTML-Tag. Am einfachsten ist es daher, den Unittest geringfügig zu modifizieren und das Steuerzeichen am Ende vor dem Vergleich zu entfernen, sich also auf den Inhalt zu konzentrieren:

```
        self.assertTrue(response.content.strip().endswith(b'</html>'))    21
```

Abb. 7.47: Modifizirter Testfall, ein `strip()` korrigiert

Die Methode `strip()` entfernt den Zeilenvorschub und der Test gelingt wieder:

```
(dj) $ python manage.py test
Creating test database for alias 'default'...
..
---------------------------------------------------------------------
Ran 2 tests in 0.015s

OK
Destroying test database for alias 'default'...
(dj) $
```

Abb. 7.48: Zwei Testfälle funktionieren

Tipp: Es ist im Allgemeinen keine gute Idee, Konstanten zu testen, da diese auch in Tests konstant sind.

Der zweite Unittest in der aktuellen Form ist nicht völlig nutzlos, jedoch ein wenig sinnentleert. Mit einer weiteren Funktionalität wird er wirklich nützlich. Diese testet die generierte Antwort-Seite, vergleicht jedoch nicht wie bisher mit einem konstanten Wert, sondern mit dem Ergebnis des Renderns der Vorlage. Somit kann diese in der Folge geändert werden, ohne den Test fehlschlagen zu lassen:

```
    def test_02_hostnet_view_liefert_valides_html(self):        16
        request = HttpRequest()                                 17
        response = hostnet_page(request)                        18
        expected = render_to_string('hostnet.html')             19
        self.assertEqual(response.content.decode(), expected)   20
```

Abb. 7.49: Kein Vergleich auf Konstanten!

Somit steht einer ersten Erweiterung der Vorlage nun nichts mehr im Wege:

```
<html>
  <head>
    <title>hostnet bearbeiten</title>
  </head>
  <body>
    <h1>hostnet bearbeiten</h1>
  </body>
</html>
```

Abb. 7.50: Überarbeitete Vorlage

Wird nun im Browser `http://localhost:8000/hostnet` eingegeben, erscheint die Überschrift in großer Schrift im ansonsten leeren Browserfenster. Da es offensichtlich funktioniert, wird die Vorlage erneut erweitert, diesmal um eine HTML-Form zur Eingabe von Werten als Text und einen Knopf zum Absenden mit der Aufschrift „Hinzufügen":

```html
<html>
  <head>
    <title>hostnet bearbeiten</title>
  </head>
  <body bgcolor="#d0d0d0">
    <CENTER>
    <h1>hostnet - Hosts und Netze mit Adressen</h1>
    <hr>
    <form method="POST">
      <table id='id_hn_add_table' bordercolor='#000000' border=8 ><tr>
        <td ALIGN='CENTER'>Host-, Netz-, Gruppen-Name</td>
        <td ALIGN='CENTER'>CIDR Adresse aus 2000::/3</td>
        <td ALIGN='CENTER'>Kommentar</td>
        </tr><tr>
        <td><input id='id_add_hn_name' name='name' size=28 value=''/></td>
        <td><input id='id_add_hn_addr' size=28 value=''/></td>
        <td><input id='id_add_hn_cmmt' size=28 value=''/></td>
        </tr><tr>
    </table>
    <input id='id_add_hn_subm' value='Hinzufügen' type=submit />
  </form>
  <hr>
  <table id='id_hn_show_table'>
  </table>
  </CENTER>
  </body>
</html>
```

Abb. 7.51: Überarbeitete Vorlage mit Eingabefeldern

Das ist einfaches HTML, wie es schon seit den 1990er Jahren funktioniert. Der funktionale Test wird angepasst und erweitert, um mit den verschiedenen ID-Tags der Vorlage gewisse Dinge zu tun, wie zum Beispiel Text einzugeben oder simuliert mit der Maus auf einen Knopf zu klicken:

```
# Er sieht 'hostnet' im Titel des Browserfensters          20
self.assertIn('hostnet', self.browser.title,               21
              'Im Titel fehlt: ==> hostnet <==')           22
                                                           23
# Er ist aufgefordert, neue Einträge in 'hostnet' zu machen 24
body = self.browser.find_element_by_tag_name('body')       25
self.assertIn('hostnet', body.text,                        26
              'Im Inhalt fehlt: ==> hostnet <==')          27
                                                           28
# Er füllt die drei Felder aus und                         29
add_name = self.browser.find_element_by_id('id_add_hn_name') 30
add_name.send_keys('cgn')                                  31
add_addr = self.browser.find_element_by_id('id_add_hn_addr') 32
```

209

```
add_addr.send_keys('2001:db8:ccaa::/48')                              33
add_cmmt = self.browser.find_element_by_id('id_add_hn_cmmt')          34
add_cmmt.send_keys('Colonia Claudia Ara Agrippinensium')             35
                                                                      36
# sucht dann 'Hinzufügen' und klickt auf den Knopf                   37
subm_btn = self.browser.find_element_by_id('id_add_hn_subm')         38
subm_btn.click()                                                      39
                                                                      40
# Nach dem Klick muss der soeben eingegebene Text verschwunden sein  41
...                                                                   42
```

Abb. 7.52: Benutzereingaben im funktionalen Test

Mit `find_element_by_id(identity)` sucht selenium im Browser nach dem
entsprechenden Tag. Wenn das Objekt gefunden ist, kann damit gearbeitet
werden. Tastendrücke und Mausklicks sind einfach zu veranlassen, ganz so,
wie im Browser manuell mit der Maus geklickt und per Tastatur Text eingegeben werden kann. Die im Test zu suchenden Objekte sind in der Vorlage
enthalten. Dies kann einfach mit dem Browser und dem Testserver auch
manuell überprüft werden, da der Browser den HTML-Quelltext anzeigen
kann. Zum Schreiben von Tests für bestehende Webanwenungen ist das eine wertvolle Hilfestellung. Die Texteingaben funktionieren, wie ein Blick
auf den Browser zeigt. Nun fehlt noch der Mausklick auf den Hinzufügen-
Knopf. Mit der Methode `click()` wird das erledigt.

Abb. 7.53: Django Eingaben

Der funktionale Test erzeugt daraufhin eine beeindruckende Textausgabe.
Der Traceback in Abbildung 7.54 ist sicherlich korrekt, jedoch hilft ein Blick
auf die Session im Browser in Abbildung 7.55 mit gleicher Aktivität schneller zur Erklärung.

Hilfsweise kann die Methode `tearDown()` zum Beispiel durch Umbenen-
nen oder Kommentierung unwirksam gemacht werden, dann bleibt dem

```
(dj) $ python functional_tests.py
E
=========================================================================
ERROR: test_01_hostnet (__main__.Hostnet_Test)
-------------------------------------------------------------------------
Traceback (most recent call last):
  File "functional_tests.py", line 44, in test_01_hostnet
    add_name = self.browser.find_element_by_id('id_add_hn_name')
  File "/home/hans/pb/dj/lib/python3.4/site-packages/selenium/webdriver/remote/
                           webdriver.py", line 208, in find_element_by_id
    return self.find_element(by=By.ID, value=id_)
  File "/home/hans/pb/dj/lib/python3.4/site-packages/selenium/webdriver/remote/
                           webdriver.py", line 664, in find_element
    {'using': by, 'value': value})['value']
  File "/home/hans/pb/dj/lib/python3.4/site-packages/selenium/webdriver/remote/
                           webdriver.py", line 175, in execute
    self.error_handler.check_response(response)
  File "/home/hans/pb/dj/lib/python3.4/site-packages/selenium/webdriver/remote/
                           errorhandler.py", line 166, in check_response
    raise exception_class(message, screen, stacktrace)
selenium.common.exceptions.NoSuchElementException: Message: Unable to locate
                 element: {"method":"id","selector":"id_add_hn_name"}
Stacktrace:
    at FirefoxDriver.prototype.findElementInternal_ (file:///tmp/tmpnlrh4wat/
                           extensions/fxdriver@googlecode.com/components/driver
                           -component.js:10271)
    at fxdriver.Timer.prototype.setTimeout/<.notify (file:///tmp/tmpnlrh4wat/
                           extensions/fxdriver@googlecode.com/components/driver
                           -component.js:603)


-------------------------------------------------------------------------
Ran 1 test in 16.574s

FAILED (errors=1)
(dj) $
```

Abb. 7.54: Ein wenig hilfreicher Traceback von selenium

Betrachter ausreichend Zeit, das zurückbleibende Browserfenster zu interpretieren.

Ein dann manuell ausgeführter Mausklick veranlasst das Absenden der Eingaben an den Serverprozess, dieser reagiert mit der Fehlermelung 403, dass die „CSRF-Verifizierung fehlgeschlagen" und die Anfrage abgebrochen ist.

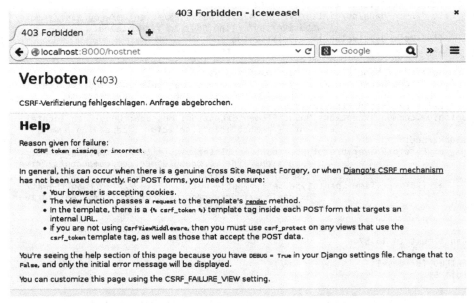

Abb. 7.55: Django CSRF

Die Unittests funktionieren unverändert ohne Fehler weiterhin. Was die Fehlermeldung im Einzelnen bedeutet, kann leicht mit der Suchmaschine der Wahl oder unmittelbar in der Django-Dokumentation nachgelesen werden: Cross Site Request Forgery[5]. Aha, so einfach ist das. Verteidigung ist gefragt. Abhilfe gegen den Fehler schafft ein kurzer Zusatz in der HTML-Form. Djangos Template-Engine macht aus dem 'csrf_token' eine zufällige Zeichenkette. Diese wird beim Absenden im Browser, also dem Post aus der Web-Form wieder auf Serverseite verglichen. Die Zeichenfolge ist zufällig und nicht im Voraus zu raten. Deren Sinn und Zweck ist es, Angriffe mit Texten zu der Form auf den Webserver wirksam zu verhindern, da diese zu-

---

[5]https://docs.djangoproject.com/en/dev/ref/csrf/

fällige Zeichenkette zusammen mit den Nutzdaten an den Server gesendet werden muss. So wird das `csrf_token` in die Vorlage eingebaut:

```
...
    <form method="POST">
        {% csrf_token %}
        <table id='id_hn_add_table' bordercolor='#000000' border=8 ><tr>
...
```

Abb. 7.56: Ins Template eingebaut: csrf_token

Damit gelingt der funktionale Test wieder bis zum immer noch erwünschten Fehler, dass der Test noch nicht fertig ist. Die Unittests verlaufen auch ohne Fehler, es ist wieder an der Zeit, den aktuellen Status ins Repository einzuchecken.

7.2.8 Wo bleiben die Daten?

Der Browser zeigt beim funktionalen Test keinerlei Fehlermeldung an, nach dem Klick sind die drei Eingabefelder leer, ohne jeden Hinweis auf den Verbleib der Daten. Zunächst möchten wir die zuletzt eingegeben Daten nach dem Klick unterhalb der Eingabefelder wieder sehen. Es ist wieder Zeit für einen weiteren Unittest:

```
def test_03_hostnet_kann_daten_speichern(self):        22
    request = HttpRequest()                            23
    request.method = 'POST'                            24
    request.POST['name'] = 'cgn'                       25
    response = hostnet_page(request)                   26
    self.assertIn('cgn', response.content.decode())    27
```

Die View wird zusammen mit dem Namen cgn aufgerufen und die Antwort auf diesen Inhalt überprüft. Der Test schlägt fehl, da die View nur den Text der Vorlage wiedergibt. Also muss auch diese geändert werden:

```
def hostnet_page(request):                             6
    if request.method == 'POST':                       7
        return HttpResponse(request.POST['name'])      8
    return render(request, 'hostnet.html')             9
```

Nun funktioniert der Unittest, wenngleich das Ergebnis noch nicht zufriedenstellend ist: Nur den eingegeben Namen wiederzugeben, reicht nicht zur Erfüllung der Funktionalität aus. Dennoch wird der funktionale Test nur für kurze Zeit nach dem Klick ergänzt um die Prüfung, ob der Name wieder in der Ausgabe enthalten ist:

```
subm_btn = self.browser.find_element_by_id('id_add_hn_subm')          38
subm_btn.click()                                                      39
                                                                      40
# Provisorium checkt nur, ob der Name wieder enthalten ist            41
temp_name = self.browser.find_element_by_tag_name('body')             42
self.assertIn('cgn', temp_name.text, '!!! cgn !!!')                   43
                                                                      44
self.fail('Dieser Test ist noch nicht fertig')                       45
...                                                                   46
```

Nun schlägt der funktionale Test wieder mit dem self.fail ... fehl. Dann ist bis hierhin alles richtig, nur ist noch mehr zu tun.

Die Django Template-Engine kann neben dem bereits gezeigten Nutzen, mit dem csrf_token Missbrauch zu verhindern, noch mehr: Mit Python können Variablen in der Vorlage beziehungsweise deren Ausgabe abgebildet werden. Dazu wird die Vorlage im unteren Bereich erweitert, die Stellvertreter row_name, row_addr und row_cmmt sollen automatisch ersetzt werden:

```
<hr>
</CENTER>
<table id='id_hn_show_table' bgcolor='#C0C0C0' bordercolor='#000000' border=8>
 <tr><td>lfd.Nr<td>   Name        <td>   Adresse     <td>   Kommentar  </tr>
 <tr><td>   1   <td>{{ row_name }}<td>{{ row_addr }}<td>{{ row_cmmt }}</tr>
</table>
```

Abb. 7.57: Ausschnitt aus dem Eingabetemplate

Um die drei Variablen mit Inhalt zu besetzen, muss hostnet/views.py auch ergänzt werden:

```
def hostnet_page(request):                                             6
    return render(request, 'hostnet.html', {                           7
        'row_name': request.POST.get('name', ''),                      8
        'row_addr': request.POST.get('addr', ''),                      9
        'row_cmmt': request.POST.get('cmmt', ''),                     10
    })                                                                11
```

Abb. 7.58: Template Magie in views.py

Daten aus dem Browser über den Server in den Browser zu schieben ist ganz nett, einen Nutzen hat die Sache jedoch erst, wenn der Server die Daten speichert und mehrere Datensätze vorzeigbar sind. Eine Datenbank ist in den settings.py vorgesehen, jedoch war bisher von deren Gebrauch keine Rede.

7.2.9 ORM und Persistenz

Django bringt einen sehr ausgefeilten ORM (Object-Relational Mapper) mit. Unittests sind eine feine Art, dessen Arbeitsweise kennenzulernen und die

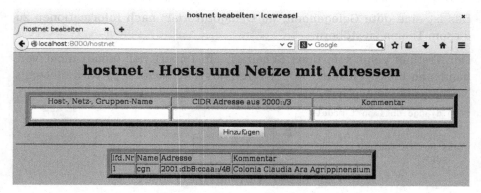

Abb. 7.59: Django päsentiert die Hostnet-Tabelle

gewünschte Funktionalität in der Anwendung herzustellen. Es folgt ein erster Test, danach die Implementierung dessen, was getestet wird:

```
# -*- coding: utf-8 -*-                                          1
                                                                 2
from django.core.urlresolvers import resolve                     3
from django.template.loader import render_to_string              4
from django.test import TestCase                                 5
from django.http import HttpRequest                              6
                                                                 7
from hostnet.views import hostnet_page                           8
from hostnet.models import Hostnet                               9

    ...

class Hostnet02ModelTest(TestCase):                             32
                                                                33
    def test_04_speichern_und_lesen_eintrag(self):             34
        erster_eintrag = Hostnet()                             35
        erster_eintrag.name = 'cgn'                            36
        erster_eintrag.save()                                  37
                                                                38
        zweiter_eintrag = Hostnet()                            39
        zweiter_eintrag = 'ffm'                                40
        zweiter_eintrag.save()                                 41
                                                                42
        gespeicherte_eintraege = Hostnet.objects.all()         43
        self.assertEqual(gespeicherte_eintraege.count(), 2)    44
                                                                45
        erster = gespeicherte_eintraege[0]                     46
        zweiter = gespeicherte_eintraege[1]                    47
        self.assertEqual(erster.name, 'cgn')                   48
        self.assertEqual(zweiter.name, 'ffm')                  49
```

Abb. 7.60: Erster Test für den ORM

Das ist eine gute Gelegenheit, im Djangoturorial[6] nach Informationen zu diesem Thema zu stöbern.

Der Testlauf zeigt sofortiges Scheitern am Import der (noch) nicht vorhandenen Klasse Hostnet. In der Datei hostnet/models.py wird diese als Nächstes implementiert:

```
from django.db import models                                          1
                                                                      2
                                                                      3
class Hostnet(object):                                                4
    pass                                                              5
```

Abb. 7.61: Erster Wurf: hostnet/models.py

Der nächste Testlauf zeigt einen anderen Fehler:

```
...
AttributeError: 'Hostnet' object has no attribute 'save'
...
Ran 4 tests in 0.024s

FAILED (errors=1)
```

Abb. 7.62: Der Erstversuch ist gescheitert

Django bietet die Klasse models.Model an, um eigenen Klassen deren Eigenschaften und Methoden zu vererben. Also ist fürs erste nur eine kleine Änderung erforderlich:

```
from django.db import models                                          1
                                                                      2
                                                                      3
class Hostnet(models.Model):                                          4
    pass                                                              5
```

Abb. 7.63: Django ORM durch import von models.Model

Der Testlauf zeigt nun einen Datenbankfehler:

```
...
django.db.utils.OperationalError: no such table: hostnet_hostnet
...
```

Abb. 7.64: Fehlanzeige aus der Datenbank

Django hat nicht nur ein Datenbanksystem. Es gibt auch eine Methodik, die Änderungen in den Modellen in die Datenbank zu übertragen:

---

[6]https://docs.djangoproject.com/en/1.7/intro/tutorial01/

```
(dj) $ python manage.py makemigrations
Migrations for 'hostnet':
  0001_initial.py:
    - Create model Hostnet
(dj)
```

Abb. 7.65: Modelländerungen erfordern Datenbankänderungen

Der Test zeigt deutlich später einen bisher unbekannten Fehler:

```
...
AttributeError: 'Hostnet' object has no attribute 'name'
```

Abb. 7.66: Fehlermeldung vom Hostnet-Objekt

Klassen, die von models.Model erben, bilden sich in Datenbanktabellen ab. Eine automatisch erzeugte id bildet dabei den Primary Key. In der Datenbank sind die Datentypen vordefiniert, deren Entsprechung in Django bilden Methoden des jeweiligen Modells. Es muss also das Attribut name am Hostnet-Objekt *modelliert* werden, das heißt in der Tabellenbeschreibung ein Feld mit dem Namen 'name' angelegt werden. Die Eigenschaften werden aus der einer Methode der Django-Klasse models zugewiesen, in diesem Fall soll es ein Textfeld werden:

```
from django.db import models                                              1
                                                                          2
                                                                          3
class Hostnet(models.Model):                                              4
    name = models.TextField()                                             5
```

Abb. 7.67: Datenhaltung erfordert ein Datenbankfeld

Diese Änderung erfordert erneut eine Datenbankmigration:

```
(dj) $ python manage.py makemigrations
You are trying to add a non-nullable field 'name' to hostnet without a default;
                        we can't do that (the database needs something to
                        populate existing rows).
Please select a fix:
 1) Provide a one-off default now (will be set on all existing rows)
 2) Quit, and let me add a default in models.py
Select an option: 2
(dj)
```

Abb. 7.68: Fehlender Fehlwert bei der Datenbankänderung

Da fehlt noch eine Voreinstellung in hostnet/models.py:

```
from django.db import models                                              1
                                                                          2
                                                                          3
class Hostnet(models.Model):                                              4
    name = models.TextField(default='')                                   5
```

Abb. 7.69: Das Textfeld will mit Fehlwert angelegt sein

Ein neuer Versuch zur Datenbankmigration folgt:

```
(dj) $ python manage.py makemigrations
Migrations for 'hostnet':
  0002_hostnet_name.py:
    - Add field name to hostnet
(dj) ls hostnet/migrations
0001_initial.py  0002_hostnet_name.py  __init__.py  __pycache__
```

Abb. 7.70: Datenbankänderungen werden festgehalten

Alle Änderungsschritte an der Datenbank werden in Skripts festgehalten, um Nachvollziehbarkeit zu gewährleisten.

Die Unittests funktionieren nun:

```
(dj) $ python manage.py test -v 2
Creating test database for alias 'default'...
...
test_01_hostnet_url_kommt_aus_hostnet_view (hostnet.tests.Hostnet01BasicTest)
                      ... ok
test_02_hostnet_view_liefert_valides_html (hostnet.tests.Hostnet01BasicTest)
                      ... ok
test_03_hostnet_kann_daten_speichern (hostnet.tests.Hostnet01BasicTest) ... ok
test_04_speichern_und_lesen_eintrag (hostnet.tests.Hostnet02ModelTest) ... ok


----------------------------------------------------------------------
Ran 4 tests in 0.029s

OK
Destroying test database for alias 'default'...
(dj) $
```

Abb. 7.71: Erster Erfolg mit unittest zum Hostnet-Modell

Die beiden Felder Adresse und Kommentar fehlen noch in der Eingabemaske, im Unittest und in der Datenbank:

```
    def test_04_speichern_und_lesen_eintrag(self):          32
        erster_eintrag = Hostnet()                          33
        erster_eintrag.name = 'cgn'                         34
        erster_eintrag.addr = '2001:db8:23:4711::/64'       35
        erster_eintrag.cmmt = 'Köln'                        36
        erster_eintrag.save()                               37
                                                            38
        zweiter_eintrag = Hostnet()                         39
        zweiter_eintrag.name = 'ffm'                        40
        zweiter_eintrag.addr = '2001:db8:23:cafe::/64'      41
        zweiter_eintrag.cmmt = 'Frankfurt_(Main)'           42
        zweiter_eintrag.save()                              43
                                                            44
        gespeicherte_eintraege = Hostnet.objects.all()      45
        self.assertEqual(gespeicherte_eintraege.count(), 2) 46
```

```
erster = gespeicherte_eintraege[0]                                  47
self.assertEqual(erster.name, 'cgn')                                48
self.assertEqual(erster.addr, '2001:db8:23:4711::/64')              49
self.assertEqual(erster.cmmt, 'Köln')                               50
                                                                    51
zweiter = gespeicherte_eintraege[1]                                 52
self.assertEqual(zweiter.name, 'ffm')                               53
self.assertEqual(zweiter.addr, '2001:db8:23:cafe::/64')             54
self.assertEqual(zweiter.cmmt, 'Frankfurt_(Main)')                  55
                                                                    56
zweiter_eintrag.delete()                                            57
gespeicherte_eintraege = Hostnet.objects.all()                      58
self.assertEqual(gespeicherte_eintraege.count(), 1)                 59
                                                                    60
erster_eintrag.delete()                                             61
gespeicherte_eintraege = Hostnet.objects.all()                      62
self.assertEqual(gespeicherte_eintraege.count(), 0)                 63
                                                                    64
```

Abb. 7.72: Unittest mit drei Eingabefeldern

Erwartungsgemäß schlägt der Test fehl, da fehlt noch etwas:

```
...
ERROR: test_04_speichern_und_lesen_eintrag (hostnet.tests.Hostnet02ModelTest)
------------------------------------------------------------------
Traceback (most recent call last):
  File "/home/hans/pb/gui/django/admgui/hostnet/tests.py", line 52, in
                       test_04_speichern_und_lesen_eintrag
    self.assertEqual(erster.addr, '2001:db8:23:4711::/64')
AttributeError: 'Hostnet' object has no attribute 'addr'
...
```

Abb. 7.73: Fehlende Änderung des Hostnet-Modells zeigt sich

Das kann schnell in models.py korrigiert werden:

```
class Hostnet(models.Model):                                        1
    name = models.TextField(default='')                             2
    addr = models.GenericIPAddressField(['IPv6'], default='::')     3
    cmmt = models.TextField(default='')                             4
```

Abb. 7.74: Zwei Textfelder und eines für IPv6-Adressen

Erfahrungsgemäß müssen Änderungen an der Datei models.py mit einem Aufruf python manage.py makemigrations in die Datenbank übertragen werden:

```
(dj) $ python manage.py makemigrations
Migrations for 'hostnet':
  0003_auto_20150403_2229.py:
    - Add field addr to hostnet
    - Add field cmmt to hostnet
(dj)
```

Abb. 7.75: Erneute Datenbankanpassung

Mit dieser Datenbank funktioniert nun endlich auch der vierte Unittest:

```
(db) $ python manage.py  test
Creating test database for alias 'default'...
....
----------------------------------------------------------------------
Ran 4 tests in 0.037s

OK
Destroying test database for alias 'default'...
(dj) $
```

Abb. 7.76: Erfolg, der Testlauf zeigt keine Fehler mehr

Die bisher erfolgten Änderungen an de Datenbank müssen noch persistent gemacht werden. Die bisherigen einzelnen Migrationsschritte werden nun mit manage.py migrate in einen Guss gebracht:

```
(dj) $ python manage.py migrate
Operations to perform:
  Synchronize unmigrated apps: messages, staticfiles
  Apply all migrations: sessions, hostnet, contenttypes, admin, auth
Synchronizing apps without migrations:
  Creating tables...
    Running deferred SQL...
  Installing custom SQL...
Running migrations:
  Rendering model states... DONE
  Applying hostnet.0001_initial... OK
  Applying hostnet.0002_hostnet_name... OK
  Applying hostnet.0003_auto_20150403_2255... OK
(dj) $
```

Abb. 7.77: Datenbank fixieren mit manage.py migrate

Der funktionale Test zeigt keine Änderung, die beabsichtigte Fehlermeldung erscheint unverändert. So ist erfolgreich vorgeführt, grundsätzlich zuerst den Test zu scheiben. Danach wird der Code solange angepasst, bis der Test gelingt. Und erst nach diesem Schritt wird der nächste Test geschrieben, und weiter und so fort, bis die Anwendung genau das leistet, was sie leisten soll. In der Folge können auch Änderungen keinen fatalen Kollateralschaden nach sich ziehen, ohne sofort bemerkt zu werden.

Die Vorgehensweise ist nun gezeigt, das war das Ziel.

Ein kurzer Hinweis auf ein weiteres, zweiteiliges Django-Tutorial im Netz sei hier erlaubt:

http://www.netorials.com/tutorials/introduction-to-django-part-1
http://www.netorials.com/tutorials/introduction-to-django-part-2

7.3 Interview: Guido Günther

Guido Günther ist Debian-Entwickler und langjähriger professioneller Anwender von Python mit Tests. Er schrieb unter anderem das Werkzeug `git-buildpackage`. Darin wird Python zum Bau von Debian-Paketen direkt aus dem Git-Repository genutzt, natürlich mit Tests.

Wie bist Du zu Python gekommen?

Ein Doktor an der Uni, Herr Froböse, hat von Python nicht nur geschwärmt, sondern die Eleganz und Leistungsfähigkeit unermüdlich vorgeführt. Das war beeindruckend.

Zen of Python: Welche Zeile ist Dir die wichtigste und warum?

In the face of ambiguity, refuse the temptation to guess.

Die Ursache des Problems nicht zu suchen und stattdessen zu Raten, führt in Softwareentwicklung und -Betrieb zu Pflastern auf Pflastern auf Pflastern.

Wann hast Du mit Test-Driven Development begonnen und warum?

In einem größeren Softwareprojekt habe ich vor einigen Jahren gesehen, was passiert, wenn nicht Test-Driven entwickelt wird. Am Ende sind kaum oder gar keine Tests vorhanden, keiner versteht mehr den Code und derjenige, der es implementiert hat, ist nicht mehr da. Um dem entgegenzuwirken, ist Test-Driven Development keine hinreichende, aber eine notwendige Bedingung. Daraus habe ich versucht zu lernen.

Was sind Deiner Meinung nach für Einsteiger die meistverbreitetsten Fallgruben von Python?

pip, easy_install, virtualenv, Manifest, setup.cfg, setup.py – wenn man keine Linux Distribution hat, die benötigte Module in der passenden Version mitbringt, ist man viel zu nahe an `sudo pip install <foo>`. Und wenn man selbst etwas für PyPi verpacken will, ist es nicht offensichtlich, was zu tun ist.

Gibt es Problemfelder, in denen sich Python gänzlich ungeeignet erweist?

Gänzlich ungeeignet nein, durch C Extensions und die vielen Module findet man für alle Problemfälle etwas, z.B. auch für Geräte mit wenig Speicher. Es ist dann nur nicht unbedingt die beste Wahl.

Ist Python auch für große Softwareprojekte nützlich?

Sehr, siehe z.B. OpenStack. Und wenn die Software selbst aufgrund von Python-Entwickler-Knappheit nicht in Python geschrieben wird, dann kann es doch zumindest bei Test- und Infrastruktur-Automation sehr helfen.

Ist TDD die richtige Vorgehensweise? Auch für große Entwicklerteams?

Insbesondere für große Teams – wenn sich alle einig sind, das es nicht lediglich darum geht, jede Zeile Code mit Unittests zu „covern", sondern auch (automatisierte) Funktionale- und Integrationstests entwickelt werden. Dann schaffen Tests eine gemeinsame Sprache und einen Werkzeugkasten, um die Zuverlässigkeit und Leistungsfähigkeit der Software sicherzustellen.

8 Großes Python-Kino

> Wenn Du es träumen
> kannst, kannst Du es auch
> machen
> _____
>
> *(Walt Disney)*

Einige weit verbreitete und große Projekte, wie zum Beispiel SaltStack oder OpenStack, sind als Quelltext stets mit vielen Testfällen kombiniert. Doch diese *mal eben* ablaufen zu lassen, scheitert meist an einigen Voraussetzungen. Grundsätzlich sollte für derartige Studien ein Virtualenv für die jeweilig erforderliche Python-Version genutzt werden. Darin können dann alle Abhängigkeiten erfüllt werden. Wenn die Dateien requirements.txt und test-requirements.txt vorhanden sind, funktioniert das sogar sehr einfach.

```
(wb) $ pip install -r requirements.txt
...
(wb) $ pip install -r test-requirements.txt
...
(wb) $
```

Falls die Entwickler diese Dateien nicht oder nicht vollständig den Quellen beilegen, wird es mühsam, bis aus den Fehlermeldungen die erforderlichen Voraussetzungen erschlossen und gegeben sind.

8.1 SaltStack

SaltStack ist ein Werkzeug für das Systemmanagement beliebig vieler Systeme. Alle Einstellungen werden auf dem Salt-Master vorgenommen, anschließend per Kommando an die Minion genannten Systeme verteilt und dort ausgeführt. Dies kann die Installation oder das Entfernen von Paketen aus der jeweiligen Distribution sein, Konfigurationsänderungen oder auch die Erstkonfiguration. Das Werkzeug ist sehr mächtig und wird von den

Entwicklern gut gepflegt, nicht zuletzt, weil die Firma SaltStack.com gutes Geschäft damit macht. Service und Schulung machen das Geschäftsmodell aus, eine Zertifizierung zum SSCE (SaltStack Certified Engineer) wird am Sitz in Saltlake City, Utah, USA, angeboten. Die Software unterliegt der Apache 2.0 Lizenz, sie ist auf Github einzusehen und von dort einfach samt Historie mit `git clone` oder als zip-Datei zu beziehen[1].

SaltStack ist vollständig in Python 2 implementiert. Sowohl Python 2.6 als auch Python 2.7 können als Basis verwendet werden. Dazu sind verschiedene `requirements` in einem gleichnamigen Verzeichnis abgelegt. Funktionale und Unittests sind im Repository zusammen mit dem Quelltext enthalten. Eine Paketierung ist schon vorbereitet, mit einem Kommandozeilenaufruf lassen sich sofort Debian-Pakete erzeugen. Für die verschiedenen Betriebssysteme finden sich sachdienliche Hinweise in der Datei `HACKING.rst`. Speziel für die Darstellung der Codeabdeckung kann von Github.com das Repository `salt-testing`[2] dazu geholt werden. Weitere, manuell auszuführende Testfälle befinden in einem eigenen Repository[3].

8.1.1 Quellen und Unittests

Die Beschaffung ist denkbar einfach.

```
(p2) $
$ git clone https://github.com/saltstack/salt
...
(p2) $
$ cd salt
$ virtualenv p2
$ source p2/bin/activate
(p2) $
(p2) $ ls requirements/
base.txt
cloud.txt
dev_python26.txt
dev_python27.txt
opt.txt
raet.txt
zeromq.txt
(p2) $
(p2) $ find salt -type f|grep -v '(build|p2|test|doc)'|grep py$|wc -l
830
(p2) $ find salt -type f|grep -v '(build|p2|test|doc)'|grep py$|xargs wc -l|
                        tail -1
 296023 insgesamt
```

---

[1] https://github.com/saltstack/salt
[2] https://github.com/saltstack/salt-testing
[3] https://github.com/saltstack/salt-manual-tests

```
(p2) $
(p2) $ git log --oneline | head -1
d8f1cff Merge pull request #21649 from aspyatkin/htpasswd-enhancements
(p2) $
```

Abb. 8.1: Clone und Virtualenv für SaltStack

Dies ist der Stand der Dinge am 13. März 2015 um 16:41 Uhr.

Nimmt man die Tests und schon paketierte Python-Dateien wie auch die Dokumentation aus, sind in den verbleibenden 830 Quelldateien zusammen 296023 Zeilen Code.

Die Tests werden separat gezählt.

```
(p2) $ find . -type f|grep '(test)'|grep -v '(build|p2|salt-testing)'|grep py$|
                      wc -l
424
(p2) $ find . -type f|grep '(test)'|grep -v '(build|p2|salt-testing)'|grep py$|
                      xargs wc -l|tail -1
  80358 insgesamt
(p2) $
```

Zur Zeit sind es mehr als 80000 Zeilen Testcode in 424 Dateien im Verzeichnis tests, darin befinden sich 229 im Verzeichnis unit und alle Restlichen in integrationtests. Ebenfalls an dieser Stelle findet sich der Testrunner runtests.py mit eingebauter Hilfestellung. Der Parameter -u ist zuständig für die Unittests. Diese sind also schnell zu testen.

```
(p2) $ python tests/runtests.py -u -v tests/unit
 * Transplanting configuration files to '/tmp/salt-tests-tmpdir/config'
 * Current Directory: /home/hans/openstack/salt
 * Test suite is running under PID 16271
 * Logging tests on /tmp/salt-runtests.log

Starting Unit Tests

test_adding_state_name_arg_for_dot_state_id (unit.stateconf_test.
                       StateConfigRendererTestCase) ... ok
test_dot_state_id_in_requisites (unit.stateconf_test.
                       StateConfigRendererTestCase) ... ok
...
...
FAILED (total=1953, skipped=123, passed=1817, failures=0, errors=13)
(p2) $
```

Fehler sind in den Testfällen keine aufgetreten, nur 13 Ausnahmen haben stattgefunden. Eine erste Ursachenforschung zeigt schnell, dass fehlende Zugriffsrechte für dmidecode maßgeblich sind. Vermutlich wollen nur wenige außer den tatsächlichen Entwicklern die Tests mit Root-Rechten starten...

Die 123 ausgelassenen Testfälle sind mit verschiedenen Ursachen erklärt, allein 21 werden bei Linux wegen des Mangels an einem Betriebssystems aus Redmond nicht ausgeführt, einige Testfälle werden ausgelassen, weil sie nicht zuverlässig funktionieren. In Moto[4] fehlen bestimmte Funktionalitäten, daher werden 54 Testfälle ausgelassen. Wieder andere führen zu noch nicht erklärten beziehungsweise reparierten Ausfällen des ganzen Testlaufs und sind daher mit `@skipIf(Bedingung, Meldung)` dekoriert.

8.1.2 Integrationstests

Der Testrunner kann deutlich mehr als nur Unittests auszuführen, er verfügt über eine eingebaute Hilfestellung.

```
Usage: runtests.py [options]

Options:
  -h, --help              show this help message and exit
  --sysinfo               Print some system information.
  --transport=TRANSPORT
                          Set to raet to run integration tests with raet
                          transport. Default: zeromq
  --interactive           Do not run any tests. Simply start the daemons.

  Tests Selection Options:
    Select which tests are to be executed

    --run-destructive   Run destructive tests. These tests can include adding
                        or removing users from your system for example.
                        Default: False
    -n NAME, --name=NAME
                        Specific test name to run. A named test is the module
                        path relative to the tests directory
    -m, --module, --module-tests
                        Run tests for modules
    -S, --state, --state-tests
                        Run tests for states
    -C, --cli, --cli-tests
                        Run tests for cli
    -c, --client, --client-tests
                        Run tests for client
    -s, --shell         Run shell tests
    -r, --runners       Run salt/runners/*.py tests
    -l, --loader        Run loader tests
    -u, --unit, --unit-tests
                        Run unit tests
    --fileserver-tests  Run Fileserver tests
    --cloud-provider-tests
                        Run cloud provider tests. These tests create and
```

---

[4]Moto ist eine Bibliothek, um bei Tests Amazon Elastic Compute Cloud (EC2) Services lokal vorzutäuschen. (Mockup) `https://pypi.python.org/pypi/moto/0.4.14`

```
                          delete instances on cloud providers. Must provide
                          valid credentials in
                          salt/tests/integration/files/conf/cloud.*.d to run
                          tests.
     --ssh                Run salt-ssh tests. These tests will spin up a
                          temporary SSH server on your machine. In certain
                          environments, this may be insecure! Default: False
     -A, --api-tests      Run salt-api tests
  ...
```

python tests/runtests.py -h gibt noch weitere Hilfestellung, zum Beispiel zur Variante in Docker Containern. Die Testkategorien sind für die Entwickler sinnvoll gewählt, die Kategorie state ist hier gewählt. Die States ist der zentrale Begriff, damit werden die Zustände der Zielsysteme und deren Sollwerte bezeichnet.

Im Verzeichnis tests/integration/ sind 582 weitere Testfälle zu finden, die auf mehrere Module mit verschiedenen Testaspekten verteilt sind. Wie die Hilfestellung zeigt, ist der Aufruf einfach, jedoch aufgrund des benutzten dmidecode nur mit Superuserrechten nutzbar.

```
(p2) $ python tests/runtests.py -S

* Transplanting configuration files to '/tmp/salt-tests-tmpdir/config'
* Current Directory: /home/hans/openstack/salt
* Test suite is running under PID 7418
* Logging tests on /tmp/salt-runtests.log

* Setting up Salt daemons to execute tests

* Waiting at most 0:02:00 for minions(minion, sub_minion) to connect back
  * minion connected.
  * sub_minion connected.
* Syncing minion's modules (saltutil.sync_modules)
  * Synced minion modules: modules.override_test, modules.runtests_decorators,
                           modules.runtests_helpers, modules.salttest
  * Synced sub_minion modules: modules.override_test, modules.
                           runtests_decorators, modules.runtests_helpers,
                           modules.salttest
* Syncing minion's states (saltutil.sync_states)
  * Synced minion states: states.salttest
  * Synced sub_minion states: states.salttest


Starting State Tests

s.ss...ssssssssss...s
...

OK (total=143, skipped=53, passed=90, failures=0, errors=0)
(p2) $
```

Die ausgelassenen Testfälle sind auch hier wohl begründet, die entstandene Logdatei ist mit knapp 26000 Zeilen mehr als 10 Megabyte groß.

Dies waren die Tests aus nur einem Modul von etlichen, neben diesen für States existieren Testfälle für Module, Clients, commandlineinterface (cli), Fileserver, Cloud-Provider und APIs.

8.1.3 Dokumentation

Der Ablauf und Voraussetzungen sind übersichtlich dokumentiert[5], zu eigenen Änderungen oder Erweiterungen wird ausdrücklich ermutigt. Dies könnte für eine private beziehungsweise firmeninterne Cloud-Installation sinnvoll sein.

Da SaltStack unter kommerziellen Aspekten ausschließlich mit Python weiterentwickelt wird und gleichzeitig als Freie Software jedermann zur Verfügung steht, erfreut es sich wachsender Beliebtheit. Es sei jedoch nicht verschwiegen, dass es auch andere Werkzeuge mit der gleichen Zielsetztung gibt, zum Beispiel Ansible, welches auch auf Python basiert.

8.2 OpenStack

OpenStack ist „Infrastructure as a Service". Es wurde von Rechenzentrumsbetreibern zu deren Komfort geschaffen. Einige große Firmen, AT&T, IBM, HP, Intel, Rackspace.com, RedHat, Ubuntu, SUSE, ursprünglich auch die NASA, fördern das Projekt im Platin-Rang. Sie sind die maßgeblichen Mitglieder der OpenStack Fondation. Viele andere, darunter Cisco, Juniper, Huawei, EMC[2], NetApp, Symantec und Yahoo nehmen den Gold-Status, der mit etwas geringeren Zahlungen verbunden ist. Die Liste der Firmensponsoren und unterstützenden Organisationen liest sich wie das „Who is Who" der IT-Branche.

Fast alles in OpenStack beziehungsweise seinen Komponenten ist in Python geschrieben. Die extrem modulare Bauweise lässt es jedoch zu, einzelne Bausteine auch in anderen Sprachen zu implementieren. Beispielsweise ist RabbitMQ, die Kommunikationsplattform der Komponenten untereinander,

---

[5]http://docs.saltstack.com/en/latest/topics/development/tests/

in Erlang geschrieben. Im Folgenden sei hier die Beschränkung auf das zentrale Modul, Keystone, erlaubt.

8.2.1 Dokumentation, der Schlüssel zur Wolke

Der Name dieses OpenStack Bausteins ist Programm, es verwaltet alle Benutzer, Administratoren und deren Rechte in der ganzen Wolke. Umfangreiche Dokumentation dazu ist insbesondere für Entwickler vorhanden[6].

Mittels Sphinx wird im Verzeichnis docs mit dem Befehl 'make html' die Dokumentation in Form von HTML-Seiten gebaut. 716 KBytes reStructuredText liegen zugrunde, dazu kommen die aus den Quelltexten extrahierten Docstrings, um das API zu dokumentieren. Das Verzeichnis mit den produzierten HTML-Seiten belegt 31 Mbytes auf der Festplatte.

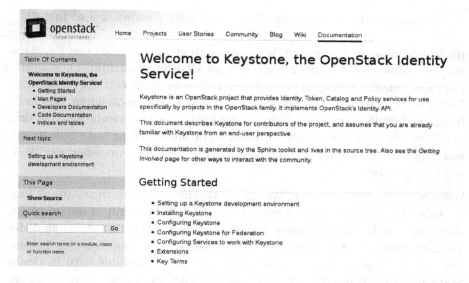

Abb. 8.2: Keystone Dokumentation, der Einstieg

Im Abschnitt „Getting started" ist zu Lesen, wie eine Entwicklungsumgebung für Keystone aufzusetzen ist. Installation und Konfiguration sind jeweils in eigenen Kapiteln beschrieben.

---

[6]http://docs.openstack.org/developer/keystone/

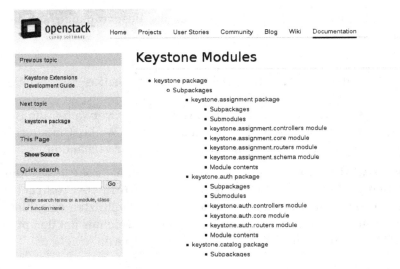

Abb. 8.3: Keystone Entwickler Dokumentation, der Anfang des Inhalts

Im Anschluss wird dargestellt, wie andere Dienste Gebrauch von Keystone machen können. Mögliche Erweiterungen sind einer ausführlichen Erklärung der benutzten Begriff vorangestellt. Danach folgt erst die eigentliche Entwicklerdokumentation. Diese besteht aus einer ausgiebigen Beschreibung der Architektur, anschließend folgt die Code-Dokumentation, das sind die Docstrings aus den Quellen. Alles sieht dank Sphinx sehr ansehnlich aus, OpenStack benutzt ein eigenes „Theme", um das Aussehen der Webseite vorzugeben.

Wie wird Keystone gestartet? Was ist an Voraussetzungen zu schaffen? Entwickeln mit Keystone ist das erste von 10 Kapiteln, Setup, Konfiguration, Datenbank Schemata, initialer Datensatz, Identitäten und mehr sind die Themen. Ihnen folgt eine recht umfangreiche Darstellung über das Testen. Test-Driven Development ist eben State of the Art und das wird in Open-Stack erfolgreich praktiziert. Den Abschluss des ersten Kapitels bildet ein lapidarer und sehr kurzer Absatz, wie Dokumentation unter Zuhilfenahme von tox zu erstellen ist.

Das zweite Kapitel beschreibt die Architektur des Keystone Bausteins mit geringerem Umfang. Weitere Kapitel über die Architektur der „Middleware", der HTTP API und Beispielen dazu schließen sich an. Die Kommandozeile als Schnittstelle erfreut den Entwickler: Mit den Befehlen und Argumenten können in Keystone Tenants, Benutzer, Rollen und Dienste erstellt, modifiziert, angezeigt und gelöscht werden. Dabei meint „Tenants" die Kunden des OpenStack-Betreibers, mehrere können unabhängig voneinander existieren. Sie wiederum können Benutzer innerhalb ihrer Organisation anlegen, denen sie dann Rechte zuweisen können. `python-openstackclient` ist, wie der Name schon andeutet, in Python realisiert. Er löst künftig den älteren Befehl `python-keystoneclient` ab, der auch schon pures Python war. Keystone und seine Verzahnung im Apache Webserver mit `mod_ssl` wird mit einer Beispielkonfiguration gezeigt. Ereignismeldungen und eine Anleitung für Entwickler zu Erweiterungen schließen die Entwicklerdokumentation gefolgt von einer umfangreichen und detaillierten Programmdokumentation ab. Die Python-Module, Submodule und Pakete zeigen sich in voller Schönheit dank automatisch mit Sphinx erzeugter Seiten mit den Docstrings aus den Quellen. Der Umfang und der zugrunde liegende Automatismus der Extraktion aus den Quellen spricht für Aktualität und Qualität, da die Entwickler für die Inhalte selbst verantwortlich sind.

8.2.2 Keystone Tests

Ausgangspunkt für die nachfolgenden Zahlen ist der folgende Stand des Repositories:

```
(p2) $ git log --oneline | head -1
55d940c Merge "Remove unnecessary import"
(p2) $
```

Abb. 8.4: Stand der Betrachtung: git commit 55d940c

Am 13. März 2015 um 8:15 Uhr UTC sind die folgenden Mengen erreicht:

	Dateien	Zeilen
Code	278	42753
Tests	112	50687

Neben den vielen Zeilen mit Python finden sich auch wenige mit Code für Bash. Zum Beispiel findet sich in der Datei `examples/pki/gen_pki.sh` wie in allen anderen Quelltextdateien auch die Lizenz am Anfang. Danach ist der Zweck des Skripts in einer Zeile Kommentar erklärt:

```
...
# This script generates the crypto necessary for the SSL tests.
...
```

Abb. 8.5: Auch ein Shellscript hat Kommentare

Für den Testlauf werden mehrere Zertifikate benötigt, sie alle werden mit dem Skript zusammen erzeugt. Damit die Tests automatisch ablaufen können, sind die zugehörigen privaten Schlüssel nicht durch eine Passphrase geschützt. Dies ist nicht nachteilig, da diese Zertifikate gewiss niemand auf einem produktiven System einsetzen oder dort so erzeugen möchte.

Keystone verfügt über einen eigenen Testrunner, der eine Hilfestellung bietet:

```
(wb) $ ./run_tests.sh -h
Usage: ./run_tests.sh [OPTION]...
Run Keystone's test suite(s)

    -V, --virtual-env       Always use virtualenv.  Install automatically if not
                            present
    -N, --no-virtual-env    Don't use virtualenv.  Run tests in local
                            environment
    -x, --stop              Stop running tests after the first error or failure.
    -f, --force             Force a clean re-build of the virtual environment.
                            Useful when dependencies have been added.
    -u, --update            Update the virtual environment with any newer
                            package versions
    -p, --pep8              Just run flake8
    -8, --8                 Just run flake8, don't show PEP8 text for each error
    -P, --no-pep8           Don't run flake8
    -c, --coverage          Generate coverage report
    -h, --help              Print this usage message

Note: with no options specified, the script will try to run the tests in a
                    virtual environment,
        If no virtualenv is found, the script will ask if you would like to
                        create one.  If you
        prefer to run tests NOT in a virtual environment, simply pass the -N
                        option.
(wb) $
```

Abb. 8.6: Hilfestellung des Testrunners

Der komplette Testlauf wird im Projektverzeichnis auf der Kommandozeile gestartet mit dem folgenden Kommando:

```
(p2) $ run_tests.sh
...
(p2) $
```

Abb. 8.7: Alle Tests in einem Durchlauf

Es werden 5201 Testfälle gezählt, von denen 3979 als gelungen und 4 als fehlerhaft berichtet werden. 1218 Testfälle wurden ausgelassen. Die Testabdeckung wird mit 90 Prozent ausgewiesen. Dies ist kein Stand, der als Release veröffentlicht wurde, sondern das Clonen des Repositories geschah zu einem beliebigen Zeitpunkt. Insofern sind die vier fehlerhaften Tests nicht kritisch, bis zum Release werden sie sicherlich behoben sein. Man bedenke, dass keystone nur eines von vielen Python-Modulen im OpenStack-Universum ist, die Qualität des Codes mit der integrierten Dokumentation spricht für sich. Die dazugehörigen Spezifikationen sind öffentlich: `https://github.com/openstack/keystone-specs`

8.3 Interview: Julien Danjou

Julien Danjou ist Autor des Buches „The Hacker's Guide to Python", welches 2014 veröffentlicht wurde. Er ist Entwickler im OpenStack Team, hier folgt die deutsche Übersetzung seiner Antworten auf die Fragen.

Wie bist Du zu Python gekommen?

Ich erinnere mich nicht mehr genau, etwa vor zehn Jahren sah ich, dass Python mehr und mehr benutzt wurde und so beschloss ich, einen Blick zu riskieren. Zuvor war ich mehr an Perl gewöhnt. Ich mochte Perl nicht wirklich, es war kein guter Griff mit seiner Objektsystematik.

Wenn ich mich richtig erinnere, war die erste Idee damit zu arbeiten bei rebuildd[7], Ich begann in Python zu schreiben, dabei lernte ich die Sprache. Ich mochte es, wie Python arbeitete und wie schnell ich in der Lage war, damit zu entwickeln und es zu lernen. So beschloss ich, Python für meine nächsten Projekte zu nutzen. Schließlich kam ich mit dem Abtauchen in den Python-Code aus einigen Gründen dazu, in Projekten wie Cython zu hacken und schlussendlich landete ich bei OpenStack.

OpenStack ist eine *Cloud Computing Platform*, die komplett in Python geschrieben ist. So schreibe ich Python, seit ich daran arbeite. Das brachte mich dazu, 2013 „The Hacker's Guide to Python" zu schreiben und es selbst 2014 zu veröffentlichen und zu vertreiben. Es ist ein Buch, in dem ich über elegantes und effizientes Python spreche. Es war ein großer Erfolg, es wurde ins Chinesische und Koreanische übersetzt, so dass ich nun an der zweiten Auflage des Buches arbeite. Es bleibt ein unglaubliches Abenteuer!

Zen of Python: Welche Zeile ist Dir die wichtigste und warum?

Ich mag *There should be one – and preferably only one – obvious way to do it.* Für mich ist das Gegenteil vermutlich das Abschreckende an Sprachen

---

[7]https://julien.danjou.info/projects/rebuildd

wie Perl. Ich mag es, einen offensichtlichen Weg zu haben, es zu tun und meine Neigung, diesen in funktionalen Sprachen wie Lisp zu finden, die meiner bescheidenen Meinung nach darin noch besser sind.

Was sind die schwierigsten Themen für einen Anfänger mit Python?

Ich bin nun schon eine Weile kein Anfänger mehr, daher fällt es mir schwer, das zu sagen. Ich glaube nicht, dass die Sprache schwer zu lernen ist. Es gibt einige raffinierte Dinge in der Sprache selbst, wenn man tief in die Interna abtaucht; für einen Anfänger ist das Meiste des Konzepts gerade heraus. Wenn ich etwas aus den Sprachelementen herauspicken soll, ist das schwierigste wohl um die Generator Objekte herum (yield). Ich denke, heutzutage sind die schwierigen Themen für Anfänger, welche Python-Version zu benutzen ist, welche Bibliotheken zuverlässig sind und wie die Paketierung und Verteilung von Projekten zu tun ist. Allerdings werden die Dinge glücklicherweise besser.

Wann hast Du mit Test-Driven Development begonnen und warum?

Ich lernte *unit testing* und TDD in der Schule. Die Lehrer zwangen mich, Java zu lernen und ich mochte es gar nicht. Die Entwicklungsumgebungen sahen kompliziert aus und ich hatte den Eindruck, meine Zeit zu vergeuden. Es war auch tatsächlich so, denn ich schrieb nur Wegwerfprogramme. Das Einzige, was man in der Schule macht.

Jahre später, als ich begann richtige und größere Programme zu schreiben, z.B. rebuildd, endete ich schnell beim Beheben von Fehlern, die ich bereits behoben hatte. Das erinnerte mich an *unit tests* und es mag eine gute Idee gewesen sein, diese zu nutzen um so das wiederholende Beheben der stets gleichen Dinge wieder und immer wieder zu beenden. Für einige Jahre schrieb ich weniger Python als vielmehr C und Lua - für den großartigen Windowmanager awesome[8] und ich benutzte keinerlei Testing. Wahrscheinlich verlor ich hunderte von Stunden mit manuellem Testen und Beheben von Regressionen; das war eine gute Lektion, obwohl ich gute Entschuldigungen hatte. (Es war schwieriger, in C und Lua zu testen als in Python). Seit dieser Zeit hörte ich nicht auf, „tests" zu schreiben. Als ich begann, in OpenStack zu hacken, war das Projekt dabei, eine „Kein test? Kein merge!" Politik einzuführen wegen der hohen Zahl von Regressionen während der ersten Releases.

---

[8]http://awesome.naquadah.org

Ehrlich, ich glaube nicht, an einem Projekt arbeiten zu können, welches nicht mindestens eine minimale Testabdeckung hat. Es ist nicht möglich, effektiv an Code zu arbeiten, den man nicht mit einem einfachen Kommando testen kann. Es ist auch ein großes Problem für Einsteiger in der Open Source Welt. Wenn es keine Tests gibt, kann man etwas hacken, einen Patch schicken, um als Antwort zu erhalten: „Du hast einen Defekt produziert". Heutzutage ist diese Art von Antworten für mich unakzeptabel: Wenn es keinen Test gibt, dann habe ich auch keinerlei Defekt verursacht. Am Ende ist es zu viel Frustration, an ungetesteten Projekten zu arbeiten.

Was sind Deiner Meinung nach die meist verbreitetsten Fallgruben von TDD und wie werden sie am besten vermieden?

Die größten Probleme sind: Wann und mit welcher Frequenz sind Tests zu schreiben. Einerseits beginnen manche Leute zu früh zu präzise Tests schreiben. Dies verzögert, speziell beim Bau von Prototypen für eine Idee oder ein Konzept. Das heißt nicht, man sollte grundsätzlich nicht testen, aber man sollte vielleicht mit einer kleinen Testabdeckung anfangen, bis man einigermaßen sicher ist, nicht wieder alles abzureissen und neu zu starten. Andererseits verschieben manche Leute das Schreiben von Tests auf später und enden ganz ohne oder mit zu wenigen Tests. Das macht dann ein Projekt mit zu geringer Abdeckung aus.

Grundsätzlich sollte die Testabdeckung den Status des Projektes wiedergeben. Wenn es beginnt, reicht eine dünne Lage Tests, so dass man einfach hacken und modellieren kann, wie es nötig ist. Je weiter das Projekt wächst, umso stabiler sollte es mit mehr Tests werden. Zu viele detaillierte Tests zu Beginn sind schmerzhaft für die Weiterentwicklung. Nicht ausreichende Tests verursachen Schmerzen bei der Wartung eines großen Projektes.

Glaubst Du, TDD passt und skaliert gut bei großen Projekten wie Open-Stack?

Ich denke nicht nur, dass es gut passt und skaliert, sondern das es schlicht unmöglich ist, in derartig großen Projekten auf TDD zu verzichten.

Als in den Anfängen unit und funktionale Testabdeckung bei OpenStack noch schwach waren, war es schlicht unmöglich, einen Fehler zu beheben oder ein neues Feature einzubauen, während damit gleichzeitig ohne jede Fehlermeldung eine Menge Dinge nicht mehr funktionierten. Wir wollten Version N herausgeben, und eine Menge alter Fehler aus der Version N-2 wurde neu geöffnet, die in N-1 behoben waren.

Für große Projekte mit einer Vielzahl unterschiedlicher Anwendungen, Konfigurationsmöglichkeiten, etc., braucht man „Gürtel und Hosenträger".

Man kann nicht Code in ein Repository werfen und glauben, das funktioniere für immer. Man kann es sich auch nicht leisten, alles und jedes manuell bei jedem Commit zu testen. Das wäre schlicht verrückt.

Julien Danjou

Free Software hacker   http://julien.danjou.info

Anhang

Abbildungsverzeichnis

Literaturhinweise

[And08] Ross J. Anderson. *Security Engineering*. Wiley, 2008.

[AS12] Tilo Linz Andreas Spillner. *Basiswissen Softwaretest*. dpunkt Verlag, 2012.

[Bal12] Bastian Ballmann. *Network Hacks*. Springer Vieweg, 2012.

[BH06] Wolfgang Willems Bertram Huppert. *Lineare Algebra*. Vieweg + Teubner, 2006.

[BtSt15] Georg Brandl and the Sphinx team. Sphinx Python Documentation Generator. http://sphinx-doc.org/ext/doctest.html, 2015. Letzter Zugriff: 2015-08-13.

[Fou15] Python Software Foundation. Python Package Index. https://pypi.python.org/pypi, 2015. Letzter Zugriff: 2015-08-13.

[GB15] Judy Mc Kay Graham Bath. *Praxiswissen Softwaretest*. dpunkt Verlag, 2015.

[Has14] Jan Ulrich Hasecke. *Softwaredokumentation mit Sphinx*. hasecke.com - Business Communication, 2014.

[Hel15] Doug Hellmann. http://pymotw.com/2/doctest, 2015. Letzter Zugriff: 2015-08-13.

[HKao15] Holger Krekel and others. tox documentation. https://tox.readthedocs.org/en/latest/index.html, 2015. Letzter Zugriff: 2015-08-13.

[HKp15a] Holger Krekel and pytest-dev-team. pytest hook reference. http://pytest.readthedocs.org/en/latest/plugins.html#pytest-hook-reference, 2015. Letzter Zugriff: 2015-05-23.

Literaturhinweise

[HKp15b] Holger Krekel and pytest-dev-team. pytest quelltext. \url{https://github.com/pytest-def/pytest}, 2015. Letzter Zugriff: 2015-08-13.

[Mal15] Greg Malcom. Python Koans. https://github.com/ gregmalcolm/python_koans.git, 2015. Letzter Zugriff: 2015-08-13.

[Pau11] Sachar Paulus. *Basiswissen Sichere Software*. dpunkt.verlag, iSQI, iSSECO, 2011.

[Per14] Harry J.W. Percival. *Test-Driven Development with Python*. O'Reilly Publishing, 07 2014.

[Pil09] Mark Pilgrim. *Dive into Python 3*. apress, 2009.

[Wik15a] Wikipedia. http://de.wikipedia.org/wiki/Softwarekrise, 2015. Letzter Zugriff: 2015-08-13.

[Wik15b] Wikipedia. Python Entwicklungsgeschichte. https: //de.wikipedia.org/wiki/Python_(Programmiersprache), 2015. Letzter Zugriff: 2015-08-13.

Stichwortverzeichnis